Jean AL___RY

Les
Relations Franco-Espagnoles
et l'Affaire du Maroc

— ✳ —

La France et l'Espagne au Maroc

PARIS

" LA VIE UNIVERSITAIRE "

MAURICE D'ALBIGNY, ÉDITEUR

18, QUAI DE CONTI

Les
Relations Franco-Espagnoles
et l'Affaire du Maroc

La France et l'Espagne au Maroc

Jean ALENGRY

Les Relations Franco-Espagnoles et l'Affaire du Maroc

La France et l'Espagne au Maroc

PARIS

" LA VIE UNIVERSITAIRE "

MAURICE D'ALBIGNY, ÉDITEUR

13, QUAI DE CONTI

A M. Camille FIDEL

Jean ALBNORY.

NOMENCLATURE

Augustin BERNARD : *Les confins algéro-marocains.*
RECLUS : *Géographie universelle.*
Jeronimo BECKER : *Espagne et Maroc.*
Jean DARCY : *Cent années de rivalités coloniales.*
Gonzalo REPARAZ : *L'Espagne en Afrique.*
Manuel OLIVIÉ : *Aspirations nationales de l'Espagne au Maroc.*
José NAVARRETE : *Les clefs du détroit.*
Budget MEAKIN : *The land of the Moors ; The Moorish empire.*
AFLALO : *The truth about Morocco.*
DOZY : *Histoire des musulmans d'Espagne.*
KHALDOUN : *Annales du Maroc et de l'Espagne.*
PINON : *Le Maroc et les puissances européennes.*
Jean HESS : *La question du Maroc.*
Gabriel de MORALES : *Datos paca la historia de Melilla.*
Ramos ESPINOSA DE LOS MONTEROS : *Africa Espanola.*
De FLASSAN : *Histoire de la diplomatie française.*
JARRY : *Les accords franco-espagnols de 1902 à 1912.*
ROUSSET : *La conquête de l'Algérie.*
Gabriel HANOTAUX : *La politique d'équilibre.*
MILLET : *La conquête du Maroc.*
CHASTAND : *Le protectorat français au Maroc.*
Augustin BERNARD : *Le Maroc.*
Baron de VERNO : *Histoire de l'Espagne.*
MARIANA : *Historia general de Espana.*
CHENIER : *Recherches sur les Maures.*
Jean HESS : *La question du Maroc.*
BOURASSIN : *L'empire marocain et la pénétration européenne.*
Augustin BERNARD : *Le Maroc.*
RECLUS : *Géographie universelle.*
Jeronimo BECKER : *Espagne et Maroc.*
Jean DARCY : *Cent années de rivalités coloniales.*
Gonzalo REPARAZ : *L'Espagne en Afrique.*
Pierre JACQUIN : *L'action française au Maroc.*
TARDIEU : *Le Mystère d'Agadir.*
TARDIEU : *La Conférence d'Algésiras.*
DELAFOSSE : *Contre l'Allemagne ; France et Maroc.*
MOULIN : *Un an de politique extérieure ; L'accord franco-anglais.*
TARDIEU : *Questions diplomatiques de l'année 1904.*

HARRIS : *With Muley-Hafid.*
Gabriel MAURA : *La question du Maroc au point de vue espagnol.*
Robert RAYNAUD : *Les relations franco-espagnoles et le Maroc.*
Camille FIDEL : *Le problème espagnol au Maroc.*
Elisée RECLUS : *Géographie universelle.*
ROUARD DE CARD : *L'Ile de Pérégil; son importance stratégique, sa neutralisation.*
VOERDAL : *Campana de Mellila.*
Charles DUPUIS : *Le principe d'équilibre.*
Charles MAURRAS : *Kiel et Tanger.*
VAUX : *La France et le Maroc (1903).*
PINON : *Le Maroc et les puissances européennes.*
BOURASSIN : *La question du Maroc; L'empire marocain et la pénétration européenne.*
NOEL : *Les rapports de la France et du Maroc.*
De LAPRADELLE : *De Madrid à Algésiras.*
AUBIN : *Le Maroc d'aujourd'hui.*
SEGONZAC : *Voyage au Maroc.*
VIDAL : *La politique de l'Espagne au Maroc.*
FILIAS : *L'Espagne et le Maroc.*
Camille FIDEL : *Les intérêts économiques de la France au Maroc.*
Gonza o REPARAZ : *L'Espagne en Afrique.*
De TORCY : *La France et l'Espagne au Maroc.*
Elisée RECLUS : *Lâchons l'Asie, prenons l'Afrique.*
BÉRARD : *Les accords franco-anglais.*
Georges JARRY : *L'Espagne en Afrique.*
GATELL : *Viajes por Marueco.*
Perez del TORO : *Espana en el Noroeste de Africa.*
PINON : *L'empire de la Méditerranée.*
ROUARD DE CARD : *La question marocaine et les négociations franco-espagnoles.*
DOZY : *Histoire des musulmans d'Espagne.*
ROUARD DE CARD : *Les traités entre la France et le Maroc.*
ROUARD DE CARD : *Les traités entre l'Espagne et le Maroc.*
CAT : *Petite histoire de l'Algérie, Tunisie, Maroc.*
FAUJAS : *La frontière algéro-marocaine.*
TUAL : *Nos droits de protection au Maroc.*
ROUARD DE CARD : *L'Angleterre au Maroc au XVIIIe siècle.*
Bulletin du Comité de l'Afrique française.
Le Tour du Monde.
Le Correspondant.
Revue politique et parlementaire.
Bulletin de la Société de géographie de Madrid : questions diplomatiques et coloniales.
La Dépêche coloniale.
Le Temps.
Revue des Deux-Mondes.

LA FRANCE ET L'ESPAGNE AU MAROC

Les Relations Franco-Espagnoles et le partage du Maroc
Origines et XVIIIᵉ Siècle

CHAPITRE PREMIER

Les Droits ethniques de l'Espagne au Maroc et l'influence de la Civilisation musulmane en Espagne.

On a beaucoup insisté sur l'analogie de flore, de faune, de climat, qui unit le Maroc et l'Espagne. Beaucoup de géographes et de géologues ne voient dans ces deux États, jadis politiquement séparés, qu'un même pays, à leur point de vue particulier qu'un accident, le détroit de Gibraltar, après la trouée de Taza où s'engouffrait la Méditerranée, vient séparer. Le détroit les sépare peut-être au point de vue politique, mais si nous ne nous en tenons qu'à celui des géographes et des géologues, cette frontière naturelle est sans doute insuffisante pour en faire deux régions nettement différenciées.

Les ethnographes sont-ils du même avis? C'est ce que nous verrons dans un instant.

Entre l'Espagne et le Maroc, la nature a créé des affinités, les montagnes du Riff et de la Sierra-Nevada, sont nées d'un même plissement, et des deux côtés du détroit, on retrouve le même climat, la même végétation, le même aspect du sol.

Le détroit de Gibraltar n'est pas une frontière géogra-

(Dozy, Ibn Khaldoun, Reclus, Maura, Rouard de Card, Vidal, Pinon, Chenier.)

phique, c'est le même climat, la même flore, les mêmes paysages que l'on retrouve sur ses deux rives, n'a-t-on pas dit encore, le Maroc est bien plutôt un morceau ou une réplique de l'Espagne, une terre africaine qui ne tient que sur la carte au reste du continent noir.

Le contour général et la surface sont identiques sur chaque côté du détroit pendant 200 milles. Les mêmes plaines larges, séparées par de basses rangées de collines et traversées de ruisseaux paresseux et sinueux, alimentés par les lointaines montagnes couvertes de neige. Les couleurs élémentaires de la terre sont les mêmes dans plusieurs régions, le sol est de ce rouge particulier qui donne son nom au Bled El Hamara près de Merrakech. Cela peut être surtout observé dans la région de Xérès et encore à Grenade, où l'on se croirait presque au Maroc. De plus, la couleur des arbres et des rochers est la même, mais le sol est plus cultivé que partout ailleurs, exception des districts à grain du Maroc.

La végétation est identique et de façon frappante. Mais tout ce qui stupéfie l'observateur n'a rien d'étonnant. C'est notre habitude de considérer ces deux pays comme complètement séparés, parce qu'ils appartiennent à des continents séparés, ce qui nous induit à attendre une différence entre pays divisés seulement par une étroite brèche de quatorze mille au moins, mais dont la formation fut la source de facteurs les plus importants dans l'histoire du monde.

Torrès Campos écrivait en 1892 que l'Espagne et le Maroc étaient comme deux moitiés d'un tout hydrographique. L'espagnol se regarde au Maroc comme chez lui, il y retrouve un sol pareil au sien, une flore et une faune pareilles aux siennes, le costume et les mœurs de l'Aragonais, les forêts elles-mêmes lui rappellent les forêts de la Péninsule.

Et si l'on a pu dire avec quelque exagération que l'Afrique commençait aux Pyrénées, on pourrait ajouter avec plus d'exactitude que l'Europe se termine aux derniers contreforts de l'Atlas.

Mais nous ne nous arrêterons pas à ces considérations, nous n'allons même pas les résumer, elles seraient insuffisantes, pour établir les droits de l'Espagne au Maroc. Nous avons vu cependant des espagnols demander la côte ouest du Maroc à titre d'hinterland des Canaries, sous prétexte qu'elle est le prolongement naturel de ces îles !!! C'est évidemment exagérer la théorie des zones d'influence. Mais, passons : Anglais, Portugais, Espagnols, Français et Allemands se sont heurtés au Maroc; les Français et les Espagnols ont seuls réussi à y prendre pied de façon définitive. Nous ne nous arrêterons ici qu'aux luttes et aux efforts de ces deux derniers peuples, amenés dans les temps modernes à se partager le Maroc. — C'est ce qui fera l'objet de notre thèse. Et si aujourd'hui, les Espagnols ont pu occuper la côte du Riff après plusieurs siècles de siège soutenus par leurs petits présides qui leur servaient de pierre d'attente, nous verrons que les droits qu'ils ont réussi à faire valoir sont fondés sur des données en apparence plus sérieuses que des considérations géographiques, si ceux-là n'osent invoquer brutalement le droit du plus fort.

Dans la séance du 8 février 1888, le grand Castelar disait : « Je constate, messieurs, que nous sommes une race synthétique, nos veines sont remplies du sang de tous les peuples, notre idiome, notre littérature renferment les idées de toutes les consciences, dans notre sol circule le suc qui alimente tous les fruits européens et dans notre sous-sol se trouvent tous les métaux que la nature engendre dans les entrailles de la terre. Ah ! messieurs, je n'ai jamais compris pourquoi nous sommes si contrariés quand les étrangers nous disent que que l'Afrique commence aux Pyrénées, — un illustre penseur, messieurs, a dit que l'Espagne commence aux Pyrénées et finit à l'Atlas. — De quelque côté que nous tournions les yeux, nous rencontrons des souvenirs d'Afrique et de quelque côté que l'Afrique regarde, elle retrouve des souvenirs espagnols.

« L'émotion produite par les sérénades andalouses dans lesquelles la guzla gémit et la voix pleure en exprimant les élégies et les tristesses de l'amour, vient de l'Afrique comme le souffle tiède qui embaume nos jasmins et nos fleurs d'orangers; la grecque brodée par les mains des houris dans les embrasures de nos palais et de nos églises, rappelle l'Afrique comme les aloès et les nopals sur les côtes de Denia et de Marbella.

« Le son sémitique de notre langue, superposé du son latin, et qui rappelle tant les splendeurs de nos mazaliques, est africain; l'éloquence emphatique tertulienne dont les résonnances n'entament pas l'ingénuité et la simplicité héllénique, retentit aussi là-bas sur les lèvres des prophètes. La poésie débordante, non seulement dans Zorilla oriental lui-même, non seulement dans Gongora, né et élevé à l'ombre des palmiers et sous les auvents des quartiers mornes dans les épopées de Lucain et dans les tragédies classiques de Senèque, on sent le Maghreb comme à travers les tours de l'Albaicin et les escaliers de Généralife et je ne veux pas parler de notre histoire parce que l'Afrique, crie Alphonse le batailleur, lorsqu'il apparaît sur les crêtes de nos Cordillères.

L'Afrique dit la chanson de geste, un balbutiement, le premier vagissement de notre langue ou les premières esquisses de notre conquête, sont évidentes. L'Afrique, c'est elle que chantent les rois de la péninsule à genoux sur les cîmes de Las Noivas quand ils entonnent le Te Deum de leur triomphe; l'Afrique dit Isabelle la Catholique dans son testament, l'Afrique Cioneros à Oran, l'Afrique Charles V à Tunis, l'Afrique don Sébastien à Alcazar Quivir, l'Afrique, l'infant don Henri de Portugal qui nous a laissé Ceuta, l'Afrique, le prince persévérant de Portugal, Don Fernand qui a inspiré à Calderon le plus beau de ses drames; et dans ce rêve idéal s'unit toute la péninsule de Lisbonne à Cadix, de Cadix à Barcelone, de Barcelone à Oporto, comme s'unissent tous les enfants sous le ciel aimé et lumineux qui nous vivifie et qui nous éclaire ».

M. Costa nous parle de la fraternité hispano-marocaine avec une éloquence qui n'est pas moins entraînante :

« Qu'est-ce qui nous sépare de l'Afrique? Le détroit, non, car c'est bien plutôt un fleuve qui nous unit. Géologiquement et géographiquement nous sommes une même nation. Le sang non plus, car notre solidarité ethnique est évidente. Les colonisations de l'Espagne furent des Celtes et Celtes sont les Berbères et ce sont eux et non les Arabes qui ont envahi la péninsule, bien que leur religion, leur culture et leur langue fussent arabes. Nous nous mélangeons et il y eut des Mozarabes et des Mujédares; aujourd'hui nous nous aimons et l'émigration espagnole s'établit dans l'Afrique du nord comme dans sa terre natale. Ce ne sont pas non plus les haines héréditaires qui nous séparent puisque l'histoire ne connaît pas de vendetta entre nations. Nos guerres ne furent que politiques et les huit siècles de vie commune loin de nous séparer nous attachent les uns aux autres.

« Enfin, la civilisation ne crée pas non plus d'incompatibilité entre nous puisque de la grammaire jusqu'à l'agriculture et la stratégie, toutes les sciences et tous les arts espagnols conservèrent des racines de la culture et du savoir des Maures. » Et, pour résumer sa pensée, l'orateur s'écrie : « Par ce que j'ai dit jusqu'ici, on commence déjà à apercevoir le criterium qui à mon sens doit guider toute la politique hispano-marocaine, les Marocains ont été nos maîtres et nous leur devons le respect, ils ont été nos frères et nous leur devons notre amour, ils ont été nos victimes et nous leur devons réparation; c'est en définitive l'opinion de Castelar, une fraternité qui, si elle nous confère des droits, nous impose aussi des devoirs ».

Voilà une amitié peut-être un peu intéressée et puissent les Espagnols se conduire en frères à l'égard de leurs nouveaux sujets marocains, comme les grands orateurs d'Ibérie le prêchent; il n'en est pas moins vrai qu'il est impossible de nier les affinités de race et de civilisation qui unissent le Maroc à l'Espagne après huit siècles de domination musulmane, il y eut pénétration véritable entre Marocains et Espagnols. Non seulement le sang arabe et berbère coule en Espagne mêlé au sang espagnol, mais encore le sang espagnol coule mêlé au sang maure dans l'empire du Maghreb.

Au xiii⁰ siècle, la désertion des Mozarabes fâcha beaucoup les mahométans de Grenade; par là, ils voyaient déserter leurs montagnes qui restaient sans culture; pour prévenir de pareilles émigrations, ils firent passer tous les chrétiens qui étaient en leur pouvoir et qui désiraient s'enfuir, dans l'empire du Maghreb.

Nous ne ferons qu'effleurer à peine ce point et n'étudierons que la consanguinité des Maures et des Espagnols dans la péninsule ibérique.

Les Espagnols font valoir leurs droits sur le Maroc de l'affinité de race qui les unit aux Kabyles et Arabes de l'empire du Maghreb.

Pendant huit siècles, les deux peuples ont mené côte à côte une lutte perpétuelle et tantôt les chrétiens ont subi le joug des Maures, tantôt les Maures ont subi le joug chrétien, ce ne fut pas sans laisser les uns sur les autres des traces profondes et non sans pénétration parfois intime en soit résultée.

Au ve siècle de notre ère, après avoir conquis l'Afrique du Nord avec ses petites armées disciplinées à la Romaine, Ibn Noceyr qui succédait à Mahommed Ben Okna résolut de conquérir l'Espagne. La discipline de ses armées pourtant peu nombreuses, l'avait facilement rendu maître de l'Ifrikia des Berbères. Grecs, Vandales, Wisigoths ne lui avaient opposé qu'anarchie et luttes intestines? Ce qui lui valut la victoire dans l'Afrique du nord devait lui assurer le triomphe en Espagne. Après l'invasion des Vandales, celle-ci avait subi l'incursion des Wisigoths, Ibn Noceyr et son lieutenant Tarik devaient encore triompher grâce aux divisions de tous ces peuples en lutte et à la trahison du comte Julien. Celui-ci ne voyait dans l'invasion arabe qu'une expédition de pillage passagère et un moyen de vaincre le roi pour se mettre à sa place.

Tarik, devenu le voisin de Julien par suite de la proximité d'Algérias, s'aboucha avec lui. L'entente se fit entre eux et Julien promit de le faire, lui et ses troupes, entrer en Espagne. Tarik, qui avait une armée de 12.000 Berbères, se décida à cette expédition après avoir reçu le consentement de son patron Ibn Noceyr. Pour transporter ses troupes à l'insu des Espagnols, Julien envoya des bateaux de commerce qui faisaient le cabotage entre les deux côtes et l'on crut transporter des marchandises. Tous ses soldats furent débarqués peu à peu, et Tarik, séparé de son entourage, partit avec le dernier bataillon pour aller rejoindre les siens. Julien et ses compagnons restèrent à Algérias. Tarik débarqua en Espagne près d'une montagne qui porte encore son nom. Le 5 juillet 711, les Arabes, après avoir débarqué à Algésiras, écrasèrent dans les vastes plaines de Xérès-la-Frontera, l'armée espagnole qui avait été envoyée contre eux par le roi Roderik. En quelques années, la péninsule fut envahie, successivement les villes de Malaga, Cordoue, Séville, Valence, Saragosse tombèrent au pouvoir des Arabes, les chrétiens refoulés se réfugièrent dans les montagnes du Nord. Leurs vainqueurs, ayant franchi les Pyrénées, envahirent les Gaules et furent arrêtés en 733 par Charles Martel à Poitiers. Les restes de l'armée en déroute repassèrent en Espagne.

Pendant huit siècles, jusqu'à la prise de Grenade, Maures et Espagnols allaient vivre côte à côte et ce ne sera pas sans mélanges intimes. Des rois maures ont épousé des chrétiennes espagnoles et des monarques chrétiens des princesses musulmanes. Une grande partie de la noblesse des Goths adopta la religion de Mahommet, et beaucoup de membres de la dernière famille royale de Grenade se convertirent au christianisme.

L'Islam faisait beaucoup d'adeptes en permettant aux esclaves de se racheter facilement et en libérant les serfs par le seul fait de leur fuite sur la terre d'un musulman.

L'Islam dans une certaine mesure, était un remède plus efficace que le Christianisme aux vices de la société antique et de la société médiévale. Nous reviendrons sur ce sujet plus tard en étudiant l'influence de la civilisation arabe en Espagne. L'Espagnol et l'Arabe sont deux fanatiques, l'un catholique, l'autre musulman.

Après la prise de Grenade, les Espagnols imbus d'intégrisme firent des efforts désespérés pour assimiler les Maures ou les faire disparaître. L'unité de l'Espagne l'exigeait, car pendant huit siècles les deux races s'étaient coudoyées, non sans mélanges, mais en gardant chacune leurs traits distinctifs, sans former un type nouveau, ennemies et à jamais incompatibles. L'Espagne allait employer à côté des procédés anciens de nationalisation : expulsions en masse, massacre et conversion forcée, les procédés des conquérants modernes, l'instruction obligatoire à l'école du vainqueur.

Ferdinand et Isabelle ordonnèrent, après la prise de Grenade, sans égard pour la capitulation qui leur assurait la liberté de conscience, que tous musulmans qui ne voudraient pas se faire chrétiens devraient sortir du royaume.

On eut recours à la conversion forcée. Les missionnaires étaient accompagnés de troupes. Et pour compléter l'assimilation, Ferdinand et Isabelle ordonnèrent l'expulsion dans les trois mois de tous les musulmans qui ne voudraient pas se faire chrétiens.

En 1524, Charles-Quint, malgré les représentations d'une députation maure, après l'avis d'une assemblée de théologiens assistés de membres de l'Inquisition, décida que les mahométans seraient baptisés contre leur gré; par violence, ils devraient observer la religion chrétienne. Et comme on accusait les Maures de pratiquer leur religion de façon occulte, l'empereur ordonna une assemblée de gens éclairés, dont l'archevêque de Séville, grand inquisiteur, était le président. Cette assemblée établit un règlement de police qui réprouvait entièrement la façon de vivre des Maures et changeait leurs usages au point qu'il n'était pas permis à leurs femmes d'aller voilées.

Ce règlement de police donnait même aux vieux chrétiens le droit de surveiller ceux de nouvelle date.

Mais, moyennant un présent de huit cent mille ducats des Maurisques, ce règlement ne fut pas exécuté à la lettre. Il y eut néanmoins des révoltes et les Maures se retranchèrent dans leurs montagnes comme les Espagnols d'avant la conquête. Mais cette révolte fut vite éteinte. Poursuivis dans leurs montagnes, les Maurisques furent obligés de capituler ou d'émigrer en Afrique. Philippe II résolut en 1562 de les désarmer. Mais les esprits ne l'étaient pas par cette précaution : et sur les remontrances de don Pedro Genero au pape, le roi ordonna la convocation d'une assemblée où l'Inquisition avait sa principale influence. Philippe II ordonna en conséquence, l'exécution de l'ancien décret malgré l'avis défavorable des notabilités musulmanes. On prit d'autres mesures encore plus énergiques qui rappellent les procédés des conquérants modernes. Le 1er janvier 1568, l'archevêque de Grenade ordonna de plus de publier dans les paroisses qu'il fallait que tous les enfants maurisques, depuis l'âge de cinq ans jusqu'à l'âge de quinze ans fussent enregistrés pour qu'on les envoyât dans les écoles pour apprendre la langue et la religion.

Philippe II alla jusqu'à interdire l'usage des bains aux Maurisques pour leur enlever tout souvenir de la prière rituelle. Cette mesure détermina un nouveau soulèvement des Maures pour s'emparer de Grenade par surprise, la veille de Noël. Le marquis de Mondejar écrasa la révolte. Philippe II donna à Don Juan d'Autriche le gouvernement de la province de Grenade. Il obtint la soumission de Ben Abou le chef des révoltés.

On éloigna les musulmans du voisinage de la côte pour empêcher toute intelligence avec les musulmans d'Afrique et on prit des dispositions pour les distribuer dans l'intérieur de l'Espagne. Le roi ordonna qu'on exécutât sans délai les ordres qu'il avait donnés pour que les Mauresques évacuassent le royaume de Grenade. On les rassembla dans les villes les plus voisines des Alpuxarras où ils furent répartis et gardés pour être ensuite transportés ailleurs.

N'exagérons pas la consanguinité hispano-marocaine; les infidèles ne furent pas seulement dispersés en Espagne; leur peu de faculté d'assimilation et l'infranchissable barrière que met l'Islam entre ses sectateurs et les chrétiens, déterminèrent les rois d'Espagne à les expulser de leurs royaumes.

C'est ce que fit Philippe III par un édit du 29 décembre 1609. Il passa alors par mer et par terre de différentes provinces plus de cinquante mille Maurisques en France et l'on voit par une ordonnance du roi Henri IV, en date du 22 février 1610, les mesures que l'on prit pour qu'ils fussent accueillis dans le royaume, pour que ceux qui voudraient embrasser la religion chrétienne pussent rester en France et qu'on donnât aux autres la facilité d'aller ou de venir où ils voudraient en payant avec modération ce qui leur serait nécessaire, sans qu'on pût abuser de leur situation.

On voit encore dans le « *Mercure* » français de 1610, que le procureur général du Languedoc fit conduire de Bayonne à Adige plus de 30.000 de ces Maurisques sortis de Galice, de Castille, de Navarre. Il en vint par la Gascogne plus de cinquante mille, plus de cinquante mille du royaume d'Aragon. Les épidémies et les dégâts occasionnés par les émigrants furent tels qu'ils donnèrent lieu à un arrêt du Parlement de Toulouse pour empêcher leur entrée dans l'étendue de son ressort, et la reine régente délégua un maître des requêtes en qualité de commissaire pour prendre les mesures nécessaires les plus promptes et les moins onéreuses, pour abréger leur séjour dans les parties méridionales du royaume.

Cette expulsion fit sortir des domaines d'Espagne plus d'un million d'âmes. — Telles ont été les causes morales et politiques de la dépopulation et de la décadence de l'Espagne.

L'espagne est le seul pays démusulmanisé. Partout où les arabes ont semé l'islamisme, il a germé et il n'a pas été possible ensuite de le déraciner. C'est uniquement dans cette péninsule vouée au paganisme phénicien, grec et romain que la lutte entre la croix et le croissant n'a pas connu de trêve.

L'Espagne s'est démusulmanisée seule, mais doit-elle cette démusulmanisation à l'expulsion des sectateurs du prophète ou à leur conversion forcée au chrstianisme??? Les statistiques précises manquent au moins pour équilibrer et répartir la part de ces deux causes, mais les pages de M. Chenier sont assez éloquentes. Voilà un argument à la fraternité hispano-marocaine des Costa et des Castelar. Dirons-nous avec M. Chenier que l'expulsion des Maures ne laissa aucune trace du mahométisme, — la formule n'est exacte que si nous ne nous tenons qu'au point de vue religieux?

Il ne faut pas la prendre à la lettre si nous en restons au point de vue ethnographique. En réalité, l'Espagne a subi l'influence de deux races très distinctes de conquéquérants aujourd'hui encore sans analogies, si ce n'est l'Islam en Algérie et dans l'empire du Maroc.

M. Costa nous a enseigné que ce sont les Berbères arabisés de langue et de religion qui ont envahi la péninsule et non pas des Arabes. Les Berbères sont rudes et grossiers, ils cherchent dans la rapine le supplément de ressources que leur indolence paysanne et l'insécurité ne leur permettent pas de trouver dans l'exploitation de leur sol. Batailleurs et ne semant que des désordes, ils sont cependant francs et loyaux. Le Berbère est religieux à ses heures; pendant douze siècles les Arabes l'ont patiemment dressé aux exercices et aux gestes de l'Islam; mais il boit du vin et des liqueurs fermentées, parodie durant son carnaval les cérémonies et les paroles coraniques, supprime les ablutions rituelles et, dans ses jours de franchise, déclare que la religion est bonne tout au plus pour des faibles d'esprit. Il mange avec un étranger et se fait tuer pour lui en sortant du repas.

Le Berbère a l'esprit féodal; malgré la religion commune, il est méprisé de l'Arabe ou traité presque comme un juif ou même un païen.

Il est impossible de confondre leur physionomie avec celle des autres races qui les touchent. Grands, regard fixe et pénétrant, musculature forte et prononcée, souplesse dans les mouvements, attitude expressive et conversation animée, voilà les caractérisques extérieures de leur race.

Tous manient le sabre et le poignard avec une dextérité extraordinaire et ne se séparent jamais de leur fusil dont ils prennent soin avec un zèle extraordinaire (Bonelli).

Les Arabes, peuple de pasteurs, sont plus paresseux, plus imprévoyants, mais plus fiers que les Berbères. On devine sous leurs accoutrements bizarres plus de noblesse et de distinction.

Les origines berbères sont obscures; il est difficile de déterminer à quelle source doivent être rattachés les Berbères de l'Afrique du Nord, les documents précis sur leur origine ne sont pas très nombreux et les résultats qu'ils assurent ne sont pas concluants. D'après certains auteurs, les Berbères pris en bloc se rattacheraient à une race qu'ils appellent maurisque, qui aurait tout le nord de l'Afrique, aussi bien à l'Ouest qu'à l'Est.

Quant aux Arabes, au cours de la vie pastorale bien misérable qu'ils mènent, ils établissent des tentes que les chérifs gardent le fusil à la main. Ils sont oisifs et ignorants; au lieu de demander à la lutte comme les Berbères les ressources qui leur font défaut, ils les demandent à leurs instincts pillards et hypocrites. L'Arabe est un nomade et un pillard, sobre et cupide tout ensemble, il convoite les richesses brillantes, l'or, les étoffes de soie et pourtant, il reste détaché des biens de ce monde, c'est d'abord un chevalier maigre et pieux qui passe son temps à rêver croisade et service d'Allah.

L'Arabe se souvient toujours de ses devoirs envers le prophète et n'oublie pas les avantages que cette conduite doit lui rapporter dans la vie éternelle; aussi son état normal est-il militaire par excellence; tant qu'il a un atome de force il considère comme mission obligatoire et pleine d'honneur de porter les armes contre tout usurpateur ou infidèle qui ne croit pas à un Dieu unique.

Il légua Don Quichotte à l'Espagne. Il mange avec son frère et le tue en sortant du repas.

Les Berbères n'ont donné que leur sang à l'Espagne sans rien imprimer à son génie, n'ayant eux-mêmes qu'une civilisation et une culture rudimentaires.

Les Arabes, s'ils n'ont pas civilisé l'Espagne, y ont au moins laissé l'empreinte de leur civilisation. La race synthétique espagnole accueillit sans antipathie le peuple asiatique, noble et civil, dont les forces tombées en léthargie, se réveillant à l'ardent appel du plus génial des inventeurs des religions humaines, l'avaient poussé à acquérir la terre pour gagner le ciel et à parcourir en triomphateur toute la course du soleil pour ne s'arrêter que devant la mer.

L'invasion arabe allait profondément modifier la vie et la civilisation espagnole où la culture antique luttait étouffée par la barbarie germanique; elle dut sa synthèse aux deux facteurs des civilisations modernes, ce qui n'est pas sans contribuer à l'originalité du génie espagnol.

Sous certains rapports, la conquête arabe fut un bien pour l'Espagne, elle produisit une grande révolution sociale, elle fit disparaître une grande partie des maux sous lesquels le pays gémissait depuis des siècles; les pouvoirs des classes priviligiées, du clergé, de la noblesse étaient amoindris; et comme les biens confisqués avaient été partagés entre un très grand nombre d'individus, on avait communément du moins la petite propriété. C'était un grand honneur et ce fut une des causes de l'état florissant de l'agriculture dans l'Espagne arabe. D'un autre côté, la conquête avait amélioré la condition des classes serviles. L'Islamisme était bien plus favorable à l'émancipation des esclaves que le Christianisme tel que l'entendaient les évêques du royaume wisigoth.

Parlant au nom de l'éternel, Mahomet avait ordonné de permettre aux esclaves de se racheter. Affranchir un esclave était une bonne action et plusieurs délits pouvaient expier de cette manière. Aussi l'esclavage chez les Arabes n'était ni dur ni long : souvent l'esclave était déclaré libre après quelques mois de service et surtout lorsqu'il avait embrassé l'Islamisme. Le sort des serfs qui se trouvaient sur la terre des musulmans s'améliorait aussi; ils devenaient en quelque sorte des libérés et ils jouirent d'une certaine indépendance, car, comme leurs maîtres ne daignaient pas s'occuper des travaux agricoles, ils avaient toute liberté de cultiver la terre comme ils l'entendaient. Quant aux esclaves et aux serfs des chrétiens, ils n'avaient qu'à s'enfuir sur la terre d'un musulman et à prononcer ces paroles : Il n'y a qu'un seul Dieu et Mahomet est son prophète.

Il y eut de nombreuses conversions, mais après avoir prononcé la formule ci-dessus, le nouveau converti ne pouvait revenir à sa foi primitive, d'où de terribles et fréquentes révoltes de renégats.

L'Église était soumise à la domination de l'Islam; les Kalifes convoquaient les conciles et faisaient siéger Juifs et Arabes à la place des évêques lorsqu'ils refusaient de siéger. On cite souvent les paroles du calife Omar : « Nous allons manger les chrétiens et leurs descendants et nos descendants doivent manger les leurs tant que durera l'Islam. » — Mais avec le temps les règles du Coran s'adoucirent, des mariages furent célébrés entre chrétiens et musulmans, il n'y eut plus de persécutions religieuses, des églises et des synagogues s'élevèrent à côté des mosquées.

A Cordoue même, les vainqueurs ottomans partagèrent les églises par moitié.

C'est en Espagne surtout que se manifesta la tolérance des musulmans, et la condition qu'ils firent aux chrétiens fut beaucoup plus douce qu'elle ne l'avait été sous les Wisigoths.

Isolés du reste de la chrétienté, ignorants des conciles modernes, le dogme catholique subissait d'importantes variations. Après la prise de Tolède par les Arabes, les chrétiens qui restèrent dans la ville, obtinrent le libre exercice de leur culte et suivirent le rite en usage au temps des rois goths, qui différait en beaucoup de points du rite romain. Une des particularités les plus remarquables est que le prêtre divise l'hostie en 9 morceaux qu'il replace en forme de croix sur la patène.

Chacun de ses morceaux se rapporte à quelque circonstance qui rappelle l'histoire de Notre Seigneur Jésus-Christ. Ce sont : l'Incarnation, l'Epiphanie, la Trinité, la Passion, la Mort, la Résurrection, l'Ascension et le Royaume Eternel. Après la reconquête de Tolède, le rite mozarabe fut l'office de contestations interminables. Sur les instances du légat du Pape, Alphonse V voulut rétablir le rite romain. On eut recours au duel judiciaire, à l'épreuve du feu, qui furent favorables aux Mozarabes, leur culte ne s'éteignit que peu à peu.

Au milieu de la barbarie moyen âgeuse, les Arabes avaient donné à la civilisation, aux sciences et aux arts, une impulsion extraordinaire. Les Arabes avaient rendu l'Espagne florissante en la couvrant de canaux d'irrigation. L'expulsion des Maures a ruiné de façon définitive l'agriculture espagnole. Faute d'eau et de capitaux, l'Espagne continentale s'est desséchée et dépeuplée, la vie et la culture se sont concentrées le long des côtes. Les plateaux des deux Castilles et la vallée de l'Ebre qui occupent le centre du pays sont presque déserts et inhabités. La vie n'abonde que sur le pourtour maritime de la péninsule. Les régions qui ne touchent pas à la mer, les deux Castilles, la Navarre, l'Aragon, la Manche et l'Estramadure semblent frappées de sommeil léthargique et de mort. Et le trop plein d'une population bien clairsemée, fatiguée de gratter une terre calcinée, et sans capitaux pour la mettre en valeur, a émigré vers l'Amérique.

Les Arabes avaient fondé des bibliothèques telles que celle d'Alakem à Cordoue qui réunissait près de soixante mille volumes. Les Arabes ont laissé des monuments magnifiques, tels que l'Alhambra de Grenade, la célèbre mosquée de Cordoue. Celle-ci, qui est aujourd'hui la cathédrale de cette ville, a été construite par les kalifes dont Abel Rhaman et Hakem son fils, qui ont régné près de 40 ans sous le nom de rois de Cordoue. On ne sait pas précisément si les rois mahométans ont conçu cet édifice ou si, comme cela est très vraisemblable, les rois goths n'en ont pas posé les premiers fondements. C'est cependant aux mahométans seuls qu'on doit attribuer la gloire de ce monument auquel les espagnols ont conservé le nom de Mesquita. Le vaste édifice, qui est très irrégulier, ne laisse pas d'exciter l'admiration; c'est cependant aux mahométans seuls qu'on doit attribuer la gloire de ce monument. Dans les premiers temps de la souveraineté de Cordoue sur les Arabes Maures, tous les mahométans s'y rendaient pour voir cette magnifique mosquée; dans la suite, elle devint pour eux un objet si particulier de dévotion que ce voyage suppléait à celui de la Mecque pour ceux qui ne pouvaient accomplir ce dernier.

Une autre merveille c'est le palais rouge de Grenade. La couleur de la terre est la même que celle des plaines de Dukala et Merrakech et les bâtiments construits de briques sont des mêmes couleurs. C'est là que gisent Ferdinand et Isabelle.

Comme monument d'art maure, le palais de Grenade, commencé en 1248, est un monument de la dernière et la plus raffinée période.

Les styles lourds et relativement simples de Cordoue et de Séville, sont simplifiés et raffinés, le résultat est un chef-d'œuvre d'élégance et de goût oriental.

Mentionnons encore la tour de Giralda de Séville. La mosquée fut terminée et la tour commencée en 1197, sous le règne de Mulley Yakouf el Mansour qui construisit de la même manière les mosquées de Merrakech et de Rabat. Le plan est celui de toutes les mosquées à tour du Maroc; on l'a surtout comparé à Saint-Marc de Venise. Mais il est inutile ici d'admirer les chefs-d'œuvre de l'art arabe qui couvrent l'Espagne encore aujourd'hui.

M. Blasco Ibanez dans son livre « A l'ombre de la cathédrale » s'exprime en ces termes sur la civilisation arabe : « Par là s'introduisait chez nous cette culture jeune, robuste, alerte qui à peine née triomphait. Cette civilisation qui naît par l'enthousiasme religieux du prophète, s'était assimilée le meilleur du judaïsme et la science byzantine qui, au surplus, apportait avec elle la grande tradition hindoue, les reliques de la Perse et beaucoup de choses empruntées à la mystérieuse Chine. C'était l'Orient pénétrant en Europe, non comme les Darius et les Xerxès par la Grèce qui les repoussait afin de sauver sa liberté, mais par l'extrémité opposée, par l'Espagne qui, esclave de rois théologiens et d'évêques belliqueux, recevait à bras ouverts ses envahisseurs. Dans le bizarre amalgame de peuples, de races, existaient toutes les idées, toutes les coutumes, toutes les découvertes accomplies jusqu'alors sur la terre, tous les arts, toutes les sciences, toutes les industries, toutes les inventions, toutes les disciplines anciennes, et du choc de ces éléments divers jaillissaient de nouvelles découvertes et de nouvelles industries créatrices. Tandis que, dans la barbare Europe des Francs, des Anglo-Normands et des Germains, le peuple habitait les cabanes, que les rois et leurs barons perchaient au sommet des rochers, dans les noires forteresses, dévorés par les parasites, vêtus d'étamine et nourris comme les hommes préhistoriques, les Arabo-Espagnols construisaient leurs merveilleux Alcazars et, comme les raffinés de Rome antique, ils se réunissaient aux bains pour s'entretenir de questions scientifiques et littéraires. Ce peuple d'artistes, de littérateurs, d'architectes ne devait pas laisser après lui de traces bien profondes. »

Beaucoup d'Espagnols, sans abjurer leur foi, avaient été séduits par les raffinements de la civilisation orientale, ils apprenaient la langue et la littérature arabe et les prêtres chrétiens leur reprochaient de délaisser les dogmes de l'Église pour les prières profanes du vainqueur.

Les vainqueurs Arabes et Berbères n'étaient nullement préparés à leur rôle de chef d'État, l'administration des peuples vaincus étant pour elle pleine de difficultés, et il leur eût été impossible de se passer du concours des chrétiens vaincus.

L'accession des chrétiens aux charges publiques s'imposait au lendemain de la conquête. Les khalifes d'Espagne prirent souvent des chrétiens pour conseillers intimes et leur confièrent les plus hautes dignités. Les vainqueurs laissèrent aux Espagnols leur religion, leurs lois et leurs juges.

Ce passage de Blasco Ibanez est un argument de plus à la synthèse du peuple espagnol dont nous parle Castelar. Le peuple espagnol, la littérature espagnole ont subi l'influence arabe, mais celle-ci n'est qu'un des éléments qui sont venus donner leur contribution à un génie original, tandis qu'au contraire la civilisation française est bien fille de la civilisation latine dont elle n'est que la lointaine mais directe évolution. Le Christianisme et l'Islam qui partout sont absolument incompatibles se sont heurtés en Espagne; qu'il y ait eu pénétration, peut-être; en tous cas, il n'y a jamais eu fusion. La civilisation latine a absorbé chez nous la barbarie germanique, elle a brisé en Espagne la culture islamique.

M. Vidal n'a-t-il pas dit : « Peut être pour mener à bien leur œuvre intelligente et instructive, et donner à leurs travaux une base définitive et durable, les Arabes auraient-ils dû rester maîtres de la péninsule.

« Il est à peu près certain que de cette fusion intime de deux races absolument différentes, serait née une nation originale et puissante qui aurait la première, avant ses sœurs européennes emprisonnées dans l'étau des barbares, jeté les assises du monde moderne ».

Oui, s'il y avait compatibilité quelconque entre le Christ

et Mahomet, l'Espagne est venue pendant sept siècles nous démontrer le contraire; c'est un exemple vivant.

Si les Arabes étaient restés, si la civilisation de Mahomet avait survécu, le génie espagnol serait mort étouffé dans le suaire de l'Islam. Celle-là absorbe, détruit et se cristallise, elle n'exclut et ne crée pas de types nouveaux; elle-même, rebelle à toute autre culture, l'étouffe sans se l'assimiler, et si le sort des armes et de la guerre sainte sur laquelle elle repose lui est défavorable, elle disparaît en ne laissant derrière elle que des ruines.

C'est ce qu'ont compris les souverains espagnols en expulsant les Maures, pour empêcher deux races à jamais incompatibles de vivre ennemies côte à côte. Ils ont sacrifié l'agriculture, l'avenir même de l'Espagne, mais ils ont sauvé son unité.

La civilisation islamique s'éteignit sans avoir imprimé au monde une empreinte ineffaçable comme celle des grecs et des romains. Elle a coudoyé huit siècles durant la civilisation chrétienne et si, à son contact, elle n'a pu créer un type nouveau, elle a su cependant laisser sur celle-ci une empreinte profonde sinon ineffaçable. Elle fut un élément de la synthèse du génie espagnol. Elle périt, mais après avoir contenu huit siècles la civilisation chrétienne qui débordait, elle fut le moule qui, bien que brisé, lui laissa une empreinte éternelle. Il n'est resté que des ruines des Arabes. En Espagne, d'ailleurs, l'Espagne moderne fût-elle fille de l'islam, on ne sait pas bien quels arguments nouveaux cela pourrait apporter à ses droits sur le Maroc — comme si la France latine sœur de l'Italie allait réclamer Rome sous prétexte que celle-ci l'a civilisée jadis. La thèse de l'Espagne islamique, une fois admise, pourrait tout au plus donner lieu aux arguments, en faveur des droits du Maroc sur l'Espagne.

Les Berbères, rudes et grossiers, s'ils n'ont apporté aucune civilisation aux Espagnols, leur ont tout au moins laissé leur sang. Nous avons vu dans quelle mesure !!!

Après l'invasion de Tarik, pendant plusieurs années, des milliers de Berbères passèrent le détroit de Gibraltar et parcoururent l'Espagne en la ravageant. Pourtant ce serait une erreur de croire que cette conquête fut une conquête arabe, les officiers et quelques corps de troupes seulement appartenaient à cette race, mais les vrais conquérants de l'Espagne étaient des Berbères d'Afrique. Les Berbères revinrent encore sous les Almoravides. Youssouf et son fils Ibn Tochefin passèrent le détroit avec une armée nombreuse. Leurs almoravides à demi sauvages en combattant presque nus jetèrent partout la terreur. Une seconde fois Youssouf passa en Espagne contre Alphonse VI. En 1096, Youssouf vint pour la troisième fois en Espagne, mais sans y être appelé car les Arabes craignaient plus les Almoravides que les chrétiens.

Dans le commencement du douzième siècle, une autre horde africaine originaire des déserts voisins de l'Atlas, vint détrôner les Almoravides, c'étaient les Almoravides dont le nom signifie unitaires. Pendant le treizième siècle Grenade et la province furent le théâtre de guerres civiles presque continuelles.

L'Espagne dut ensuite subir l'invasion des Benimérénides. Par trois fois les Berbères espagnols ont sollicité le concours de leurs frères d'outre mer; à huit reprises, du Sahara, de l'Atlas et du Maroc oriental, les Almoravides, les Almohddes et les Benimérénides vinrent détruire par la force, l'œuvre qu'avaient réalisée dans la paix la culture des Arabes espagnols.

La langue arabe bien qu'officielle n'était en rien généralisée, les hommes qui combattaient et qui gouvernaient étaient berbères bien que ces derniers fussent souvent fils d'Arabes par leur père ou par leur mère.

Les grands chefs religieux étaient purement arabes, au moins du côté paternel, la majorité se réclamait de la descendance de Mahomet, et ils honoraient une classe à part de chérifs et de guerriers.

La bonne harmonie n'a pas toujours régné entre Arabes et Berbères; ceux-ci se plaignaient d'être très mal récompensés de leurs services et d'être traités quoique musulmans, en inférieurs plutôt qu'en égaux... Aussi adoptèrentils les doctrines karadjhetie qui flattaient leurs instincts démocratiques, puis ils se soulevèrent contre les Arabes.

Nous avons l'explosion des Maures inassimilables par Ferdinand et Isabelle. Mais pendant sept siècles de contact, y eut-il une pénétration bien intime entre Maures et Espagnols? M. Maura, le très impartial ex-premier espagnol, vient lui-même réfuter la thèse de la fraternité hispano-marocaine des Costa et des Castelar : « Il n'est pas vraisemblable de supposer que la reconquête ait apporté aux terres andalouses une alluvion de nouveaux colonisateurs, mais, même en acceptant cette hypothèse, si Maures et Chrétiens possédaient réellement des facultés d'assimilation, vainqueurs et vaincus se seraient mélangés de telle sorte que déjà à l'époque de Philippe III, il m'aurait été possible de distinguer les uns des autres que par les sobriquets et les noms de famille. Ce n'est pas ainsi que les choses se passèrent. Les Maures formèrent une race distincte à peine croisée avec la race espagnole, et c'est seulement quand ils traversèrent le détroit et se trouvèrent parmi les leurs, qu'ils prirent la physionomie qui les caractérisait. Les Berbères et les Espagnols ne se pénétrèrent jamais réciproquement d'une façon complète ni avant ni après 1492 et comme l'invasion musulmane fut principalement berbère, on s'explique les anomalies historiques apparentes indiquées prédédemment (Maura).

Les Arabes n'ont laissé que de lointaines traces dans la langue et les mœurs du peuple espagnol.

Ce qu'il reste de plus frappant des restes de la domination arabe, sont les mots d'origine arabe.

Les noms de famille sont fréquemment aussi d'origine arabe comme Alaroos Alhama. La physionomie espagnole partant des classes que des hautes classes, ressemble de façon frappante à celle des Montagnards du Maroc.

Beaucoup d'habitudes et d'usages ont été empruntés aux Maures et viennent d'eux. La chanson des gens de la campagne dans l'Espagne méridionale ressemble à celle des orientaux.

En tout cas, après sept siècles de vie commune entre Berbères et Espagnols, maintenant que le détroit de Gibraltar les sépare, que reste-t-il de commun entre eux? Quels arguments les Espagnols invoqueront-ils pour la conquête du Maroc? M. Maura réfute encore MM. Costa et Castelar.

Les Berbères ont été le coin qui sépare les Espagnols des Arabes — Comme ils sont réfractaires à toute influence étrangère, nos qualités synthétiques et les facultés d'assimilation des Arabes devaient être et ont été sans effet sur eux. Ils ne sont pas nos frères, ils ne le furent jamais et ne pourront jamais l'être.

Quels faits, quelles réalités pouvons-nous signaler en guise de preuve, même en leur accordant, en cas où ils existeraient, une valeur qu'ils n'ont pas dans les relations internationales. Etant donné que, depuis le XVI° siècle jusqu'au XX° siècle, nous avons vécu ensemble en Afrique comme nous vivions antérieurement en Espagne, si ces affinités et si ces parentés avaient quelque réalité, les relations entre nos possessions de la côte barbaresque et les tribus des alentours ne seraient pas ce qu'elles sont. (MAURA.)

M. Maura a raison, mais il oublie un abîme plus profond que le détroit de Gibraltar et qui les a séparé avant celui-ci : l'Islam.

Je laisse encore la parole à M. Maura : « Il y a incompatibilité entre Espagnols et Marocains dans le Riff parce que les Riffains sont Berbères. Si la côte berbère doit être un jour à nous, nous devons auparavant en expulser les habitants actuels.

Il ne semble pas que, par possession trois fois séculaire des petits présides, l'Espagne ait acquis une influence quelconque sur les tribus africaines voisines. La haine de l'espagnol est tellement vivace chez les Berbères qu'ils refusent de leur vendre des vivres et de l'eau, donnés même au poids de l'or.

Quant aux Maures et aux Berbères eux-mêmes, un des rares souvenirs qu'ils aient gardé de leur histoire jadis si brillante, c'est la douceur de vivre dans les plaines fertiles que fécondent les eaux de l'Oued-el-Kebir, c'est le regret des palais de Grenade et des sources jaillissantes, c'est aussi une aversion instinctive pour leurs vainqueurs les chrétiens, si longtemps leurs sujets, qui ont fini par les expulser impitoyablement.

La haine de part et d'autre a survécu aux causes qui l'avaient provoquée, elle continue après une lutte de sept siècles.

L'horreur du Maure est innée chez le peuple espagnol et quant aux Marocains, ils éprouvent en face de l'Espagnol un sentiment de répulsion très différent de la défiance hostile qu'ils témoignent à tous les étrangers.

Quand on veut voir un marocain céder à la plus belle colère et donner des manifestations extérieures les plus caractéristiques de la haine, il suffit de vanter à ses oreilles l'espagnol.

Avec tous les peuples chrétiens les musulmans peuvent lier partie et s'entendre, avec les Espagnols ce sera toujours la lutte, la guerre, les assassinats et les tueries, jusqu'à ce que l'une des deux races disparaisse absorbée par l'autre.

M. Jean Hess a écrit : « Les Riffains, à moins de les anéantir jusqu'au dernier comme des Peaux-Rouges d'Amérique, il faudra une longue suite de révolutions et un nombre incalculable de siècles, pour les persuader que la possession d'un fusil n'est pas un souvenira bien, la vengeance, le suprême bonheur. »

Citons pour terminer M. Victor Berard : « Quatre siècles de guerre n'ont apporté aux Espagnols que le dédain ou la haine des Riffains ».

Les phrases éloquentes des Castelar qui nous enlèvent dans le monde fabuleux du passé et vers les chimères brillantes de l'avenir, ne nous laissent que désillusion lorsque nous jetons un regard au premier coup d'œil, vers la réalité.

CHAPITRE II

Les Droits historiques de l'Espagne au Maroc.

1° LA DERNIÈRE ÉTAPE DE LA RECONQUÊTE ET LA PRISE DE GRENADE

Ce qu'on appelle les droits historiques de l'Espagne basés sur une revanche à prendre de l'ancien envahissement mauresque sont quelque chose de bien vague en notre siècle de réalisme, et il serait préférable pour elle de s'en tenir aux possessions qu'elle a pu se ménager dans l'empire des chérifs.

Il est inutile d'énumérer longuement ici les luttes terribles qui marquèrent les étapes de la reconquête : cette lutte qui dura plusieurs siècles tient alternativement de l'histoire et du roman; ce sont des combats, des sièges, des assauts et plus souvent encore des tournois, des carrousels, des défis proposés et acceptés avec une égale audace. Dans des lices fameuses triomphèrent des héros dont les romans espagnols retraçaient les exploits et parmi lesquels on distingue Rodrigue de Bivar dit le Cid. — M. Reclus réagit avec raison contre les historiens qui ont embelli l'image de ces luttes continuelles du moyen âge; à l'époque où elles se déroulaient, elles ne pouvaient pas être généreuses : des vaincus, catholiques et espagnols essayaient de secouer par tous les moyens le joug de leurs vainqueurs arabes et musulmans. Les rapines, et les brigandages alternaient avec les guet-apens, les assassinats avec les tortures.

A la chute des Ommiades, l'Andalousie était déjà attaquée; Yakouf, émir des Almoravides, après avoir franchi le détroit et écrasé l'armée espagnole, n'est arrêté que par la peste dans sa conquête de l'Andalousie.

(Mariana, Baron de Verno, Meurs, Chénier).

En 1226, l'Espagne prend Cordoue; en 1295, le roi Ferdinand met le siège devant Jaen. Mohammed comprenant qu'il allait être vaincu et que la chute de Jean entraînerait celle de Grenade, va traiter avec le roi de Castille aux avant-postes. C'est un traité de protectorat qu'il signe. Mohammed se déclarait lui et son royaume sous la protection du roi de Castille et promettait en échange un tribut annuel de 150.000 doublos, son appui militaire sans limite en cas de besoin. L'émir ainsi que les grands vassaux du royaume pouvaient se rendre aux Cortès une fois convoqués. Par contre, le roi de Castille promettait à celui de Grenade de laisser son royaume à côté du sien. — Ce ne fut qu'une trêve de courte durée.

Séville fut enlevée en 1248.

En 1249 les rois de Castille, d'Aragon et de Portugal, s'unirent pour faire face à l'émir de Fez, Abdul Hassan qui avait débarqué à Xérès. Celui-ci fut écrasé à Tariffa.

La tâche d'expulser les musulmans d'Espagne pressés autour de Grenade, allait incomber à Ferdinand et Isabelle et cette fois de façon définitive. Mahommed avait déjà refusé de payer le tribut de 150.000 doublos, ce qui valut une expédition infructueuse de Jean II. En 1476, le roi de Grenade répondit à Ferdinand et Isabelle qui en réclamaient le paiement : « Dites à votre maître que ceux qui payaient le tribut sont morts et qu'à Grenade on ne fabrique plus pour les chrétiens que des fers de lance et des lances de cimeterre ». Ce fut là une fière réponse !

La lutte suprême allait commencer. Mahomet Ali-Ben-Hassan roi de Grenade, ensanglanta de ses exploits les débuts du règne de Ferdinand et Isabelle; il ravagea le royaume de Murcie et obligea le roi d'Espagne à une trêve de trois ans.

Survint alors un événement nouveau qui allait bouleverser l'histoire de la péninsule ibérique. Après la mort de Don Juan roi d'Aragon, celui-ci abandonna son trône en 1479 à Don Ferdinand, qui remit enfin sous une seule couronne les quatre monarchies d'Espagne. L'Espagne s'unifiait avant de se compléter.

Le premier exploit des Espagnols fut la prise d'Alhama, le roi de Grenade s'obstinait en vain au siège de cette place. Ferdinand mit à son tour le siège devant Loja; mais ne fut pas plus heureux que son rival. Abu-Adballah qui remplaça son père Mohammed Ali, à la suite d'un soulèvement s'obstina en vain comme son prédécesseur au siège d'Alhama.

Il y eut alors une expédition malheureuse des chevaliers espagnols contre Malaga à la suite de laquelle les Maures revinrent devant Lucena. Le comte de Cabra rétablit la situation en écrasant les Maures et Don Gonzalès de Cordoue fit prisonnier le roi de Grenade Abu-Abdallah. Il ne put regagner sa capitale que moyennant rançon et soumission à un traité de protectorat. Le désastre détermina une révolution à Grenade qui remit sur le trône Ali-Ben-Hassen, qui déclara caduc le traité de protectorat. Le roi Ferdinand recommença la campagne et ses exploits par la prise de Setenil. La grosse artillerie lui valut Coin et Cartena, mais il échoua devant Malaga.

Nouvel échec devant Mochin, grâce aux exploits de Mohammed-Elgazal frère d'Ali-Ben-Hassen, mais il s'en empara en 1486 ainsi que de Loja. C'est à cette date que Ferdinand se décide à un effort désespéré pour en finir avec Grenade. Il assiège Veles et Malaga et les oblige à se rendre.

Les rois catholiques rassemblèrent leurs armées à Jaen en 1489, la reine Isabelle vint elle-même au camp de Gaza qui dut capituler. Mahomed-Elgazal champion de la dernière résistance, vaincu, promit de rendre Cadix.

Après avoir conquis les places principales du royaume de Grenade, il ne manquait plus à Ferdinand et Isabelle pour leur gloire que de s'emparer de la capitale pour être maîtres de l'Espagne entière.

Le roi de Grenade proposa bien un traité de protectorat, mais sans succès. Les opérations décisives contre Grenade allaient commencer. D'un dernier effort, les Grenadiens reprirent l'offensive. Ferdinand se contenta d'une expédition de pillage et de sa forte position à Cadix; c'est en 1491 seulement que le roi Ferdinand campa devant la capitale et investit la place. Enveloppée, encerclée de tous côtés,

Grenade dernière citadelle de l'Islam en Espagne manquait de vivres. Tenaillés par la faim et isolés, les Maures discutèrent et proposèrent de se rendre. La capitulation eut lieu le 24 novembre 1491. Les forteresses et les captifs étaient livrés à Isabelle. Les habitants gardaient la jouissance de leurs biens, le libre exercice de leur religion et de leur juridiction. Ceux qui voulaient quitter la ville étaient libres de le faire; moyennant la vente de leurs biens, on leur donnait des passeports pour aller où ils voudraient, clauses fréquentes dans les traités d'annexions modernes. On confirma les privilèges du roi Abu-Abdallah qui s'en tirait avec honneur et profit. On lui assurait les revenus de ses vassaux dans les Alpuxaras. Il pouvait se fixer où il voudrait dans les Etats du roi; au cas où il désirerait émigrer, il recevrait une compensation pécuniaire proportionnelle à ses revenus.

Le roi de Grenade en se retirant à Pulcherra dans les Alpurraxas, regarda de la hauteur, avec une explosion de larmes, cette ville que ses ancêtres avaient su vaillammant défendre et qu'il fallait abandonner pour toujours. « C'est avec raison, lui dit sa mère, que tu pleures comme une femme la perte de cette ville que tu n'as pas su conserver comme un homme ».

L'Islam avait vécu en Espagne.

CHAPITRE III

La Politique de la Monarchie autrichienne et la conquête des présides.

Avant de mourir en 1504, la reine Isabelle inséra entre autres dispositions dans son testament, la clause suivante :

« Je prie et je requiers la princesse ma fille et le prince son époux, en leur qualité de souverains catholiques, de prendre bien soin des choses qui sont à l'honneur de Dieu et de sa sainte foi, qu'ils soient très obéissants aux commandements de la sainte Mère l'Église et ses protecteurs et défenseurs ainsi qu'ils sont tenus et qu'ils ne cessent pas de conquérir l'Afrique et de combattre pour la foi contre les infidèles ».

Il y eut encore bien des luttes entre les Maures et Espagnols mais ceux-ci portèrent la lutte de l'autre côté du détroit. Mais devant le fanatisme de l'Islam ils ne purent s'emparer que de quelques pierres d'attente. Ensuite ils parurent abandonner pendant plusieurs siècles la politique d'Isabelle, son testament, pour la reprendre et en exécuter les clauses après une longue période de léthargie. Isabelle avait prié ses successeurs de ne pas cesser de poursuivre la conquête de l'Afrique et de combattre pour la foi contre les infidèles. Nous allons voir où en sont arrivés les chrétiens d'Isabelle la Catholique après quatre siècles de luttes.

Les Espagnols alors attaquèrent toute la côte méditerranéenne.

Les entreprises des Espagnols sur la côte d'Afrique sont marquées par des succès rapides suivis de revers inattendus; aux espérances chimériques du début, succèdent de même un prompt découragement, l'abandon presque et l'oubli des projets formés. L'Espagne avait une richesse suf-

(*Maura, Chénier, Dozy, Ibn Kheldoum, Fillas, Reclus*).

fisante et une marine nombreuse, ce qui vaut mieux à des hommes hardis et intrépides qui ne se trouvent en masse que dans les époques de jeunesse et d'expansion. Elle avait par centaines de ces conquistadores qui bientôt vont lui 'donner ses immenses possessions du nouveau monde.

Il fallut un cardinal Ximénès de Cisneros qui, par une ténacité indomptable et son énergie de caractère, réussit à convaincre le roi Ferdinand de ses projets de colonisation et de conversion. En 1505 on s'empara de Mers-el-Kébir. Pierre de Navarre enleva Oran par surprise, il y massacra 4.000 personnes et fit 8.000 prisonniers. Ximénès fit déblayer la ville encombrée de cadavres, dédia deux mosquées au culte catholique et fonda deux couvents. Puis, laissant une garnison dans la ville conquise, il cingla vers Tripoli qu'il enleva après un combat très sanglant ; Alger laissa prendre et fortifier par une garnison espagnole l'îlot qui barrait son port et qui s'appela depuis le Penôn d'Alger. L'Espagne ne sut pas profiter des divisions des tribus pour se rendre maîtresse de l'Algérie, elle avait bien donné à Pedro de Navarro le titre de capitaine de la ville d'Oran, Mers-el-Kébir, Tlemcem, mais elle avait laissé les garnisons isolées sans poudre ni vivres, livrées au siège de l'ennemi, à l'intérieur à une administration déplorable.

La politique africaine de l'Espagne en Afrique devait être sans lendemain. Deux choses allaient surtout la paralyser, l'Espagne avait découvert l'Amérique en même temps qu'elle expulsait les derniers Maures. C'est vers l'Amérique plus éloignée, mais où elle ne trouvait pas un peuple fanatique, belliqueux et absolument incompatible comme au Maroc, qu'elle allait tendre toutes ses énergies.

Charles-Quint parut reprendre la tradition d'Isabelle, mais sans plan d'action bien déterminé contre le Maroc ; il éparpillait ses efforts sur toute la côte de la Méditerranée ; c'est à l'empire de la Méditerranée qu'il a songé bien plus qu'à combler le détroit de Gibraltar et continuer l'Espagne en Afrique ; ce que l'Angleterre commença à faire au début du XVIII\ siècle, il a songé sans bonheur à le défendre.

Charles-Quint se rendit célèbre par la prise et le sac de

Tunis en 1535. Le sultan dut signer un traité de protecto-rat et payer un tribut. Malheureusement Tunis ne devait pas rester longtemps en son pouvoir. Charles-Quint échoua devant Alger. En 1551, le corsaire Dragut s'empara de Tripoli. Nouvel échec de l'empereur devant Tripoli, Oran et Tlemcem. Le début de son règne avait été marqué par des désastres méditerranéens. En 1516, reddition d'Alger aux pirates; en 1529, reddition de Penon et de Veles à Barberousse, défaite de l'expédition de Portuonde au secours des Baléares menacées par Cachindiablos.

En 1555, Alphonse de Peralta vend Bougie aux Algériens, en 1558, c'est la prise de Cinadela par Piela Pacha à Minorque.

De 1553 à 1573, l'unique succès réel des Espagnols en Afrique, fut la prise de Penon, de Veles par don Garcia de Tolède, le 8 septembre 1564.

Le successeur de Charles-Quint, Philippe II, lui octroya néanmoins une revanche éclatante. Après la prise de Chypre aux Vénitiens par Selim II et de Tunis aux Espagnols, Venise, le pape et l'Espagne réunirent sous le commandement de Don Juan, frère naturel de Philippe II, une formidable escadre qui écrasa les Turcs à Lépante. Néanmoins, les Turcs gardaient Tunis, Alger, Tripoli. Sinan Pacha enleva Tunis et Bizerte que don Juan d'Autriche venait de lui reprendre.

Loin de chercher à conquérir le Maroc, Philippe II a recherché son alliance contre les turcs dont il ne put se faire des auxiliaires et avec lesquels il a vainement négocié. Pendant tout son règne, l'entente cordiale se maintient entre l'Espagne et le Maroc.

Lorsque Philippe II chargea Alvaro de Bazan de châtier les brigandages des pirates de Tétouan, celui-ci emboute illa la rivière sans tenter de conquérir la place.

Tous les rois de la maison d'Autriche dédaignèrent constamment les possessions espagnoles d'Afrique.

Par jalousie, Philippe II gêna don Juan d'Autriche dans la création d'un royaume de Tunis. Les pirates étaient la seule préoccupation des monarques espagnols. Sous Philippe III, le prince de Monte Sacro prend Alhucemas. L'indifférence, quand ce n'est pas le renoncement, voilà ce qui caractérise la politique africaine des derniers monarques autrichiens.

Nous ne nous arrêterons ici qu'aux quatre petits présides qui sont restés définitivement aux mains des Espagnols : deux présides mayors, Ceuta et Melila : puis Penon de Veles et Alhucenas.

En 1496, Pierre Estoninan, officier du duc de Medina Sidonia s'empare de Mellila. Donnée en récompense à Médina Sidonia, elle fut annexée définitivement par l'Espagne en 1556.

L'Espagne doit Ceuta au Portugal, le plus beau joyau des provinces portugaises en Afrique du Nord, leur échut sans lutte.

Le roi Jean Ier de Portugal, au lieu de passer son temps en fêtes et en tournois, s'empara de Ceuta en 1415. Lorsque Philippe II annexa le Portugal en 1580, Ceuta devint espagnole et ne fut pas restituée par Philippe IV en 1640, lors de la séparation des deux royaumes.

L'amiral Pierre de Navarre prit le Penon de Veles en 1508. L'amiral vice-roi de Catalogne, Don Garcia de Tolède, s'empara définitivement du Penon de Veles qui avait été abandonné à l'ennemi malgré les tentatives du marquis de Mondezar en 1525 et de Sancho de Layva en 1563.

En 1573, le prince de Monte Sacro occupa le rocher d'Alhacemas sans rencontrer aucune résistance. L'Espagne devait plus tard utiliser les quatre petites places fortes pour pénétrer dans l'intérieur du Maroc.

Malgré la possession définitive pendant quatre siècles de quelques jalons sur la côte du Maroc, les droits historiques de l'Espagne sur le Maghreb sont très contestables si, toutefois, comme on l'a dit ironiquement, les droits historiques ont quelque chose de commun avec le droit et avec l'histoire. Il semble que l'Espagne ait laissé périmer ses droits par son inertie et sa somnolence, ceux-là pouvaient reposer à la rigueur sur une tradition; malheureusement, pendant quatre siècles, les Espagnols l'ont oubliée et laissée tomber en désuétude.

Laissons encore la parole à Senor Maura : « Si les successeurs d'Isabelle avaient suivi sa politique qui ne faisait en réalité que continuer l'histoire de l'Espagne et plus spécialement celle de la Castille, nous aurions conquis très rapidement le Maroc et peut-être aussi l'Algérie et Tunis de la même manière que nous avions recouvré le sol de la péninsule, c'est-à dire malgré l'incompatibilité absolue qui existait entre vainqueurs et vaincus. Du fait que nous nous sommes écartés de cette route, nous ne pouvons évidemment faire dériver aucun droit historique. »

CHAPITRE IV

Les Canaries.

Les Espagnols ne se sont pas contentés de poser quelques jalons au pied des montagnes du Riff, à l'assaut desquelles se sont jadis brisés les Portugais et plus tard les Espagnols.

En mettant la main sur les îles Canaries à l'ouest dans l'Atlantique, ils ont pris le Maroc dans une sorte d'étau. Les africanistes espagnols réclament aujourd'hui l'hinterland des îles Canaries, si l'on peut réclamer l'hinterland d'une île. En tout cas, ils ont pu récemment réclamer et obtenir Ifni non en vertu de principes théoriques sur les zônes d'influence, mais en vertu de soi-disant droits historiques revendiquant les anciens établissements du chevalier de Henera, capitan conquistador des Canaries, successeur de Jean de Béthincourt fondateur des établissements disparus de la mystérieuse Santa Cruz de Mar Pequena dont les géographes modernes n'ont pas retrouvé les traces de façon bien certaine.

Il semblerait toutefois que Santa Cruz fut Agadir et non Ifni.

Nous n'allons pas ici nous arrêter à une longue description des Canaries. Les indigènes très primitifs s'appelaient Guanches; ils étaient probablement d'origine Kabyle.

L'ensemble de leur physionomie était gracieux et ouvert, ils avaient les yeux grands et noirs, les sourcils épais, les cheveux fins, lisses et ondulés, d'une agilité prodigieuse, ils s'élançaient de roc en roc comme des chevreuils. Leur civilisation était rudimentaire. Ils ne connaissaient pas le travail des métaux. Quoiqu'en dise Azurara, on n'a pas trouvé chez eux ni instruments de fer, ni bijoux, ni métaux. Ils construisaient bien néanmoins. Les compagnons de Jean de

(*Ramos espinosa de las Monteras, Perine Peres y Toro, Budgett Meakin*).

Béthincourt rappellent qu'ils virent à Palma les plus forts châteaux que l'on puisse trouver nulle part. Les idoles et les ornements dessinés sur des vases, offrent une grande ressemblance avec les types que présentent les monuments égyptiens.

Toutes les terres appartenaient au roi ou Quincey qui se gardait toujours le domaine éminent. Les indigènes pratiquaient la polyandrie et, bien qu'il leur fût interdit de verser le sang des animaux, le suicide.

Ce furent des esclaves, et plus tard des captifs français et espagnols qui faisaient l'office de bouchers et d'équarisseurs.

Malheureusement à côté de mœurs si douces, le suicide florissait à la grande Canarie. Chaque fois qu'un seigneur entrait en possession de son domaine à la grande Canarie, il se trouvait toujours quelqu'un de disposé à mourir pour honorer sa fête. Très barbares, les Guanches se peignaient en vert, rouge et jaune, sachant par telles couleurs exprimer leurs particulières affections. Décimés par les déportations en Europe, la maladie du sommeil, les Guanches sont aujourd'hui absorbés par les Espagnols auxquels ils se sont assimilés comme l'ont souvent été les indigènes de l'Amérique du Sud, et ils ne formèrent plus de nationalité distincte; à peine restait-il, il y a une cinquantaine d'années, quelques mots de leur langue dans la langue espagnole des Canaries.

Les rois d'Espagne faisaient remonter leurs droits sur les îles au traité de la ligne de fer et même plus loin aux temps de l'époque gothique. Suiseboto et Suintilla avaient paraît-il annexé les îles Canaries à leur couronne.

Alphonse XI de Castille redemanda même au pape de reconnaître ce droit. Rubin de Béthincourt, amiral de France, qui avait fait la guerre au Portugal, confia la conquête des îles à Jean de Béthincourt. Celui-ci, champion de Charles VI, débarque à l'île Joyeuse où régnait le roi Gardafia qu'il oblige à capituler. Son royaume était miné par les dissensions intestines; il laissa les envahisseurs s'installer et construire un château. Parti rendre visite à la cour d'Henri III, il laissa Bertin de Berneval, gouverneur. Celui-ci se signale par ses exactions. A son retour, Jean de Béthincourt attaque Puerteventura divisée en deux royaumes rivaux : Majorata et Jandia, il obtient la soumission des deux rois Guize et Ayozé. Au retour d'un voyage à la Rochelle, il échoue à l'attaque de la grande Canarie où le roi Artemi Semidan lui inflige un désastre et l'oblige à s'enfuir à la Palma. Il se rendit ensuite à la Gonera.

De Bethincourt y établit son gouvernement, il attaque l'île d'Hierro où il soumet le roi Armiche. Il organise les territoires conquis et nomme Maciot de Bethincourt vice-roi. Innocent VII érige les îles en évêché.

La France ne devait pas longtemps garder ces îles qui lui auraient permis de prendre pied cinq siècles plus tôt au Maroc.

Maciot qui avait épousé la fille du roi Guardafla se montrait irascible et cruel. Chassé par un soulèvement, Maciot s'était enfui à Madère. Le pape Jean II avait condamné l'esclavage qu'il avait établi et la reine Catheline envoyé une escadre.

Maciot rendit les îles à l'Infant Enrique de Portugal et, non content de cela, vint en Espagne céder sa souveraineté au comte de Cabra. Un autre prétendant aux îles Canaries allait surgir, Guillen de Las Casas fondait ses droits sur ce fait que Jean II en avait fait donation à son père Alphonse de Las Casas, don confirmé par bulle du pape Martin V grâce à des accords avec Maciot; Las Casas s'installe en maître aux îles conquises; il en fait hériter sa fille Ines qu'il fait épouser à Ferdinand de Pereza. Celle-ci lui succède et épouse en secondes noces Garcia Herrera. Garcia Herrera allait reconquérir les îles dont les Portugais se sont emparés. C'est lui qui fonde les établissements de Santa Cruz, de Marpequena détruits en 1522 par les Maures. Herrera va céder ses droits sur les Canaries à la couronne d'Espagne.

En 1488, Ferdinand et Isabelle feront une expédition à la grande Canarie où jadis Jean de Béthincourt avait échoué. L'expédition fut confiée à Rejon et Bermudez. Les rois rivaux des deux royaumes de l'île résistèrent unis aux Espagnols et Portugais alliés. Rejon retourna aux Canaries pour conquérir Palma et Ténériffe, mais il fut surpris par la mort. Enfin Tenedor Semidan fut fait prisonnier et l'île fut soumise. Ferdinand de Lugo terminera la conquête des îles par la prise de Ténériffe et de Palma. Malgré la destruction de son armée à Ténériffe par les indigènes, Lugo revient à la charge et remporte la victoire définitive. Les Espagnols encerclent le Maroc au nord et à l'ouest mais ne peuvent prendre pied à l'ouest de façon définitive. Les établissements de Herrera ne sont que tout à fait temporaires. Ce n'est qu'en 1860 qu'ils se feront céder Santa Cruz de Marpequera au traité de Vad-Rad et ce n'est qu'en 1883, qu'ils acquèrront Ifni en exécution du traité.

CHAPITRE V

La France a eu surtout des relations commerciales avec le Maroc. Bien que ses relations politiques avec l'empire du Maghreb ne soient nullement négligeables.

La politique européenne pendant le XVI et XVIIe siècle, imposa à la France une entente existante, parfois même une étroite alliance avec les sultans de Turquie. Cette cordialité de rapports entre le roi très chrétien et le plus puissant des monarques musulmans à créé à la France une situation de premier ordre sur toute la côte barbaresque, situation qui lui assura le Maroc.

Rouen, fournissait alors pour plus de cent mille toiles au Maroc, les négociants avaient des comptoirs à Tétouan, Salé, Santa Cruz, et pénétrèrent même dans le Sous.

Du même temps du Chevalier de Razilly et des relations florissantes qu'il avait établies avec la Maroc, l'influence française y dépassait même l'influence portugaise, ébranlée à jamais par la bataille d'Arzilla d'un coup dont elle ne devait jamais plus se relever.

Elle va diminuer beaucoup au XVIIe siècle au profit de l'Angleterre maîtresse de Gibraltar.

Non seulement dans ses rapports avec la France, mais avec toutes les grandes puissances maritimes, le Maroc a joué un grand rôle dans la politique de l'équilibre méditerranéen.

Pierre de Piton, sous François Ier, chercha à négocier une alliance avec Charles-Quint.

Henri IV envoya le médecin Lisle renouveler un traité d'amitié et d'alliance contre l'Espagne.

Dans le traité de Paix du 17 septembre 1631, conclu

entre Louis XIII et le sultan du Maroc, on convient indépendamment de la mutuelle remise des captifs, et de l'engagement de ne plus en faire à l'avenir, d'accorder aux Français la liberté d'exercer le commerce au Maroc, la faculté pour leurs navires de s'approvisionner dans les États marocains et l'autorisation pour le gouvernement français d'établir des consuls avec immunités, ayant droit de pratiquer leur religion et juridiction sur leurs compatriotes.

Sous Louis XIII, de Razilly négocia un véritable traité d'alliance, mais il ne put occuper Mogador pour en faire un réel préside français à côté des présides espagnols. Il songea même à Alhucemas. Enfin, pour finir, Mulez Ismaël négocia avec Louis XIV par l'intermédiaire de M. de Saint-Amand et de M. de St. Olon, une alliance défensive et offensive contre l'Espagne.

Nous allons, d'ailleurs, passer en revue ces négociations purement politiques, dans l'étude plus générale des relations franco-espagnoles et marocaines.

Dès le moyen âge, des commerçants provençaux s'étaient établis au Maghreb et Marseille avait pris des arrangements avec les souverains du Maroc.

Mais les premières relations officielles et modernes datent du règne de François Ier et de la mission Pierre de Piton en 1553.

Les rois de France, à ce moment, alliés des Turcs contre Charles-Quint, ne pouvaient manquer de chercher à nouer des relations avec les États barbaresques.

Piton débarqua à Larache, vit à Fez le dernier souverain mérénide. Il échappa à grand peine aux portugais à son retour.

En 1557, Henri III nomme le marseillais Guillaume Bérard. En 1585, une compagnie à charte anglaise est fondée. Les relations avec le Maghreb, établies par François Ier et Henri III, ne seront dès lors plus interrompues et l'on peut considérer à cette époque le consulat de la mer comme établi de façon définitive.

Razilly fut d'abord fait prisonnier par le sultan, averti des agissements d'un sieur Catheline, il dut retourner en

France nous demander la rançon de ses compagnons. Il organisa une seconde expédition au Maroc.

Henri IV, si préoccupé de nos alliances contre l'Espagne et de développer le commerce français, n'eut garde de négliger le Maroc à ce double point de vue.

Quant aux traités passés avec la France, nous n'allons pas les examiner dans les détails, ils ressemblent aux traités passés avec tout le reste de la chrétienté. Ils assurent aux chrétiens la sécurité des personnes et des biens et des transactions, ils relèvent de la juridiction de leur consul qui, résidant au milieu de ses coloniaux, administre la colonie.

Le consul rend la justice, sauf lorsqu'un musulman est défendeur, perçoit des droits de chancellerie et de navigation. On reconnaît aux chrétiens la propriété de leurs maisons de commerce, de leurs églises et de leurs cimetières; le tout ensemble hors des murs et fermé par une porte unique constitue le quartier franc, dont le consul à la police intérieure, et les fonctionnaires musulmans n'y pénètrent pas sans autorisation.

En échange de garanties pour leur consul, les chrétiens ne doivent aborder que dans les ports ouverts et ne pratiquer leur culte qu'à l'intérieur des Fondouks.

Il y envoya le médecin Lisle qui devait attester des instructions et du désir du roi que l'ancienne amitié et alliance entre le Maroc et la France fût renouvelée.

En 1619 eut lieu la mission du chevalier de Razilly, un des meilleurs conseillers et auxiliaires de Richelieu.

Il avait persuadé Richelieu qu'il fallait entamer des négociations avec le Maroc pour en finir de la piraterie, obtenir la libération des français captifs et établir dans l'île de Mogador un comptoir pour l'échange des marchandises. Le produit de la vente des marchandises avait rapporté ainsi 30 %.

Il alla trouver le sultan la première fois. Bien que le roi fût trop occupé par les protestants, l'expédition fut décidée et Richelieu écrivit à Razilly : « Si vous étiez certain que l'île de Mogador se puisse conserver et que la prise en soit utile, je vous laisse de la part du roi la liberté de vous en emparer et d'y laisser cent hommes. »

Ce qui manque à la France pour faire valoir plutôt ses droits au Maroc que l'occupation d'un préside, qui aurait pu lui permettre de réclamer un hinterland et une zône d'influence au même titre que l'Espagne.

L'expédition contre Salé et Saffi échoua et Razilly ne put débarquer à Mogador. L'entreprise contre le Maroc était abandonnée.

Sous Razilly donc, la descente française échoua, et au lieu de cent ans de guerre de razzias contre razzias, embarquements, sièges, bombardements, que nous aurait valu l'acquisition d'un port marocain, une sorte de traité nous donna au Maroc des droits et des privilèges commerciaux qu'il devait dépendre de notre volonté de rendre plus effectifs et avantageux. (Victor Bérard).

Razilly revint en 1630 en rade de Salé; le 3 septembre 1630 fut conclue une trêve de deux ans entre le chevalier et le gouvernement de la ville; Salé s'ouvrait au commerce français et un consul devait y être établi. « D'après la capitulation, les vaisseaux de guerre et de commerce avaient libre accès au port de Salé où devait être établi un consul de la nation française, à la nomination de l'illustrissime cardinal de Richelieu. »

En retour, le roi de France s'engageait à ne pas faire la guerre au château de Salé ou à ses habitants et à ne pas les molester de façon quelconque. L'exercice de la religion catholique était toléré aux consuls, ses protégés et autres français... Ce fut la paix définitive un an après la signature de la trêve.

Il y eut encore deux traités entre l'empereur du Maroc et le chevalier de Razilly, l'un signé à Marrakech le 17 septembre 1631, l'autre conclu et signé à Saffi le 22 septembre de la même année.

Dans cette double convention signée par le sieur de Molins, le roi de France s'interdissait de prêter appui quelconque aux Espagnols, contre les sujets de l'empereur du Maroc. Un nouveau traité fut signé en 1635. On confirma le traité antérieur. Néanmoins la piraterie et la course avaient continué. En 1680, l'escadre de Château-Renaud bloque les ports du Maroc.

Muley Ismaël envoya en France Mohammed Thumin qui, le 4 janvier 1682, prononça une allocution célèbre.

MM. Croissy et de Seignelay étaient désignés pour écouter les propositions du sultan.

Le 29 janvier 1682 un traité de paix et de commerce fut signé à Saint-Germain-en-Laye. Le sultan autorisait le rachat des captifs moyennant 300 francs pièce et la liberté de navigation était garantie. Monsieur de Saint-Amand partit au Maroc avec la rectification. Muley Ismaël le reçut avec estime, et après bien des difficultés, Muley Ismaël ordonna à ses émissaires d'accorder à l'ambassadeur tout ce qu'il demandait et même plus s'il était possible.

Le traité de 1682 entre Louis XIV et Muley Ismaël n'offre avec la précédent aucune différence essentielle mais il donne lieu à l'envoi réciproque d'ambassadeurs et à des relations si cordiales entre les deux pays, que le sultan agrée à devenir le gendre du Roi Soleil.

Muley Ismaël songea à compléter le traité de 1682 en formant avec Louis XIV une alliance offensive contre les Espagnols qui détenaient les présides du Maroc.

Le Maroc ne forme pas encore un objet de partage et de litige pour les diplomates français et espagnols, il fait encore figure de grande puissance dans le concert méditerranéen, son escadre de corsaires n'est pas à dédaigner, il va jouer un rôle indépendant dans la lutte entre la France et l'Espagne.

Muley Ismaël écrivit en ce sens une très curieuse lettre à Louis XIV.

« C'est pourquoi si votre Majesté a une véritable intention de parler d'affaires à fond et avec sincérité, qu'Elle nous envoie un de ses grands seigneurs de sa cour sur les paroles de qui on puisse faire ajouter créance et conférer avec lui, et qui vienne nous trouver à dessein et à cette intention. »

On devait surtout traiter de la question de l'échange des esclaves; c'était une ambassade extraordinaire. En réponse à cette lettre, Louis XIV envoya au Maroc un ambassadeur,

M. de Saint-Olon. Il arriva le 2 juin 1693 à Méquihez et fut reçu par le sultan.

M. de Saint-Olon eut plusieurs conférences avec la caïd Mehemed Tabou Atar. Néanmoins, on ne put s'entendre sur le traité de paix. Pourquoi Muley Ismaël ne voulut-il pas signer? L'explication en est dans une lettre de 1693 à notre ambassadeur : « Nous croyions que vous étiez prêts de vous joindre à nous contre les Espagnols et de concerter ensemble la manière de les attaquer, moyennant quoi nous aurions fait tout ce que vous auriez souhaité....... mais vous n'êtes venus que pour parler des esclaves français.

Le sultan regrettait l'insuffisance de pouvoirs accordés à notre ambassadeur. — Celui-ci objectait qu'il aurait fallu lui faire plus tôt de semblables propositions.

Les négociations traînèrent en longueur, échouèrent et les hostilités redoublèrent.

M. de Saint-Olon ne savait pas, paraît-il, le premier mot de son métier.

La faute de M. de Saint-Olon, outre qu'il n'avait pas su peser les deniers du prince maure, avait été de compter sur des sentiments trop généreux et désintéressés, et d'oublier que dans les pays musulmans, une bonne action vaut son pesant d'or et que la philanthropie se retranche souvent derrière le Batchich. Surtout il ne comprenait pas que lorsqu'on traduisait à Louis XIV les lettres d'Ismaël, on les interprétait de manière à plaire au roi et qu'on lui lisait des choses que le sultan n'avait jamais écrites.

Néanmoins, Muley Ismaël envoya son grand amiral Abdallah-ben-Aicha pour en finir et traiter une fois pour toutes.

Il s'aboucha avec M. de Saint-Olon et fut reçu le 16 février 1699 en audience royale.

Malgré ces pompeuses réceptions, on ne put s'entendre davantage. Louis XIV croyait que ce sauvage d'Ismaël estimait l'honneur de son alliance alors que Ismaël croyait que ce chien de Louis XIV recherchait humblement son amitié.

Ces deux orgueils de rois absolus, qui tous deux se croyaient d'essence divine, leur faisait oublier l'intérêt qu'ils auraient eu à faire bonne et solide alliance, intérêt que certains de leurs sujets comprenaient bien.

On parla même d'un projet de mariage entre Mademoiselle de Blois et Muley Ismaël, ce qui fit causer la cour.

A ce propos Budgett Meakin écrivait : De toutes choses possibles dans l'histoire du Maroc, on ne peut s'imaginer rien de plus invraisemblable que ce fait qu'un sultan du Maroc fît la cour à une princesse de France : cela vint justement à se produire dans la personne de Muley-Ismaël Abdallah Ben Aicha, amiral du Maroc, qui, à la Cour de Louis XIV, fut si frappé des charmes de Mademoiselle de Blois, plus tard princesse de Conti, fille de Louise de Lavalière, qu'il avait rencontrée au bal au Palais-Royal, qu'il fixa son choix sur elle pour son maître.

Là-dessus, Muley Ismaël lui ordonna de faire des offres à son ami Pontchartrain pour la demander au roi. En même temps, il écrivit au roi en style oriental une lettre très amicale sans faire allusion à ce sujet. Elle devait conserver sa religion et même jouir de tout le luxe désirable.

Mais le roi de France n'eut pas la même confiance en lui et s'excusa en déclinant cet honneur ».

Rien ne pouvait alors faire le jeu des beaux esprits.

Jean-Jacques Rousseau se mit de leur nombre avec une « Ode à la Princesse ». En voici un spécimen, il est de Senecé :

> Que me demandez-vous, superbe Tingitane,
>   Osez-vous y penser?
> La fille de Saint-Louis jusqu'au rang de sultane
>   Peut-elle s'abaisser?

Quel mari Muley Ismaël eut-il été pour Mademoiselle de Blois? Budgett Meakin nous en donne la description.

« C'est un homme de taille moyenne, il a bonne apparence et rien des traits des nègres, bien que sa mère fut noire. Le nez est fort, suffisamment long et mince. Il a perdu les dents et respire court comme si ses poumons étaient malades. Il crache et tousse très souvent, rien ne tombe sur le sol, des hommes étant toujours prêts à tout ramasser avec des mouchoirs. La barbe est blanche et clairsemée, les yeux ont dû étinceler, mais leur éclat est tombé avec l'âge et les joues sont très creusées ».

Tout échoua, traité et mariage. Après avoir enlevé Argila puis Larrache à l'Espagne avec l'aide de la France, Muley Ismaël fit des préparatifs énormes contre Ceuta; le siège devait durer vingt-six ans.

CHAPITRE VI

Le Portugal et le Maroc sous l'ancien régime.

Ce titre : l'histoire du Portugal au Maroc sous l'ancien régime pourra presque servir à toute l'histoire du Portugal au Maghreb; celui-là y a brillé d'un éclat tout particulier mais y a disparu sans laisser de traces, sans même y laisser les petites villes d'attente qui ont permis aux Espagnols de faire valoir leurs droits historiques et leur influence déchue.

Les Portugais s'étaient vaillammant lancés à l'assaut du Riff, mais aux premières collines, à quelques heures de la côte, la force portugaise malgré ses armées de 16.000 hommes et 200.000 chevaux trouvait ses limites infranchissables. Chaque fois que les Portugais voulurent franchir cette limite, la même campagne les conduisit au même désastre.

Les petits présides ont été pour l'Espagne une sorte de flamme couvant sous la cendre qui est venue plus tard ranimer leur influence bien éteinte, pour la faire briller d'un éclat tout nouveau au XIXᵉ siècle et au XXᵉ siècle.

L'influence portugaise, bien que beaucoup plus importante, a disparu sans laisser de traces, sans laisser derrière elle un préside quelconque si infime soit-il, qui eût empêché tout souvenir du Portugal de s'éteindre, s'il n'eût servi de brandon à de nouvelles ambitions et de nouveaux espoirs.

Toute prétention du Portugal sur le Maroc ne peut s'étayer sur aucun droit historique, si faible soit-il, car le Portugal, s'il a étincelé au Maroc, s'y est éteint dans le sang de l'héroïque et grandiose défaite de Don Sébastien à Arzila et toute dernière lueur de son éclat s'est évanouie après la prise de Mazagan en 1769. Trois siècles et demi de luttes étaient restés sans résultats; Jean Iᵉʳ, au lieu de passer son temps en tournois, sur le conseil d'un ministre qui lui fit

(Fillias, Chénier, Mariana, Baron de Verno, Augustin Bernard).

remarquer que les sommes considérables dépensées de la sorte pourraient être employées à quelque chose de plus utile, organisa une gigantesque expédition au Maroc pour s'emparer de Ceuta août 1415. Il y réussit, et se contenta, d'ailleurs de cette glorieuse campagne. Mais Ceuta dut être évacuée par son successeur après une expédition malheureuse contre Tanger et Don Ferdinand fut laissé en otage.

Il resta dans les fers jusqu'à sa mort car les Cortès refusèrent de sanctionner une si odieuse tractation.

En 1468, Aufa fut prise et évacuée peu après.

En 1471, Arzila est enlevée par Alphonse V en personne qui y fait un horrible carnage, et le sultan doit signer une trêve de 20 ans avec le Portugal. Poursuivant leurs avantages, les Portugais mirent la main sur Mazagan et Saffi 1506, et 1507. En 1508, les Portugais, surpris sous les murs d'Azemnour par Moulay Sidan, se rembarquèrent en désordre, mais, grâce au capitaine Ataydé, ils purent conserver Saffi. Ils furent violemment attaqués par les Maures dans la même année; enfermés dans Arzila, ils ne furent sauvés que grâce à l'intervention du roi d'Espagne. Désormais également menacés, Portugais et Espagnols s'entendent au Maroc.

Penon de Velez, que ceux-là doivent respecter, sert de limite aux deux empires rivaux. En 1513, le Portugal s'empare d'Azemnour et y tient garnison : tout semblait faire croire que la conquête était assurée, quand parut sur la scène politique l'importante famille des chérifs qui fonda la dynastie actuelle du Maroc, en chassant les chrétiens de son territoire.

Le déclin du Portugal commençait. Ce fut Sidi-Mohammed Ben Ahmed qui confia ce projet à ses trois fils. Il descendait paraît-il, du prophète. Prophètes et guerriers, les chérifs se mirent à parcourir le royaume de Fez entraînant un très grand nombre de tribus à leur suite; ils trouvèrent moyen d'attirer les Portugais en rase campagne où ils étaient toujours inférieurs, pour les écraser. Les chérifs battirent Sidi Jaha, l'allié fidèle des chrétiens, mais furent vaincus en 1516 par le capitaine Ataydé.

Laissons de côté les exploits de Mesenez, les Maures de-

vront compter avec Lopez Barriga un autre grand capitaine.
Deux fois pourtant il fut écrasé à Aguel et fait prisonnier.

En 1513, le roi Emmanuel voulant relier ses possessions
du nord et du sud s'établit à Mamord où le frère du roi de
Fez le battit complètement et l'obligea à reprendre la mer.

Lopez Barriga prend sa revanche en 1516 et s'empare de
la ville d'Amazor, il vainquit les chérifs à Masquerezo. Les
Portugais eurent alors le tort de se méfler de leur allié fidèle,
Sidi Jaha. Son emprisonnement détermina un soulèvement
des tribus soumises et les Portugais furent littéralement
émiettés. Néanmoins, Sidi Jaha, acquitté à Lisbonne (c'était
une machination des chérifs) ne reprit sa place à côté des
Portugais que pour être assassiné.

En 1536, le second des chérifs menaça la garnison de Santa-
Cruz, échoua néanmoins devant Mazagan, malgré un matériel de siège formidable. Ce fut pour les Portugais une victoire sans lendemain. L'expédition de don Sébastien fut le
dernier éclair de la conquête portugaise au Maroc. Il avait
réuni toute la fleur de la noblesse à Cintra et partit sur une
flotte de 3 escadres, son armée débarqua en 1578 à Arzila.

Mohammed renversé du trône par Muley Abdel Amok
(Molucco) avait promis l'appui de ses partisans, mais il ne
se présenta qu'avec quelques centaines de guerriers. Sébastien avait une grosse infériorité de cavalerie sur Molucco.
La bataille d'Arzila dura 24 heures, Molucco y succomba
(il expira le doigt sur les lèvres pour faire comprendre à ses
capitaines qu'il ne fallait pas que ses soldats connussent
sa mort).

Muley Mohammed mourut au passage d'une rivière et
Don Sébastien succomba bravement les armes à la main.

Il y avait dans l'armée de Don Sébastien une quantité
de jeune noblesse, sans aucune expérience mais pleine de
valeur et qui sut mourir avec son roi.

« Ainsi finit l'occupation portugaise la plus complète de
toutes les conquêtes chrétiennes au Maroc, celle qui a laissé
dans le pays les traces les plus nombreuses et les plus profondes .» (Segonzac).

Les Portugais ne réussirent pas à se maintenir au Maroc

en grande partie, parce qu'ils voulurent faire du pays une terre d'exploitation et y organiser la traite des indigènes.

En somme les Portugais ont réellement tenté au Maroc une œuvre de pénétration dont quelques traces seulement subsistent sur la côte. Ils appliquèrent d'assez bonnes méthodes politiques tout au moins dans le sud, mais ils considéraient les provinces marocaines comme des mines à exploiter, ils pillaient, saccageaient, et vendaient les habitants comme esclaves à Lisbonne.

Le cardinal Don Henri fut proclamé roi au lieu de Sébastien mais mourut subitement.

Philippe II d'Espagne réunit alors sur sa tête les deux couronnes d'Espagne et de Portugal. En 1648, les deux royaumes furent séparés de nouveau et Mazagan et Tanger qui avaient des gouverneurs portugais revinrent au Portugal, mais Ceuta resta à l'Espagne.

En 1662 Tanger fut donné à l'Angleterre en dot à la princesse Catherine de Portugal; en 1769, Mazagan restait seule de toutes les possessions portugaises. L'abandon en fut décidé. Il y avait eu jusqu'à 4.000 habitants et 75 rues à Mazagan sous l'occupation portugaise. En 1562, la ville avait résisté à un siège de 200.000 Maures.

Le gouverneur, cette fois assiégé par l'empereur du Maroc, averti de la renonciation du Portugal, capitula emmenant a avec lui les civils, armes et bagages.

Ainsi finit l'occupation portugaise au Maroc, sans rémission, après trois siècles et demi de luttes inutiles. Les Espagnols n'avaient su conquérir au Maroc que quelques petits présides, ceux-ci devaient être l'embryon d'un nouvel empire colonial après la perte de l'Amérique.

Les Portugais avaient conquis un empire au Maroc, il n'en est pas resté vestige.

L'éclat passager de l'impérialisme portugais ne donna lieu dans la suite qu'à de vagues relations de politesse avec les cours de Fez et de Lisbonne.

CHAPITRE VII

L'Angleterre au Maroc sous l'ancien régime.

Du XVIe au XXe siècle, l'Angleterre a pris un intérêt de plus en plus grand à la question du Maroc. Les visées territoriales à proprement parler ne sont que secondaires, si elle en a jamais eu, et toujours subordonnées à la main mise sur le détroit de Gibraltar pour l'empire de la Méditerranée. Plus tard, la question du Maroc préoccupera de plus en plus l'Angleterre, surtout après la conquête de l'Egypte et la percée du canal de Suez, car Gibraltar devient une étape encore plus directe vers l'Inde.

Gibraltar remplacera Tanger et l'Angleterre va multiplier les jalons autour du monde sur la terre des Rajahs, tenant encore plus jalousement à ceux qu'elle avait semés pour l'empire de la Méditerranée. L'empire de la Méditerranée et l'empire des Indes ne formeront pour l'Angleterre qu'une seule question indissoluble et une seule et même politique. Napoléon verra sa politique anéantie dans les fumées de Trafalgar en cherchant à contrecarrer; celle de l'Angleterre aura vraiment cherché à lui fermer la Méditerrannée et la mer Rouge en attaquant l'Egypte. Thiers échoua encore en se mettant l'Europe à dos pour soutenir Mohamed Ali. MM. Ribot et de Freycinet plus tard encore ne sauront arrêter les Anglais en Egypte.

Gibraltar, Tanger, l'Egypte, le Yémen ne sont que des jalons sur l'Inde, les pions semés malgré la distance d'un même échiquier diplomatique.

Pendant trois siècles, l'Angleterre jouera son atout sur le même échiquier et triomphera.

Quant au Maroc proprement dit, si l'Angleterre n'a pas eu de visées proprement dites sur lui, ou si elle ne l'a pas

(Benard de Card, Budgett Meakin).

mis à éxécution, c'est que le Maroc n'était pour elle que l'entrée de détroit de Gibraltar, il lui suffisait d'en détenir les clefs. Aussi s'est-elle longtemps opposée à ce qu'aucune grande puissance ne prenne pied dans l'empire de Maghreb; elle jouera sur le fanatisme de l'Islam contre l'Espagne et la France, et plus tard, lorsque l'entente cordiale aura modifié ses vues et mis fin à une haine séculaire, c'est à l'Espagne, puissance de second ordre et sa vassale depuis longtemps, qu'elle consentira à confier la garde du détroit. Encore lui imposera-t-elle de ne pas fortifier la côte et exigera-t-elle Tanger, qui jadis remplaçait Gibraltar, en ville neutre et internationale.

Chose étrange, nous voyons apparaître sur la scène d'une politique de trois siècles, dans les deux pôles d'une même question, les deux buts d'une politique tricentenaire ou plutôt le premier jalon et l'étape définitive de trois cents ans de lutte Tanger et Bombay. — Bombay et Tanger sont inséparables.

En 1661, l'infante Catherine de Bragance épousait le roi d'Angleterre Charles II.

Elle lui apportait en dot la somme de 500.000 florins, mais aussi, les villes de Bombay et de Tanger.

Bombay était l'embryon d'un immense empire et Tanger le premier bastion sur la route. Celui-ci fut ensuite remplacé par Gibraltar après le désastreux traité d'Utrecht. Ce fut un triste jour, en 1662, lorsque les Portugais se retirèrent; suivant l'ancien gouverneur, les Anglais pillèrent et mirent tout à sac, brisant les images et les vases dans les églises et les couvents.

Malgré la trève de 6 mois réclamée par le gouverneur Peterborough, et le Mozadher El Khadin Ghailan, la garnison de Tanger dut rester exposée à de constantes attaques. Dès que les Anglais s'aventuraient hors de l'enceinte fortifiée, ils tombaient dans quelque embuscade, ou avaient à subir quelque escarmouche. Démoralisés, ils prirent parti, après l'ordre du colonel Fines, de ne plus quitter la ville et de tenir les portes constamment fermées.

Lord Rutheford et le comte Terciat remplaçaient le comte

Peterborough. Les nouveaux gouverneurs ordonnèrent des sorties pour dégager la place. Ils furent néanmoins surpris en 1663 et à la suite d'un nouvel échec, une nouvelle trêve fut conclue avec Ghailan.

Lord Teviat voyagea à Londres et sur la construction d'un nouveau fort par les Anglais, la guerre recommença. Le gouverneur subit un véritable désastre, perdit 19 officiers et 500 hommes, à la suite duquel, il fut remplacé par le comte d'York.

Ghailan finit par faire la paix avec le nouveau gouverneur, lord Belasyse. Mais la paix ne vécut qu'avec Ghailan; à sa mort la guerre recommença, Tanger fut investi trois fois, de 1678 à 1860.

La perte du fort Charles nécessita une nouvelle trêve de quatre mois; enfin, la paix définitive fut conclue par le colonel Kirke et Muley Ismaël.

Les Anglais étaient murés à Tanger. Toute marche vers l'intérieur, toute communication avec le reste du monde, leur était interdite, aux premières lieues de la banlieue, à quelques heures du rempart, il fallait livrer bataille pour le passage de la moindre caravane et Tanger continentale était de garde plus difficile et plus dispendieuse encore que les présides de Mellila et Ceuta.

Pepys avait exprimé la voix populaire au Parlement : « Tanger devait devenir le lieu le plus considérable du roi d'Angleterre dans le monde.» Néanmoins, le Parlement refusa d'accorder les grandes sommes exigées pour la défense et l'entretien de la place, et cela sur le soupçon bien fondé que la majeure partie de celles qu'il avait déjà accordées avaient été employées à un très mauvais usage. On prétendait que les fonds ne servaient qu'à engraisser des soldats papistes, Tanger était devenue un repaire du papisme.

Les Portugais, voyant que les Anglais allaient s'en aller, redemandèrent la ville moyennant indemnité des biens couverts par les Anglais. Le roi consentait, mais le duc d'York refusait et observait qu'il valait mieux abandonner la ville aux Maures.

On détruisit le fort et les môles au mois de février 1684; les soldats anglais évacuèrent définitivement Tanger.

L'Angleterre avait abandonné pour des raisons surtout pécuniaires une place qui était de la plus haute importance au point de vue politique. Elle sut bientôt se dédommager de cette perte en prenant Gibraltar.

El Ufrani attribue l'évacuation de Tanger aux attaques de ses compatriotes : « Tanger était si étroitement assiégé par les Maures que les chrétiens durent s'enfuir sur leurs navires pour leur échapper par mer, laissant la place minée de fond en comble.

L'Angleterre s'empara par surprise de Gibraltar en 1704 qu'elle se fit céder en 1712 au traité d'Utrecht.

De ce point stratégique où elle s'est définitivement installée, elle n'a pas cessé de surveiller le détroit de Gibraltar.

Le rocher de Gibraltar est donc un observatoire sur une grande route. Accroupi comme un lion, dont il a de loin l'aspect, il semble guetter au passage les bateaux qui entrent et qui sortent.

Jamais elle ne se désintéressera de Tanger sur la rive opposée. Elle s'arrêtera O'Domel victorieux en 1860; elle imposera plus tard la neutralisation de Tanger, aujourd'hui esclave internationale dans la zône espagnole.

M. Robert de Caix a dit : Pour les Anglais, le Maroc avant d'être une étendue de terres fertiles, située à l'angle nord-ouest du continent africain, est la rive méridionale du détroit de Gibraltar.

Pour en finir, citons la parole de Nelson : Tanger doit appartenir à une nation neutre comme le Maroc, ou à l'Angleterre.

C'est après la perte de Tanger qu'elle s'intéressera de plus en plus au Maroc où elle n'a pu prendre pied. Du haut de son rocher, elle y surveillera jalousement la lutte des grandes puissances, toujours prête à intervenir.

En 1901, M. Budgett Meakin disait : « Tout ce que désire l'Angleterre, c'est l'entrée de la Méditerrannée ou l'assurance que ce passage sera neutralisé; si on lui donne cette garantie, elle n'a nulle objection à faire à l'expansion française.

De 1727 à 1782 l'Angleterre avait eu la première place au Maroc, elle y ruina l'influence française jusque là prépondérante. Elle conclut des traités de commerce avec le sultan et s'allia avec lui contre l'Espagne, mais se montra trop ouvertement décidée et Sidi Mohammed comprit qu'il lui était plutôt de son intérêt de lui faire la guerre de concert avec l'Espagne et la France.

Elle reprit son influence sous la Révolution mais ne put obtenir du sultan Muley Ismaël qu'il agît contre nous, elle profita de la guerre d'Espagne pour occuper Ceuta qu'elle ne rendit qu'en 1814, sur les prières de Ferdinand VII.

La prise d'Alger et l'établissement des Français en Afrique l'irrita au plus haut point et nous avons vu qu'elle fit tous ses efforts pour enrayer notre expansion coloniale.

CHAPITRE VIII

La France et l'Espagne au Maroc au XVIII° siècle.

1° LA FRANCE

Le XVIII° siècle marque l'ère de la politique contemporaine, il n'est pas une seule question de la politique moderne sur le tapis vert des diplomates, qui n'ait son origine au XVII° siècle et qui n'ait déjà donné lieu à conflits. Aussi toute étude d'histoire moderne doit commencer par une étude méthodique du XVIII° siècle.

C'est l'ère de la construction de l'empire colonial anglais et des grandes guerres coloniales. La France voit son empire d'outre-mer anéanti.

Durant la seconde période qui comprend presque tout le XVIII° siècle, l'Angleterre maîtresse des mers d'Europe s'efforce d'abattre la puissance coloniale de la France qui dominait aussi bien dans l'Amérique du Nord que dans l'Inde.

Le règne de l'Angleterre, du Portugal, de l'Espagne sur les Amériques finit ou touche à sa fin. Au XVIII° siècle, le Maroc est encore un état assez fort; loin de chercher à se le partager, la France et l'Espagne recherchent son alliance.

Le Maroc va jouer un rôle important dans l'équilibre méditerranéen; c'est une puissance maritime possédant une marine de corsaires capable de rivaliser avec celle des Turcs. Son alliance sera recherchée par la France et l'Espagne, surtout par l'Espagne contre l'Angleterre, depuis que celle-ci est maîtresse du détroit de Gibraltar. Si la marine du Maghreb n'a pas une puissance offensive bien marquée, on cherchera du moins à empêcher l'ennemi d'en tirer profit, pour en

(De Plessen, Augustin Bernard, Rouard de Card, Budget Meakin).

faire une base de ravitaillement et une station navale. On traitera avec lui pour lui imposer une stricte neutralité, une neutralité bienveillante, incompatible avec les lois et coutumes imposées aux neutres dans la guerre moderne. De son côté, le Maroc menacé par l'Espagne, recherchera l'alliance de la France pour y faire contrepoids. Du reste les rois de France n'essayèrent pas de profiter de ces négociations pour contrecarrer les projets de l'Espagne. Sans doute, ils s'engagèrent parfois envers le sultan à ne pas prêter aide et assistance aux Espagnols, mais toujours ils refusèrent de conclure contre eux une alliance offensive.

La France de son côté veillera à ce que le Maroc conserve une attitude bienveillante en cas de conflit avec les États barbaresques; nous y reviendrons plus tard. Dans la politique méditerrannéenne et marocaine, une puissance a presque entièrement disparu du rang des grandes puissances africaines, le Portugal; une autre nation va peser de tout le poids de son prestige et de ses canons sur la politique marocaine, l'Angleterre maîtresse de Gibraltar qui remplace Tanger.

La France n'a pas d'aspirations territoriales au Maroc, il lui a toujours manqué un préside pour faire valoir ses droits à une zône d'influence quelconque. En 1759 un juif nommé Diaz qui en 1751, avait servi d'intermédiaire entre le Maroc et le Danemark remit à M. Augier, notre ministre à Copenhague, un mémoire dans lequel il se faisait fort de nous faire obtenir un port en face de Gibraltar. Malheureusement on ne s'entendit pas sur la question des deniers, et l'affaire n'eut pas de suite.

L'Espagne est tombée en léthargie, la politique d'Isabelle de « guerra a los Moros » semble abandonnée, et la France a trouvé dans l'Angleterre un rival plus dangereux et plus acharné.

Au XVIIe siècle, l'influence française avait été prépondérante, au XVIIIe siècle, elle décline au profit de l'influence anglaise; Gibraltar devient un grand entrepôt de marchandises anglaises qui va faire concurrence à Marseille.

D'ailleurs le Maroc était peu connu et peu populaire en

France. Le pays avait été cultivé autrefois au temps des premiers khalifes, les sciences y étaient en honneur, mais après quelle décadence !

Voltaire écrivait :

« Tout a dégénéré depuis, tout est tombé dans la barbarie, c'est là que le despotisme se montre dans toute son horreur. »

Voici l'opinion des encyclopédistes de 1850 :

« Le royaume du Maroc est très dépeuplé à cause de son terrain sablonneux et ingrat qui ne permet pas l'abondance des grains et des bestiaux, il produit seulement grande quantité de vin et d'amandes qui se débitent en Europe. »

Néanmoins le commerce avec le Maroc était encore florissant au début du xviiie siècle. En 1733, nous vendions au Maroc pour 640.000 livres de toiles de France telles que les Laval, les Bretagne, et les Cambrai, et pour 900.000 livres de drap, papiers, sucres, coton.

Sous Choiseul, l'influence française se relève encore mais sans atteindre à son apogée du xviie siècle.

En 1764 un grand mouvement d'opinion se produit chez nous en faveur du Maroc; c'est à cette date qu'un jeune officier de marine qui devait être plus tard bailli de Suffren proposait au roi notre établissement aux Zaffarines.

En 1765, a lieu une expédition navale à la suite du bombardement de Salé et de Larrache. Le comte de Breteuil qui négocie reproduit la plupart des clauses du traité de 1682 relativement au commerce et à la navigation.

Louis XV conclut le 28 mai 1767, avec Muley-Mohammed, petit-fils de Muley Ismaël, un nouveau traité ressemblant aussi beaucoup aux traités antérieurs, mais contenant une innovation dans l'article 5. Les commerçants français pourraient faire sortir du Maroc, exemptées de droits les marchandises qu'ils y auraient importées et qui n'auraient pas trouvé d'acheteurs, et en cas où il arriverait que l'empereur du Maroc élèverait une barrière à l'une quelconque des autres nations, en ce qui concerne les droits d'entrée ou de sortie, les Français jouiraient alors du même et identique privilège.

Le nouveau traité contient cependant une innovation intéressante : « Les indigènes employés comme interprètes ou courtiers par les consuls et marchands français sont soustraits à la juridiction locale et au paiement des charges personnelles ».

Le présent traité a pour base et fondement celui qui fut conclu entre Louis XIV et Muley-Ismaël.

La navigation est libre en haute mer moyennant passeports en règle. Maures et Français pourront s'approvisionner librement dans les ports des deux puissances respectives. Les relations commerciales seront réglées par des droits de douane normaux. Le droit d'aubaine est aboli. Les habitants des côtes doivent porter secours aux naufragés; leurs marchandises sont exemptes de droits de douane. D'autres clauses concernent la guerre. Le sultan doit faire respecter sa neutralité en cas de guerre avec les régimes d'Alger, de Tunis et Tripoli. Au cas de refuge de navire français dans un port marocain, les gouverneurs marocains sont tenus de faire éloigner l'ennemi ou de le tenir dans le port suffisamment pour que le vaisseau refugié puisse s'échapper.

Si un vaisseau ennemi entre dans un port français ou marocain, les prisonniers français ou marocains du bord seront libres.

Nous sommes ici en avance sur le droit international de l'époque contemporaine.

Il y a des clauses spéciales et purement politiques.

Le sultan gardera sa neutralité, non seulement en cas de guerre entre la France et les régences de Tunis, Tripoli et Alger, comme nous l'avons vu; mais de plus, il ne permettra à aucun de ses sujets de sortir sous aucun pavillon desdites régences pour courir sus aux Français. En cas de guerre au Maroc avec les dites régences, les Français ne seront tenus ni obligés de fournir des munitions de guerre.

Le sultan garantit la neutralité de ses sujets, la France ne le fait pas; il n'y a pas réciprocité, nous sommes en présence de clauses léonines. Le traité est très en avance sur les conceptions de la guerre moderne où tout est subordonné à l'attaque brusquée et à la surprise de l'adversaire. Non seulement la violation du traité n'est pas *casus belli*, mais en cas de guerre entre les deux parties contractantes, leurs sujets auront six mois pour déguerpir et réaliser leurs biens. Cette clause est reproduite dans le traité franco-marocain de 1799.

D'autres stipulations organisent les pouvoirs et les juridictions des consuls et même leurs privilèges. Si un français est demandeur, le sultan est juge, au cas contraire, c'est le consul de France qui le remplace. Le consul est juge et séquestre en matière de succession.

Les consuls exercent non seulement leur religion librement mais leurs serviteurs et leurs protégés sont exempts d'impôts. Il ne sera perçu aucun droit sur les provisions nécessaires à leur propre usage (privilège récemment réclamé par Muley-Habid).

Malgré ces velléités d'action, la France n'eut jamais au Maroc l'équivalent des concessions d'Afrique. La paix de 1767 n'eut pas pour le commerce français les résultats qu'on aurait pu attendre; l'anarchie, l'interdiction du commerce des blés, l'élévation des droits entravent les relations commerciales.

M. de Breugnon laisse au Maroc comme consul et représentant du roi, M. Chénier, père du poète André Chénier, qui avait été longtemps employé à l'ambassade de Constantinople.

2° L'ESPAGNE

Au début du xviiie siècle, assiégés dans leurs petits présides, les Espagnols subissent le choc furieux des Marocains.

Muley-Ismaël qui disposait de forces considérables, résolut de chasser les Espagnols. Lui-même vint assiéger Mellila, tandis qu'un de ses lieutenants et son fils investissaient étroitement Ceuta.

Mellila ne put être enlevée d'assaut, Penôn de Velez ne se laissa pas surprendre et Ceuta résista à un siège de 27 ans.

Les Espagnols furent moins heureux en Algérie; ils perdirent Oran conquis par Cisneros et Pedro Tavano.

Oran avait résisté à bien des assauts et fut repris par

Philippe V et le duc de Montemar, et conservé à l'Espagne jusqu'en 1791, mais fut cédé au Bey d'Alger en même temps que Menakeck.

Dans l'ensemble, le XVIIIe siècle est une période de somnolence pour l'Espagne au Maroc qui se borne à se défendre et à se retrancher dans ses présides.

L'Espagne n'était pas seulement au XVIIIe siècle paralysée par l'exploitation de son domaine américain et une intense consommation improductive qui paralysait ses énergies et les endormait, elle était encore agrippée par la politique européenne ou son rôle de grande puissance européenne lui interdisait tout envoi à l'intérieur.

La maison de Bourbon se signale par la guerre de succession dans laquelle se compromettent presque toutes les nations d'Europe pour arriver en 1713 au traité d'Utrecht qui fait époque dans l'histoire de la politique moderne. L'encre qui a signé le traité d'Utrecht, n'a pas eu le temps de sécher, que l'Espagne, sous l'empire d'Isabelle de France et du fameux Alberoni, provoque la guerre contre l'Autriche pour reconquérir les Etats d'Italie. Elle doit souscrire au traité de la Haye en 1720, antécédent immédiat de celui de 1725 à 1729, qui donnent au prince Charles le duché de Parme. Dans la guerre de succession de Pologne, l'Espagne intervient contre l'empire allemand; elle souscrit au traité de Vienne qui donne à un prince espagnol la couronne de Naples. En 1741 quand surgit la guerre de succession d'Autriche, l'Espagne se lève dans le camp de Marie-Thérèse et de Charles VI : Sept ans après le traité, d'Aquispan donne à l'infant Don Philippe 3 duchés italiens. L'Espagne entre en ligne dans la guerre de sept ans. Par l'effet du pacte de famine contre l'alliance austro-prussienne; l'Espagne doit céder la Floride en 1763, d'autres clauses précipitent sa décadence à Utrecht. Le traité de paix d'Hubertsburg constitue les grandes dates du droit international européen. La Prusse et l'Autriche font leur apparition dans l'équilibre européen. L'Espagne n'est qu'une puissance de second ordre, toute l'influence maritime et coloniale passe à l'Angleterre. L'Espagne lutte ensuite contre l'Angleterre, donne son aide aux insurrections américaines pour arriver à la paix de Versailles de 1783.

Avec Charles V, l'Espagne se trouve dans l'incohérence, elle lutte en 1793 contre les alliés monarchiques, contre la révolution française jusqu'a la paix de Bâle 1795.

Au traité d'Hidelfonse, l'Espagne s'allie à la France contre l'Angleterre. A la paix d'Amiens l'Espagne cède à l'Angleterre l'ile de la Trinité.

En 1804, l'Espagne est écrasée par l'Angleterre à Trafalgar pour finir contre elle en 1808.

Malgré ses luttes avec le Maroc et les incursions des nomades et pirates, l'Espagne s'efforce d'obtenir au Maroc une neutralité bienveillante sinon son aide contre l'Angleterre. Depuis la prise de Gibraltar, celle-ci devient sa pire ennemie en Afrique et lui fait oublier la politique d'Isabelle et de Cisneros.

Le roi Charles III fit négocier le traiter de 1707 par don Georges Juan avec le sultan Sidi Mohammed Ben Abdallah. A ce moment, les Espagnols se trouvaient en lutte avec les Anglais, unis aux Français; ils essayaient de reprendre Gibraltar dont ils poursuivaient activement le siège.

Aussi, pendant les négociations, l'ambassadeur marocain prit soin d'affirmer que le sultan avait interdi aux navires anglais de venir chercher dans les ports de Tétouan et de Tanger les provisions nécessaires au ravitaillement de la ville assiégée. C'était le moyen le plus sûr d'obtenir de Charles III des concessions.

Les Maures avaient depuis longtemps abandonné le siège des présides.

Examinons d'abord les clauses relatives à la navigation. Elle était libre moyennant patente. Il n'était même pas nécessaire de savoir lire pour déchiffrer les lettres patentes; les navires de guerre n'ont même plus le droit de perquisition et devront mettre chaloupe à la mer pour vérifier les papiers du bord. La liberté de commerce suit la liberté de navigation. Les navires pourront entrer et séjourner dans les ports des deux nations respectives à volonté. La pêche est libre sur les côtes marocaines; pour les Espagnols, et Canaristes dans le voisinage des ports elle est libre encore moyennant patente. On doit traiter les naufragés avec humanité. Le consul est juge des contestations de pêcheries, mais ce ne sont pas ses attributions les plus intéressantes. Le consul est juge pour les contestations entre espagnols civils et criminels — juge et séquestre en matière de succession.

Quelques stipulations intéressent l'ordre public.

Les déserteurs seront rendus en principe aux autorités espagnoles; chrétiens et renégats qui se réfugieront dans les ports espagnols seront libres. D'autres clauses sont reproduites dans le traité franco-espagnol signé le même jour.

La non-exécution des traités ne sera pas *ipso facto casus belli* mais seulement six mois après réclamation d'une des deux parties dans les formes légales.

Ce délai de six mois n'est pas reproduit dans le traité hispano-français. Les nationaux de deux parties contractantes, en temps de guerre, auront également six mois pour déguerpir et réaliser leurs biens.

En 1771, Sidi Mohammed Ben Abdallah avait échoué devant Mellila, malgré ses mortiers de siège et sur les représentations de l'Espagne à cette inqualifiable agression, il avait répondu que le traité concernait la mer et non la terre; puis il fit la paix en sauvant son artillerie lourde transportée à bords de navires espagnols. Le traité fut négocié entre Florida Blanca et Mohammed Ben Ottoman. A ce moment Français et Espagnols luttaient pour reprendre Gibraltar aux Anglais. Ceux-ci écrasaient les batteries flottantes du Français d'Arçon. Pour ravitailler plus commodément Gibraltar, les Anglais avaient proposé au sultan de mettre sous le pavillon marocain les navires qu'ils enverraient à Tétouan. Mais le sultan ne voulut pas se prêter à cette fraude et ce furent eux, au contraire, qui se firent concéder les privilèges demandés par les Anglais.

Le traité dit d'amitié et de commerce fut signé à Aranjuez. Il concerne presque exclusivement la guerre entre l'Espagne et l'Angleterre.

Actuellement nous dirions : « que votre Majesté nous envoie trois ou quatre navires très forts qui puissent charger 1500 quintaux de blé; que les dits navires se rendent dans le domaine pour y charger les blés et autres objets d'approvisionnement, afin de les porter d'où ils sont en abondance dans les ports où ils font défaut. » (Rouard de Card.)

Les officires devaient être espagnols, les marins, maures.

Les Anglais avaient également demandé aux Marocains de faire pour eux le commerce des peaux de Madrid à Barcelone. Les Marocains demandaient de le faire pour leur propre compte, ce qui leur fut accordé.

Une autre convention prévoyait l'envoi annuel de deux gallions à Cadix pour changer la monnaie d'argent contre la monnaie d'or. On pourra acheter de la cochenille, mais le change de l'argent contre l'or ne pourra se faire que si les métaux sont abondants. Pour finir, petites discussions pour savoir si l'interprète est chrétien ou musulman. Une autre partie du traité comprend des articles additionnels au traité de 1767. Alicante, Malaga, Barcelone et Madrid sont ouverts aux commerçants marocains : Tétouan, Tanger, Larrache, Salé, Mogador, aux commerçants espagnols.

Ceux-ci devront payer les droits de douane ordinaires; si sa Majesté met en ferme les droits d'exportations, les fermiers devront être payés à juste prix.

La navigation est réglementée. Les Espagnols doivent porter pa᠎   , pour se distinguer. Quelques clauses intéressent l'établissement des Espagnols au Maroc. Les Espagnols se logeront chez eux ou ceux qui les voudront recevoir. Défense de hausser les loyers une fois le bail fixé — progrès très notable. Liberté pour les consuls de construire et d'aliéner leurs immeubles. Comme le traité précédent, certaines stipulations sont uniquement politiques. Un accord de la nation la plus favorisée au roi des Deux-Siciles. L'empereur du Maroc s'engage à reconnaître la souveraineté espagnole à Gibraltar au cas où cette place reviendrait à l'Espagne.

Les relations hispano-marocaines n'étaient pas mauvaises en 1789, et les Marocains avaient accordé aux Espagnols certains avantages commerciaux, ce qui n'empêcha pas le sultan Mouley-Yzid de déclarer la guerre à l'Espagne l'année suivante. Les Maures recommencèrent le siège de Ceuta et leurs sanglants combats du début du xviiie siècle.

Leurs batteries ne produisirent pas plus d'effets sur les murailles que des coups frappés sur du fer froid. C'est en 1797 seulement que fut signé le traité entre Jean Manuel Gonzalès et Mohammed Ben Ottoman. Le traité comprend des clauses très différentes que nous pouvons diviser en trois parties : clauses purement politiques, clauses comprenant la navigation et le commerce.

Les deux parties contractantes se promettent une neutralité plus que bienveillante en cas de guerre. Défense réciproque de fournir armes, munitions, vivres aux ennemis de l'Espagne et du Maroc, le passage de leurs troupes sur leur territoire respectif est interdit.

On ne considérait pas toujours ce fait comme un acte d'hostilité de la part du neutre au xviiie siècle. Certaines stipulations marquent de surprenants progrès sur les lois de la guerre au xxe siècle. On prévoit l'échange obligatoire des prisonniers, après avoir interdit de les réduire en servitude. On a pris des mesures contre les barbaresques. Ceux-ci en guerre avec l'Espagne ne pourront rendre au Maroc ni prisonniers ni même la cargaison des prises; le Maroc et l'Espagne imposent le respect de leurs eaux territoriales et réclameront les prises faites à la distance de deux heures de leurs côtes.

Comme d'usage en cas de guerre, les sujets des deux États disposent de six mois pour déguerpir et vendre leurs biens.

On a réglé la juridiction consulaire. Les consuls d'Espagne ont sous leur juridiction absolue les affaires des Espagnols au Maroc et ici une innovation intéressante sur les traités précédents.

Les Marocains devront avoir recours au consul d'Espagne pour se faire payer de leurs nationaux ou les actionner. Le consul est compétent en matière de succession.

Le consul conserve ses privilèges : les deniers de sa consommation personnelle sont exempts de taxe.

Voyons la condition des Espagnols au Maghreb. Il faut un passeport du consul pour voyager et s'y fixer; une autorisation du gouvernement pour acheter des immeubles. L'exercice du culte catholique leur est libre et même la propagande. La navigation reste libre. Le droit de visite supprimé en mer où on n'examine plus que les passeports; les navires des deux nations doivent d'ailleurs se prêter aide et assistance en mer; et les navires doivent être assistés en cas de naufrage. On revise la délimitation de Ceuta qui doit rester la même qu'en 1782. Le droit de pêche est accordé aux habitants des Canaries, de Santa Cruz jusqu'au nord — servitude semblable à celle que le traité d'Utrecht accordait à la France à Terre-Neuve. Quelques clauses comprennent les droits de douane, les permis d'importations et décident de prendre des mesures contre la fraude.

CHAPITRE IX

Le Maroc au XVIIIᵉ siècle.

Malgré l'attaque des présides, la guerre sainte de Muley Ismaël est abandonnée. Le Maroc fait figure de grande puissance dans les relations internationales et conclut des traités qui dénotent son admission en fait au concert européen et un haut degré de civilisation. Le Maroc avait eu un sultan belliqueux au début du xviiiᵉ siècle, Muley Ismaël. Voluptueux, cupide, passionné plus qu'un tyran, il domptait la sauvagerie naturelle de ses sujets en se montrant encore plus sauvage qu'eux.

Malgré sa conduite tyrannique et ses atroces boucheries, il réussit à faire respecter son pouvoir si entièrement que sa vie publique et la propriété ne furent jamais aussi respectées que sous son règne.

Aussi n'a-t-on pas gardé de lui le souvenir d'un tyran mais d'un sultan grand et religieux.

L'histoire du Maroc au xviiiᵉ siècle n'est qu'une suite de révolutions de palais; la garde noire fait et défait les sultans et de la mort d'Ismaël à Sidi Mohammed en 1757, les Boukkharis gouvernent.

Celui-ci doit mater la révolte de son fils Hachem qui lui succède; son règne sera court; c'était un fils d'anglais paraît-il, ses principes étaient qu'un sultan maure doit maintenir à jet continu un ruisseau de sang de la porte du palais à la ville, et de maintenir le peuple dans l'horreur.

El Hisham qui lui succède combat les prétendants et les révoltes de tous côtés; on lui doit l'abolition officielle de la course. Suliman lui succède. Le Maroc se ferme alors de plus en plus à l'Europe; le commerce avec l'Europe est restreint. On en sait moins à cette époque des affaires inté-

(Budgett Meakin, Rouard de Card).

rieures du Maroc qu'au temps où les esclaves français abondent.

Avant de se fermer à toute influence européenne et de s'endormir dans le suaire de l'Islam, le Maroc semble vouloir encore faire figure dans le concert européen, du moins par une manifestation de principe.

Muley Suliman parut s'intéresser à la coalition européenne et à la cause de l'absolutisme.

« J'ai été informé que tous les souverains d'Europe et enfin tous les souverains qui professent la foi de Jésus ont réuni toutes leurs forces .»

Les Maures semblent vouloir s'isoler complètement de la chrétienté et cet isolement va durer jusqu'à notre époque.

Le Maroc va devenir aussi mystérieux et fermé que la Chine. M. Foucauld nous en donne l'explication. Les 4/5 du Maroc sont entièrement fermés aux chrétiens, ils ne peuvent donc y entrer que par ruse et au péril de leur vie. Cette intolérance n'est pas causée par le fanatisme religieux, elle a sa source dans un sentiment commun à tous les indigènes. Pour eux un européen s'engageant dans leur pays ne peut être qu'un émissaire envoyé pour le reconnaître, il veut étudier le terrain en vue d'une invasion, c'est un espion. On le tue comme tel et non comme infidèle. La superstition y trouve aussi son compte, mais ce sentiment ne vient qu'en seconde ligne.

CHAPITRE X

Les Présides et le Riff.

Sur la rive africaine, juste en face de Gibraltar dont elle n'est séparée que par un bras de mer de peu de largeur, il est une cité minuscule et morne étendue paresseusement sur un long berceau rocheux dans l'éternel balancement des flots. C'est la ville de Ceuta, la citadelle à triple enceinte, le castel médiéval hérissé comme des chevaux de frise, le bagne monotone que l'incurie castillane ne veut ou ne sait transformer en seconde ville maîtresse du détroit.

Tour à tour, romaine, vandale, gaëte, arabe, génoise, portugaise, elle appartient aujourd'hui aux Espagnols.

Elle fut jadis le dernier réduit submergé par l'invasion arabe, et elle fut successivement au pouvoir des Génois et de Grenade.

On signa à Barcelone, en 1274, un traité entre Yakouf II et Jacques Ier qui la laissait à la ville de Baobdil, un autre traité en 1309, entre Yago et Jaime II de Castille l'abandonnait à l'Islam.

Après la conquête portugaise, en 1415, le prince Henri, le navigateur, fut sacré chevalier dans la mosquée désaffectée et consacrée au Christ. Quand les Portugais s'en sont emparés, le chroniqueur Azurara déclara qu'en toute sincérité on ne peut douter que Ceuta soit la clef la plus importante de la Méditerranée.

Le Portugal qui l'a gardée deux siècles et demi la regardait comme une école de guerre où ses jeunes gens allaient apprendre à batailler contre les infidèles.

Le Camoëns y fit son apprentissage de soldat et perdit un œil pendant une bataille contre les Maures. Cédée à l'Es-

(*Élisée Reclus, Felipe Perez y Toro, Manhéras, Augustin Bernard, Ramos espinosa de los Monteros*).

pagne par un article du traité de Lisbonne en 1668, Ceuta est un chef-lieu de gouvernement politique et militaire des présides. Le port est fermé par une petite presqu'île; il est d'une profondeur médiocre ; à l'est de Ceuta est le mont Acho, autrefois Aufa. — Quoique port libre, elle n'est plus un centre de commerce comme elle le fut à l'époque romaine et les marchands de l'intérieur évitent la cité chrétienne défendue par une étroite muraille de canons et de chevaux de frise. Pour l'importance du trafic le contraste est grand entre le Gibraltar marocain et le Gibraltar espagnol, qui l'un et l'autre se ressemblent par la structure géologique, la forme péninsulaire, la position de sentinelles à l'entrée du détroit et les canons qui se répondent par-dessus la mer.

Ceuta, ville silencieuse et sans commerce, a du moins la beauté de l'aspect, la propreté des rues, la blancheur des maisons garnies de balcons et égayées de fleurs.

Un fort domine la ville.

Jusqu'à présent, les Anglais ont réussi par leur diplomatie à empêcher les Espagnols de transformer Ceuta en une grande place qui effacerait Gibraltar.

Ceuta, dans une position magnifique et qui pourrait être un autre Gibraltar, n'est qu'une médiocre forteresse; du côté du Maroc, son territoire exigu et fermé n'est le point de départ d'aucune route naturelle de domination vers l'intérieur. Sans commerce ni industrie, réduite à l'état d'immense cachot fortifié, la Sebta des Arabes est aujourd'hui irrémédiablement déchue de son rang de capitale de la Mauritanie.

Ceuta compte environ 10.000 habitants, y compris une garnison de 2.500 hommes et 2.000 forçats. Ceuta, siège d'un évêché et d'un tribunal militaire, est le chef-lieu des présides espagnols échelonnés sur la côte du Maroc.

Le gouvernement de la péninsule entretient à Ceuta une compagnie de maures dans laquelle l'élément africain est prépondérant, ce sont des marocains indigènes presque tous originaires des tribus des montagnes du Riff et que la misère ou la peur des vendettas ont entraînés dans le pays et qui, désireux de chercher une prime, prennent, pour elle, service chez leur pires ennemis.

Mellila — c'est la Mellila des indigènes. On prétend que ce nom à quelque analogie avec celui de miel, dont le pays est grand producteur ainsi que de cire. Elle occupe le même emplacement que la cité phénicienne de Rasadir dont le nom se perpétue dans le cap voisin.

La ville est bâtie sur une terrasse à la base d'un rocher escarpé qui porte le fort espagnol de Rosario, acropole élevée sur les fondations d'autres citadelles qui se succèdent depuis trois mille ans. Une anse qui pénètre dans les terres du sud-ouest de la forteresse abrite les navires contre les dangereux récifs de l'est.

Naguère, cette ville que les Espagnols possèdent depuis 1496, près de quatre siècles, n'était guère qu'une prison pour les forçats et les militaires chargés de les surveiller. Encore aujourd'hui, c'est un bagne pour les condamnés, un exil pour les gardiens et la garnison.

Les colons n'ont que faire sur ce sol sec et ingrat et si parcimonieusement mesuré. Le commerce le plus important est sans contredit la contrebande d'armes et de munitions de guerre. Mellila a quelques commerçants juifs, les Riffains y viennent s'approvisionner d'armes, de poudre et de marchandises de toutes sortes qu'ils colportent dans tout le Maroc et jusqu'aux oasis du Sud.

Nul n'a foi dans l'avenir de Mellila; le gouvernement espagnol faillit l'abandonner en 1764 pour ne garder que Ceuta et Oran. Les Cortès renouvelèrent cette proposition en 1829. L'Espagne tient à ce rocher pour tout le sang qu'elle y a versé et pour les souvenirs historiques qui s'y rattachent; ce n'est qu'une hampe glorieuse où l'amour-propre national l'oblige à maintenir son drapeau.

Il était autrefois imprudent de s'éloigner des remparts à plus d'une portée de fusil et souvent les montagnards du Riff s'amusaient à tirer à la cible sur les sentinelles. Cependant, Mellila a acquis une réelle importance commerciale depuis que le gouvernement espagnol en 1887 a déclaré la franchise de ce port et des îles tripolitaines.

C'est un centre d'approvisionnement pour les tribus du voisinage. Le gouvernement a établi une barrière douanière à l'entrée du présidio et l'impôt d'un droit de 10 % est retenu sur toutes les marchandises importées ou exportées.

Le Penon de Velés et Alhucemas sont des pénitenciers juchés sur des rochers dans des îlots stériles de la côte africaine; ils reçoivent tout de l'Espagne, jusqu'à l'eau douce.

Le Penon de Velés de la Gomera fut conquis en 1508 par Pedro Tanano repris en 1522 par le barbaresque Catala Rheis, reconquis définitivement par Garcia de Tolède en 1564.

Le Penon de Velés n'a pas grande valeur. Ferdinand VII l'offrit même aux Maures en échange de chevaux et même en 1872, les Cortès en demandèrent l'abandon d'urgence. Ce n'est qu'un poste consulaire et un bagne où des navires espagnols portent l'eau douce nécessaire à la garnison; mais il domine une partie du littoral, fort bien doué pour le commerce.

Alhucemas échut aux Espagnols d'une façon étrange; il leur fut donné par l'émir du Maroc pour empêcher en 1554 les Turcs algériens de s'en emparer. Il y eut en 1665 une tentative inutile de la Compagnie française d'Abouzème pour y établir son trafic. Ce n'est qu'en 1673 que les Espagnols l'occupèrent définitivement.

Alhucemas est une bien petite île et l'eau y est rare; ce n'est qu'une plate prison de la mer où on a construit une autre prison. Encerclés, emmurés dans leurs petits présides où ils avaient à subir de terribles assauts, les Espagnols trouvaient devant eux le Riff mystérieux et impénétrable, rebelle à toute civilisation et réunis nominalement surtout au reste de l'empire du Maghreb, par des liens assez lâches. Dans l'empire du Maroc, le Riff n'est pas soumis, il est demeuré à demi indépendant; la plupart des caïds riffains, il est vrai, rendent hommage au sultan, lui envoient des cadeaux et des offrandes. Mais ces hommages très platoniques s'adressent au chef spirituel plutôt qu'au souverain temporel; le sultan s'en est contenté car il se sait impuissant à faire une conquête plus complète, une occupation plus définitive.

Le Riff a su garder son indépendance depuis les temps préhistoriques, il n'a jamais été soumis aux différents maîtres qui se sont succédés au trône du Maroc. Il a constamment servi de refuge aux rebelles et aux prétendants. De nos jours encore, cet asile est inviolable.

Brigands, rénégats, princes révoltés, tous ceux qui ne trouvent plus la sécurité dans les autres parties de l'empire n'ont qu'a mettre le pied sur cette terre classique de l'indépendance pour n'avoir plus rien à redouter. Les Berbères ont toujours répugné au joug étranger, même après avoir adopté une religion que les Arabes ont importée et qui faisait de l'obéissance à Allah et au calife son vicaire sur cette terre la plus fondamentale des vertus de tout croyant. Il est impossible qu'en aucun temps le Christianisme ait eu une telle influence sur les Berbères eux-mêmes, l'Islam lui-même repose légèrement sur leur conscience. Séparé de l'Arabe aussi bien que de l'Européen par un langage totalement différent et non écrit avec de nombreux dialectes; ce peuple ressemble à une mine de matériel cru rempli de possibilités.

Le Berbère du Riff est parmi les plus beaux hommes du Maroc. Grossier et féroce, il est vrai, de longue habitude et de long entraînement, mais il a maintes excellentes qualités à ajouter à des cadres robustes.

« Si vous ne voulez pas être volés, disent-ils, ne venez pas sur notre chemin, nous ne nous soucions que de rencontrer des hommes qui peuvent se battre, avec lesquels nous pouvons tenter notre chance. » Voilà un exemple de leur mentalité.

Les habitants du Riff vivent dans des villages très rapprochés parfois les uns des autres dont quelques-uns sont presque de petites villes, autour desquelles ils cultivent de beaux jardins d'arbres fruitiers, ainsi que des vignes et des légumes à côté des champs d'orge et de blé et de prairies naturelles.

Aux lieux où la vie s'écoule paisible et douce, où l'air et le sang sont purs, on les reconnaît à leur taille élevée, à la blancheur de leur teint, à leur barbe rare et souvent blonde, à leur physionomie ouverte. Leur amour de l'indépendance s'exalte dans l'isolement, leurs farouches sentiments s'y incrustent et s'y perpétuent : allez parler à ces enfants de l'Atlas des bienfaits de la civilisation et des garanties de l'ordre social, ils ne vous comprendront pas et si nous essayons de plier au travail leur oisiveté séculaire et de les partager en départements, ils n'y consentiront jamais.

Vainement, et à maintes reprises, l'empereur a cherché à approcher sa Mahalla en une expédition. Quand il l'a essayé, dans la partie de la frontière argheline a germé un ferment de révolte qui a soulevé les esprits comme une traînée de poudre rendant impossible l'établissement de son autorité. Les habitants des hauteurs de l'Atlas vivent dans leur sauvagerie originelle, bien que cinq civilisations aient passé dans les plaines de leur voisinage. Là où le Maghzen ne peut que nominalement maintenir son autorité, comment les Espagnols pourront-ils s'y établir et imposer une administration régulière?

Le problème de la colonisation du Riff n'est pas résolu par le traité de partage de 1912. Pour résumer, si nous considérons l'œuvre espagnole au Maroc depuis la prise de Grenade, nous pourrons dire que l'histoire des deux peuples espagnol et marocain offre un singulier contraste.

Les Maures avaient accablé toute l'Espagne et les Espagnols n'avaient pu que harceler les Maures; ils avaient passé la mer Atlantique et conquis un nouveau monde sans pouvoir se venger, à cinq lieues de leur territoire.

Au xxᵉ siècle, cette situation qui date du xvᵉ siècle n'a pas beaucoup changé. Néanmoins, malgré des siècles de torpeur, l'Espagne n'a jamais cessé de faire valoir ses droits malgré des siècles de stagnation et d'insuccès.

Par les circonstances, son histoire, les aspirations du peuple espagnol et le rôle de sentinelle qu'il assume en mettant de coté l'intérêt qu'il représente pour l'Espagne au point de vue commercial, le Riff est pour elle de la plus haute importance.

L'Espagne ne peut ni ne doit perdre de vue le riche territoire du Riff, le noble peuple qui a contribué aux exploits les plus héroïques de son histoire maghuleine.

Les Boërs de l'empire qui n'ont de respect pour aucun pouvoir, qui n'ont embrassé aucune religion déterminée, qui n'ont respecté aucune forme de gouvernement, qui n'ont craint ni d'envahir les territoires voisins, ni de pirater contre les navires de n'importe quel pavillon.

CHAPITRE XI

La France et l'Espagne au Maroc du début du XVIII⁰ siècle à la campagne O'Donnel.

L'ESPAGNE ET LA FRANCE

Trois forces avaient brisé l'essor de l'Espagne au Maroc avant les guerres de l'empire et paralysé la politique traditionnelle d'Isabelle et de Cisneros.

La première fut la colonisation de l'Amérique. Elle fut découverte au moment où l'Espagne chassait de son territoire les derniers sectateurs de l'Islam. La politique marocaine fut étouffée dans son germe par une autre politique qui prit naissance en même temps qu'elle, ce fut la politique américaine. Celle-ci attira toutes les énergies, toutes les forces vitales et nationales de l'Espagne; celles-là ne pouvaient suffire à alimenter deux courants opposés et suivant la loi du moindre effort, elles se tournèrent vers l'Amérique. L'agriculture espagnole était ruinée par l'expulsion des Maures; au lieu du sol calciné de l'Espagne, elle trouva des terres immenses et vierges d'une fertilité incomparable. L'Espagne ne rencontrait pas en Amérique comme au Maroc une pensée fanatique et belliqueuse, cristallisée dans sa haine par huit siècles de lutte, séparée à jamais par une barrière encore plus infranchissable, que huit siècle de vie commune n'avaient pu ébranler, l'Islam.

Une autre cause de l'abandon de la politique de Ferdinand et de Pedro Navarro fut la politique européenne. L'Espagne ne s'éparpilla pas seulement au Nouveau-Monde, elle apaisait son sang sur presque tous les champs de bataille de l'Europe.

Elle ne pouvait être à la fois grande puissance en Europe,

(Pinon, Jean Darcy, Bourbassin, Augustin Bernard, Panjas, Maura, Baron de Terne, Bouard de Card).

en Amérique, et en Afrique. Elle se contenta d'être grande puissance américaine et délaissa l'Afrique : là encore elle s'éparpilla, se répandant en exploits héroïques sur toute la côte de la Méditerranée sans chercher à pénétrer dans le continent qui la prolonge et d'en forcer les ports du Maghreb. Et là même dans sa politique traditionnelle, elle trouva devant elle son plus terrible ennemi de son hégémonie mondiale l'Angleterre. La prise de Gibraltar faisait du Maroc pour celle-ci la clef du détroit de la Méditerranée. L'Espagne ne voit pas seulement les Anglais dressés devant elle au Maroc, lorsqu'ils occupent Tanger. Aussitôt qu'ils l'abandonnent, elle les trouve à Gibraltar, non plus campés devant elle, mais incrustés dans sa chair.

Gibraltar fut une épine au talon de l'Espagne au moment où celui-ci touchait l'Afrique.

Au xixe siècle l'Espagne vaincue et saignée à blanc par les guerres de Napoléon ne joue plus le rôle de grande puissance européenne. Mais une autre crise plus terrible la paralyse, c'est tout d'abord les luttes violentes des réactionnaires et des hobereaux; puis une crise plus terrible encore le carlisme. Le sang espagnol ne se répand plus sur les champs de bataille européens, mais en Espagne dans une lutte fratricide qui achèvera sa ruine.

L'Amérique n'absorbe plus les énergies espagnoles pour les développer et les exhausser mais pour les briser et les paralyser, les colonies espagnoles se révoltent. Soumises à un centralisme excessif, à un exclusivisme tyrannique qui ne tiennent compte ni de la formule des nouvelles sociétés politiques et économiques groupées autour de centres nouveaux, les colonies acclament Bolivar et proclament leur indépendance.

La politique intérieure espagnole ne permet pas au roi de garder son empire d'outre-mer. Il reste, ainsi que les Cortès, cristallisé dans son aveuglement et son intransigeance.

L'Espagne rencontre toujours devant elle sa rivale d'hier l'Angleterre toujours incrustée à son rocher de Gibraltar d'où elle surveille jalousement le détroit. Elle s'interpose comme médiatrice chaque fois qu'il s'agit de traiter avec les Maures et arrête impitoyablement les Espagnols dans tous mouvements, toute velléité d'expansion.

L'Angleterre, maîtresse de Gibraltar, de Malte, des îles Ioniennes, victorieuse en Égypte, règne sur la Méditerranée. La Méditerranée n'est plus qu'un lac anglais bien que l'Angleterre n'y touche par aucun territoire.

Mais la rivalité anglo-espagnole, n'est qu'un point secondaire dans la lutte pour l'empire de la Méditerranée. L'Angleterre se heurte à la France. Celle-ci en s'emparant d'Alger vient placer dans sa terre africaine le coin qu'y auraient mis plus tard les Italiens dans l'Afrique française, s'ils avaient pris pied en Tunisie bien que l'Angleterre ne possédât aucun territoire baigné par la Méditerranée.

La France prend contact avec le Maroc, ce qu'elle n'a jamais pu faire autrefois ayant toujours échoué dans l'acquisition ou la conquête d'un préside. Au lieu d'effleurer le Maroc de quelque petit préside insignifiant, elle s'étend après le traité de Lallia Maghina de plusieurs centaines de kilomètres de frontière.

Chaque étape victorieuse de la France est scandée de protestations anglaises heureusement platoniques, trop occupée qu'elle est de la politique européenne, et contrairement à ses traditions manquant du plus élémentaire sang-froid.

Désormais, il n'y a plus qu'un compétiteur à la succession marocaine, la France prend rang à côté de l'Espagne. La France n'est pas encore une rivale pour l'Espagne, trop occupée de guerres intestines et de la liquidation de son empire colonial. Malheureusement, la France et l'Espagne ne savent pas s'entendre contre l'ennemi commun pour liquider le problème du Maroc qui se pose à peine. L'Angleterre excite leur rivalité naissante l'une contre l'autre. D'ailleurs, la conquête de l'Algérie réveille à peine les traditions espagnoles, les Espagnols, lorsqu'ils voient les Français à l'embouchure de la Moulouya, occupent les îles Zaffarines.

L'Espagne piétine au Maroc et sa mentalité ne change pas; c'est toujours l'Angleterre sa rivale; elle s'entend avec la France pour l'arrêter à Paris, mais ne traite avec celle-ci pas plus qu'avec l'Angleterre, ni pour un partage essentiel, ni pour une action commune au Maroc.

On peut caractériser d'un mot la politique de l'Espagne au Maroc : au début du xixe siècle, c'est la stagnation absolue. Aucune manifestation de sa politique marocaine n'est spontanée; elle est toujours provoquée par quelque circonstance extérieure : attaque des présides par les Maures, action de la France; et toujours paralysée ensuite par l'Angleterre.

La politique intérieure paralyse l'Espagne et nécessite sa décadence. L'Espagne avait longtemps vécu sous un régime absolu, le pouvoir et l'influence étaient détenus par le roi et la camarilla, le clergé, les grands de la cour, qui avaient conservé leurs prestiges.

Ramené par l'armée anglaise, Ferdinand VII, roi absolu, refusa de jurer la Constitution libérale de 1812. Elle n'avait rien de commun avec les assertions archaïques d'autrefois; élue sous la pression du peuple de Cadix « la souveraineté réside essentiellement dans la nation »; elle consacrait même les privilèges du catholicisme et ne reconnaissait aucune religion d'état. Les Serviles triomphaient. Ferdinand VII rétablit l'ancien régime avec le Conseil de Castille, les privilèges, l'inquisition. Menacé par la révolution, abandonné par le corps des officiers, il dut néanmoins jurer la Constitution.

Mais l'armée française rétablit cette fois l'absolutisme après la facile victoire du Trocadéro. Le gouvernement enfermé dans Cadix, capitula. Les colonies d'Amérique étaient rendues, la dette augmentée, le Trésor à vide.

Ferdinand revenu au pouvoir allait provoquer une crise bien plus terrible qui allait dominer toute la politique espagnole du xixe siècle.

Ferdinand VII modifia l'ordre de succession au trône qui n'admettait que les mâles, et rétablit le droit du moyen âge qui admettait la succession des femmes; il laissa sa couronne à sa folle amie Isabelle, au lieu de Don Carlos. Don Carlos déclara que son honneur et sa conscience l'obligeaient à soutenir ses droits.

Soutenu par les cours d'Europe, le clergé et les pays basques qui luttaient pour leurs frères, Ferdinand accepta la bataille, échoua devant Madrid et dut se réfugier en France.

L'Espagne vécut sous la Constitution de 1834 qui imitait la Charte française de 1814; puis, après des luttes intestines irritantes, ce fut l'expulsion des congrégations par le juif Mendizabal.

L'Espagne connut la Constitution de 1837. Il y avait deux Chambres aux Cortès.

Ce fut l'ère des pronconciamintos et des guerres civiles. En 25 ans, l'Espagne eut 47 premiers ministres, 78 ministres des finances, 87 ministres de la guerre. Ce fut l'ère des généraux de la célèbre.

La reine Christine dut se réfugier en France en 1840; lorsqu'elle rentra en Espagne, elle laissa la régence à Isabelle.

Celle-ci épousa son cousin, sa sœur le duc de Montpensier fils de Louis-Philippe. Malgré l'Angleterre, ce fut l'œuvre des mariages espagnols et un gros succès pour la diplomatie française.

L'Église bénéficiait de la réaction générale de 1851; un concordat léonin était signé entre l'Église et l'État, l'enseignement était soumis à l'autorité de l'Église, qui étaient mis d'accord avec la religion.

Menacés par une réforme de la Constitution qui marquait un retour à l'absolutisme, les libéraux s'unirent. Les généraux rentrèrent en scène, les barricades et l'émeute de 1854 mirent la reine aux mains des insurgés. Les généraux gouvernent l'Espagne.

Au cours du XIXe siècle, Madrid devint le siège de quatre puissances rivales, roi, prêtres, politiciens et généraux qui tour à tour se disputent le pouvoir et l'exploitation du royaume.

Pendant soixante ans, de 1811 à 1870, chacune de ces quatre puissances tend à asservir les trois autres et chacune à son heure réussit à dominer ou à capter la souveraineté.

Absorbée par la lutte et l'équilibre de ces quatre forces rivales, la politique laissait peu de champ aux affaires coloniales.

Une autre cause du sommeil léthargique de l'Espagne

au Maroc fut la perte des colonies d'Amérique. Si l'Espagne regardait au dehors, si elle cessait de concentrer ses vues sur sa politique intérieure, c'était pour tourner ses regards vers ses colonies d'Amérique qui se révoltaient et proclamaient leur indépendance. Mais là encore la politique intérieure de l'Espagne l'empêcha de s'occuper sérieusement de son ennemi d'outre-mer qui se désagrégeait et se disloquait.

Comment dans cette circonstance l'Espagne eut-elle pu tourner les yeux vers le Maroc. Il y avait quatre vice-royautés dans les colonies espagnoles du nouveau monde, Nouvelle-Grenade ou Santa Fé, Nouvelle-Espagne, Rio de la Plata, Pérou.

Sans autonomie, les colonies soumises au même système de l'exclusivisme colonial étaient mises en coupe réglée par les Espagnols. Ceux-ci en étaient restés à la vieille conception du colonialisme — le système de l'exploitation, tout y est subordonné aux intérêts égoïstes de la mère-patrie; la colonie n'a pas de vie propre, elle doit se pourvoir de tout dans la métropole pour laquelle elle n'est qu'un débouché, elle lui fournit en échange, elle procure à elle seule ce que le sol de la métropole ne peut produire, toute la vie économique est subordonnée à ses besoins, — tous les fonctionnaires et hauts dignitaires de l'Église étaient espagnols.

Ceux-ci n'avaient pas que le monopole de l'administration, ils avaient celui du commerce. Seuls, les Espagnols pouvaient vendre les produits de l'Europe aux colonies. Seuls, les Espagnols pouvaient acheter aux marchands des colonies les produits destinés à l'exportation; l'exclusivisme ne s'arrêtait pas au commerce, il s'étendait au sol, il était partagé en lots, concessions ou en terres seigneuriales où des indigènes étaient soumis au servage. Ferdinand VII eut pu ramener l'ordre aux colonies, mais entaché d'absolutisme, il se refuse à faire la moindre concession. Il ne put d'ailleurs équiper que 16.000 hommes qui refusèrent de s'embarquer. Comme il se méfiait à juste titre de l'Angleterre, il songea bien à la Sainte Alliance et à la Russie, mais Alexandre Ier si absolutiste qu'il fût n'avait pas de flotte.

Les Cortès soutenaient le roi; ceux de 1820 refusèrent toute concession.

Les États-Unis et l'Angleterre avaient réussi à favoriser l'indépendance des colonies espagnoles; ils trouvaient là des débouchés pour leur commerce, tandis que la domination de Madrid avait pour corollaire le monopole commercial de Cadix. Bolivar, un des héros de l'Indépendance, recevait de l'Angleterre, de l'argent, des soldats et des officiers.

Au Maroc, la politique de reconquête, si elle n'est pas officiellement abandonnée, n'est plus qu'un rêve et un vague souvenir.

Les Espagnols qui ont laissé tomber leurs droits historiques au Maroc ne les abandonnent pas encore. Persuadés qu'ils ont deux fois titre au Maroc et par droit de nature et par droit de revanche, les Espagnols n'ont cessé de vouloir revenir sur une terre qui, géographiquement, continue l'Espagne, la même entreprise militaire et religieuse que les Maures avaient réussie sur un sol qui, géographiquement, continue le Maroc. Sans chercher à refaire sur la côte de la Méditerranée l'œuvre de pénétration que les Portugais avaient pendant deux siècles engagée sur la côte de l'Atlantique, les Espagnols se livrèrent à la police de la mer infestée de pirates, parce que la course était la forme sans cesse renouvelée de la guerre sainte et ne pouvant mener de front plusieurs politiques différentes, ils se bornèrent à poser de l'autre côté du détroit des bases d'opérations. Ceuta et Mellila, furent les points de départ marqués de la conquête du Maroc.

Ayant ainsi pris ses titres au point de vue d'opérations ultérieures, l'Espagne n'avait plus qu'à laisser le Maroc à sa léthargie. Elle faisait peu de commerce avec le Maroc.

Conduite au Maroc, non par le commerce, mais par une vague sentimentalité politique, l'Espagne caresse lentement ce rêve sans rien tenter pour le réaliser que des amorces.

Les Espagnols font grand état de leurs présidios, ce sont, disent-ils, des pierres d'attente pour la conquête future. Il suffit de les parcourir pour constater l'état d'abandon où ils ont été laissés trop longtemps. Étranges points d'attente en vérité, qui attendent depuis le temps d'Isabelle et de

Charles-Quint et qui depuis lors n'ont servi ni à leurs nationaux, ni à étendre leur influence, ni à augmenter leur négoce.

Incapable d'élargir d'un pouce le périmètre de ses présidios, l'Espagne poursuit avec la triste opiniâtreté qu'on lui connaît sa politique, aussi séculaire qu'inintelligente, au Maroc.

Voilà quatre cents ans que les Espagnols ont accroché leurs présides au bord du Riff. Maîtresse de Ceuta, de Pénon, de Veles, d'Alhucemas, de Mellila, des Zaffarines, l'Espagne depuis quatre cents ans proclame ses droits et ses prétentions à la côte riffaine.

Mais ni la puissance de Philippe II, ni la portée du canon moderne n'a pu entamer cette courtine de la forteresse.

Cramponnée à ses rochers stériles du littoral, elle oppose aux populations mahométanes environnantes sa morgue, sa brutalité proverbiale, et d'autre part, fière de ses quelques mètres carrés de vue marocaine, elle pousse des cris de roquet quand elle voit qu'une des nations ennemies a des vues sur l'empire du Maroc. Moins campé qu'assiégé dans ses présides, Gibraltar péninsulaire de Ceuta et de Mellila, à peine représenté par un drapeau et par une escouade dans ses rochers déserts de Zaffarines, d'Alhucemas, et de Penon de Veles, l'Espagnol n'a jamais pu débarquer sur la terre ferme, du moins il n'a jamais pu y prendre pied. Cramponnés à quelques îlots et quelques rochers du littoral, les Espagnols n'en ont tiré profit ni pour agrandir, ni pour faire respecter leur territoire.

A cette longue domination, ils n'ont gagné que la haine implacable des tribus du voisinage.

Il est inutile d'insister sur leurs relations avec leurs belliqueux voisins. On dirait que les Espagnols n'ont qu'à apparaître sur un point du globe pour faire de ce point un foyer d'ignorante routine commerciale et d'intolérance politique et religieuse.

Les Espagnols se réfutent eux-mêmes lorsqu'ils parlent de leurs droits historiques. Si dans les relations internationales il existe quelques droits en dehors de celui de la force, ce seraient bien ceux qu'acquerrent les métropoles dans les pays qu'elles ont conquis et civilisés. Est-ce le cas des Espagnols au Maroc?

On ne peut mieux comparer les prétentions espagnoles du Maroc qu'à celles des hirondelles qui réclameraient un bâtiment sous prétexte qu'elles y ont accroché leur nid.

. Ce sont les Maures, qui les premiers, les ont tirés de leur somnolence.

A partir de 1830, le voisinage des Français réveilla la méfiance et les rancunes des Marocains contre tous les Européens, les actes de piraterie se multiplièrent et les attentats au droit des gens ainsi que les incidents de frontière aux alentours des places espagnoles.

Les Maures avaient respecté de façon relative le traité de 1799, mais après 1830 les incidents se multiplient. Ceux-ci s'amusent toujours à tirer à la cible sur les sentinelles espagnoles, qui vont même jusqu'à faire usage du canon pour molester les garnisons des présides. Les tribus respectent peu les traités internationaux et ne tiennent pas encore compte de la suppression de la course. En 1836, les Beni-Bengafer pillent une félouque de Malaga qui fait naufrage sur leur côte et gardent les matelots en otage; la garnison du Santa qui s'échoue sur la côte de Mellila subit le même sort.

En 1837, c'est la tribu d'Andjera qui fait parler d'elle et empiète sur les présides espagnols.

Ce ne sont pas seulement les tribus peu soumises au Maghreb qui donnent maille à partir aux Espagnols, ce sont les préposés du Maghreb lui-même.

Les préposés des douanes lèvent des droits arbitraires d'ancrage et d'importation pour les navires des marchands espagnols, au mépris du traité de 1799. Le caïd de Tétouan décide la destruction de la corvette espagnole faisant route vers Penon de la Gomera et l'incarcération des matelots et surtout le pacha de Mazagan fait mettre à mort l'agent consulaire d'Espagne Victor Darmon.

Sur les réclamations du gouvernement espagnol au Maghreb, l'Angleterre intervient et c'est sir John Orammered Hay qui sert de médiateur.

En cette qualité, il se rendit à la cour du Maroc, il exposa les griefs dont se plaignait l'Espagne et il indiqua les satisfactions que le Maghreb devait lui fournir. Le Pacha Bousellan Ben-Ali fut désigné pour cette affaire. Soutenu par le gouvernement anglais, le Maroc n'accorda que des répararations dérisoires dont l'Espagne dut se contenter, la convention fut signée à Larrache le 6 mars 1845.

Les frontières de Ceuta étaient rétablies dans l'état où elles étaient; quant aux malversations provenant du fait des employés du sultan, celui-ci promet qu'à l'avenir de vils actes ne se produiront plus de la part de ses employés.

Le gouvernement chérifien a regretté que Victor Darmon fut israélite. Une simple réprimande au gouverneur et une salve d'artillerie en son honneur vengèrent sa mort.

« Le sultan du Maroc donnera des ordres aux Maures de la frontière de Mellila, Alhucemas, Penon de la Gomera, afin qu'ils se conduisent à l'avenir correctement avec les habitants de ces places et avec les navires qui s'approchent de leurs côtes. » Ce fut assez platonique; le Maghreb ne parlait pas de moyens de contrainte.

Quelles étaient donc les tribus coupables que le Maghreb sans moyen d'action et de contrainte invitait au calme?

Moulietas ne nous parle pas de la tribu des Beni-Ben-Gafer, mais il consacre un chapitre aux autres tribus.

Ce sont eux, d'ailleurs, qui, plus tard, détermineront la guerre entre l'Espagne et le Maroc.

Les gens d'Andjerah sont de robustes et de belliqueux montagnards, très unis entre eux, guerroyant continuellement contre les maîtres actuels de Ceuta qu'ils écrasent au bord de la mer.

Leur accord en face de l'ennemi héréditaire ne s'est jamais relâché et il suffit d'une étincelle pour ranimer dans ces âmes mahométanes la haine du roumi.

La grande tribu d'Andjerah, malgré la proximité de Tanger, n'est pas aussi soumise qu'on le croit au gouvernement marocain.

La France, en s'installant près de la Moulouja allait forcer l'Espagne à prendre quelques mesures de précautions pour consolider sa situation stratégique en Afrique.

Notre installation sur les côtes du Maroc ne pouvait laisser l'Espagne indifférente. Si elle ne chercha pas, comme l'Angleterre à intervenir dans nos démêlés avec Ali-Bez-Rhaman, elle s'efforça au moins de prendre quelques mesures de précaution contre nous.

C'est ainsi qu'elle jugea utile de s'emparer des îles Zaffarines à l'ouest de l'embouchure de la Moulouya, à une faible distance de la frontière algérienne. Elles abritent la rade la moins dangereuse de tout le littoral du Riff, les navires mouillent encore sur ce puissant brise-lames quand souffle le redoutable vent du nord-est. L'île occidentale s'élève à 135 mètres au-dessus du niveau de la mer. A l'époque des marées, les eaux abondantes de la Moulouya sont quelquefois entraînées par la houle jusque dans le voisinage des îles.

La nature s'est chargée de tout aux Zaffarines : la rade est très sûre, les bords varient de 10 à 12 mètres.

L'Espagne avait devancé la France. Le port de Zaffarine a toujours été une éternelle préoccupation pour la France. En 1766, elle ne put l'occuper.

Au xviiie siècle, le chevalier de Suffren envisageait la possibilité et les avantages d'un établissement français aux Zaffarines.

La rade était excellente et sûre et l'établissement d'un port aurait été très utile en cas de guerre avec l'Angleterre ou le Maroc pour arrêter les galères qui reviendraient y aborder. En cas de guerre avec l'Angleterre, il eut permis aux navires français d'attendre un temps favorable pour tenter la traversée du détroit de Gibraltar; il eut été une station navale pour les corsaires. Le pays d'en face eut pu servir au ravitaillement, et on eut pu venir en aide aux Espagnols en guerre avec le Maroc.

Il y aurait eu d'autres avantages d'ordre commercial assez difficiles à apprécier puisque le littoral d'en face est peu connu. En tous cas, le port aurait eu un monopole de commerce, de fait puisqu'il n'y a pas de port entre Ceuta et Oran. Le 6 janvier 1848, une flotille composée de quelques navires de guerre et de quelques bateaux de transport vint prendre possession des trois îlots. Le commandant Francesco

Seriano y installa des troupes et y construisit des ouvrages afin de mettre sans retard l'îlot en état de défense. Le gouvernement français accepta le fait accompli, il comprit qu'il n'avait aucune raison de récriminer.

Pourquoi s'était-il laissé devancer par ses voisins? pourquoi avait-il hésité pendant dix-huit ans à planter le drapeau français sur des rochers déserts dont personne ne revendiquait la propriété et qui avaient une si grande importance au point de vue stratégique.

Les *tres insulæ* des Gallos-Romains auxquelles les Espagnols ont donné le nom de Zaffarines (nom composé des tribus Yafer O gafer) furent débaptisées par les Espagnols au nom d'Isabelle II et nommées « Iles du roi » au Congrès, qui vinrent remplacer les dénominations désuètes de Sacara, Terrifa, Guelaya.

De l'aveu de M. de Los Monteros, l'abandon dans lequel le gouvernement espagnol laisse les Zaffarines est lamentable. C'est un bagne peu industriel car le Code pénal espagnol ne connaît pas la peine des travaux forcés, personne n'est contraint au travail dans le préside.

Néanmoins, les déportés y sont surveillés et le travail réglementé dans une certaine mesure. L'ouvrier relégué y gagne un minimum de 13 centimes par jour et un maximum de une peseta. L'administration prélève une petite somme sur sa solde qui doit lui servir de pécule à la fin de sa peine. Mais l'administration spécule et met la plupart du temps les bons dans sa poche; il jouit naturellement d'une déplorable réputation.

En 1848, le gouvernement espagnol chercha à mettre la main sur l'île de Peregil; l'île de Peregil dépourvue d'habitants et impropre à la culture n'a aucune valeur au point de vue économique, mais elle en a une incontestable au point de vue stratégique. Par sa situation entre les points d'Alama et de Scona, elle permet à celui qui la possède de surveiller le littoral de Tanger et l'entrée occidentale de la Méditerranée.

L'Angleterre et l'Espagne ont vainement cherché à s'en emparer. L'Angleterre y débarqua en 1808 cent hommes et un détachement d'artillerie de Gibraltar; il s'agissait d'intercepter les navires espagnols qui allaient vers la côte d'Afrique. Le sultan du Maroc énergiquement soutenu par la France, menaça même les Anglais de guerre et les décida à s'en aller.

Les Anglais se rembarquèrent pour Gibraltar. L'îlot restait au Maroc. Les rivalités des grandes puissances lui avaient encore profité. L'Angleterre chercha une seconde fois à s'en emparer, mais cette fois ce fut l'Espagne et non la France qu'elle trouva devant-elle. Ce fut en 1848, elle crut devoir profiter des discussions entre les Cabinets de Fez et de Madrid.

Les Espagnols de leur côté avaient toujours eu des prétentions sur cet îlot; ils objectèrent qu'il était une dépendance de Ceuta transmise avec cette place en 1580, qu'il était d'ailleurs *res nullius* et ne pouvait être acquis par occupation; prétention aussi peu sérieuse au point de vue juridique qu'à celui des faits. Par situation, il semble plutôt que l'île de Peregil prolonge le mont au Singe et non Ceuta.

Le gouvernement espagnol prit cette fois l'initiative et crut, en 1848, pouvoir reprendre sa thèse favorite au moment où il négociait la délimitation de la zone de Ceuta. Il insista pour que le sultan consentît à reconnaître ses prétendus droits sur Peregil.

Mise au courant de ce qui se passait, l'Angleterre parvint à faire échouer les négociations engagées par le Cabinet de Madrid. Bien plus, elle essaya d'occuper l'îlot qu'elle convoitait depuis longtemps. Mais elle renonça à cette entreprise, parce que le maréchal Navarez envoya à temps sur le point nommé des forces suffisantes.

Précisément grâce à la rivalité des puissances européennes l'île de Peregil continua à appartenir au sultan. Après l'action de la France, ce furent encore des tribus du Riff qui tirèrent l'Espagne de sa torpeur.

Les Maures tirèrent sur un bateau-poste. Les Guelayas qui s'étaient munis de petites canons tirèrent sur la place les jours de fête; en 1853, ils enlevèrent sept espagnols.

De 1854 à 1859, ils avaient capturé plusieurs navires. Quelles étaient ces tribus? Moulieras les décrit.

L'aménité des indigènes de Guelaya attirèrent quantité d'étrangers et d'étudiants sur les marchés et dans les écoles de la tribu. Les Assouas y sont nombreuses. On y étudie le Coran et les traditions du prophète. On y confère aussi l'initiation à l'une des innombrables confréries religieuses qui existent au Maroc. Ce sont les Assouas qui dominent à Temsaman.

Les Temsaman sont aussi renommées pour leur commerce. Comme les Temsaman, les Berri-bou-Ferah habitent un pays de sources et très fertile. Temsaman mérite bien son nom, en quelqu'endroit que l'on gratte un peu le sol l'eau jaillit.

Le pays des Beni-Bou-Ferah est couronné de cultures, orge, pommes de terre, les sources abondent; tout le pays a des cultures, prairies, jardins couverts d'arbres fruitiers. Dans les villages on se livre à l'étude du Coran. C'est une tribu en voie de civilisation. La langue arabe parlée d'abord par les pédants s'est vulgarisée et a maintenant des tendances à supplanter le Berbère.

Bien qu'encore barbares, les Galizes passent néanmoins pour des êtres relativement dégrossis, tenant la tête de tout le Riff en matière de tolérance religieuse et de civilisation. Leurs nombreuses pérégrinations en Algérie leur ont fait connaître un peu la civilisation française.

Ce sont les adversaires les plus acharnés des Espagnols. Non seulement ils croient que tous les Etats paient un tribut au sultan de Constantinople, mais ils sont convaincus qu'aucune puissance du monde ne peut tenir tête à leur province. Ils s'obstinent à refuser le concours de leurs émissaires dans leur lutte continuelle avec l'Espagne, soutenant que s'ils avaient quelques navires ils feraient la conquête du pays.

Le gouvernement espagnol négocia avec le Maroc par l'intermédiaire de Juan Blanco Del Valle et Si Mohammed Khelib. On étendit légèrement la possession et la pleine souveraineté du voisin de Mellila pour mettre la place à l'abri des incursions des tribus. Entre les pays soumis aux juridictions espagnoles et marocaines on devrait préparer une zone neutre.

LA FRANCE AU MAROC DE 1800 A 1860

Jusqu'au début du XIX° siècle, la France n'avait eu que des relations commerciales avec le Maroc. Les rapports avaient toujours été cordiaux avec l'empire du Maroc. Cette cordialité de rapports entre le roi très chrétien et le plus puissant des monarques musulmans à créé à la France une situation privilégiée sur toute la côte barbaresque. La France ne pouvant faire valoir aucun droit historique sur le Maroc, l'absence d'un préside lui ôtait toute possibilité à de semblables prétentions et à toute intervention.

Elle ne peut invoquer comme l'Espagne douze siècles de relations plus ou moins pacifiques entre ses habitants et les Marocains de rapports non interrompus entre les deux peuples.

M. Victor Berard prétend que les idées du chevalier de Suffren furent un bien pour la France qui, incapable de prendre pied au Maroc, évita ainsi plusieurs siècles de luttes terribles et surtout de haine implacable.

Néanmoins, au cours du XVIII° siècle, l'influence française avait beaucoup décliné au profit de l'inflence anglaise maîtresse de Gibraltar. Elle reste cependant légèrement prépondérante avant l'occupation de l'Algérie.

Les rapports cordiaux et les relations commerciales se développent. Des traités de commerce assurent à celle-ci des garanties nombreuses. A la suite des démarches du consul Sandeau, l'empereur du Maroc fit paraître en 1829 un ordre confirmant le traité de 1767 où il disait « l'amitié que la nation française porte à notre cœur et son attention pour ce qui regarde nos affaires ».

Louis XVIII mourut, Charles X voulut obtenir confirmation de ce qu'avait fait son prédécesseur.

Il envoya une ambassade au Maroc le 28 mai 1825; le gouvernement chérifien accorda à la France le traitement de celles des nations chrétiennes les mieux accueillies et les plus favorisées.

La France aurait pu continuer à être une puissance des

7

plus commerçantes au Maroc, mais jamais elle ne se serait trouvée comprise à côté de l'Espagne pour le partage de la succession du Maghreb.

L'Espagne qui avait tout un passé de glorieuses traditions avait laissé tomber par son inertie ses droits historiques, la France allait forger des titres des plus sérieux à la succession du Maroc par l'activité de sa politique méditerranéenne, des titres et des droits qui lui confèrent au moment du partage une hypothèque bien plus importante que celle de sa voisine l'Espagne que le temps a déjà périmée et prescrite.

Le 14 juin 1830, jour où les Français débarquèrent à Sidi-Ferruch, marque le point de départ d'une ère nouvelle pour l'histoire de l'Afrique septentrionale tout entière.

Pour ces différends d'ordre financiers, le bey n'avait pas hésité à frapper notre consul M. Deval. Après trois années écoulées et un blocus peu sérieux, le ministère Polignac se décide à détruire le nid de pirates. Le 14 juin 1830, le corps expéditionnaire du général de Bourmont fort de 37.000 hommes débarqua dans la baie de Sidi Ferruch et s'empara le 4 juillet du fort de l'empereur. Vaincu, Hussein remettait les forts dépendants d'Alger et le fort de cette ville. Dans l'esprit du gouvernement, il ne s'agissait que d'une expédition passagère destinée à châtier quelques pirates; mais après avoir pris pied en Algérie, harcelés et contraints à de nouvelles expédition pour rester maîtres de nos avantages, la France devait s'y hisser de façon définitive.

La France se heurta tout de suite à l'Angleterre.

La France n'avait eu que des religieux et des savants pour maintenir son influence dans la Méditerranée.

En revanche, l'influence anglaise grandissait rapidement. Sa position militaire était superbe, avec Gibraltar, Malte et Corfou, ses vaisseaux avaient, d'une extrémité à l'autre de la mer, des points d'appui et des centres de ravitaillement de premier ordre.

Avant de prendre place à côté de l'Espagne pour le partage du Maroc, la France prenait rang à côté de l'Angleterre pour l'empire de la Méditerranée.

Cette perspective, en effet, déplaisait à l'Angleterre; elle ne s'était jamais fait faute de déclarer que le maintien du *statut quo* de la Méditerranée était un des principes essentiels de sa politique.

M. de Polignac disait « le seul danger pour moi vient de l'Angleterre qui pourra s'opposer à mon expédition et c'est contre elle que je veux être protégé. »

Mais nous n'allons pas nous autres, ici, à la conquête de l'Algérie faire l'historique des réactions anglo-françaises, mais la question d'Alger est, pour la France, l'embryon de la question du Maroc, pour l'Angleterre, ce n'est qu'un seul et unique problème.

Ce qui nous valut à cette époque d'éviter un conflit direct avec l'Angleterre, c'est que nous ne sommes fixés qu'en Algérie et que nous n'avons pas osé prendre pied au Maroc, parce que le Maroc est pour elle la clef de la Méditerranée et du détroit de Gibraltar.

Lorsque la France, poussée par son humeur chevaleresque, allait châtier les pillards d'Afrique, elle ne se rendait pas absolument compte de ce qu'elle faisait et de ce qui sortirait de son entreprise, comme il arrive souvent à l'origine des plus grandes choses, en découpant, elle coupait en deux le monde musulman. Le Maroc s'est trouvé isolé, livré à lui-même redoublant d'efforts pour s'assurer l'inviolabilité de sa solitude.

L'Angleterre n'en multiplia pas moins les protestations et les provocations, elle protesta contre l'occupation d'Alger et refusa obstinément de reconnaître notre situation acquise.

L'occupation algérienne avait des ennemis nombreux en France tel M. de Talleyrand. C'est grâce à Charles X que nous pûmes nous maintenir en Afrique.

Contre les jalousies du dehors et les préventions du dedans, il défendit la jeune France d'Afrique, sans consentir à sacrifier quoi que ce fut en échange.

L'Espagne restait indifférente parce que nous ne touchions pas au Maroc, l'héritage rêvé qu'elle enterre dans son rêve indolent. Mais quand nous eûmes atteint les portes du Maghreb, elle sembla sortir de sa torpeur. L'Angleterre voit dans l'occupation de l'Algérie une étape vers Gibraltar; elle ne dissimula jamais sa jalousie et ses mauvais procédés. Mais les évènements de 1830 furent pour nous une heureuse diversion.

Mais si en présence des évènements survenus en Europe, les ministres anglais avaient perdu l'envie de chercher querelle à la France sur la question d'Alger, ils n'allaient pas jusqu'à acquiescer au nouvel état de choses établi dans la régence. Ils nous reprochent toujours de ne pas tenir promesses et de garder Alger. Lord Grey disait à Talleyrand : « Vous allez me causer de très graves embarras ». L'Angleterre refusait de reconnaître notre occupation. M. Talleyrand entretenait l'obstination de l'Angleterre à prendre tout engagement de cette nature. Cette approbation passive mécontentait néanmoins les extrémistes anglais.

« Grâce à nous, disait lord Aberdeen à lord Grey, « l'Angleterre est maintenant la risée du monde entier ».

Elle continua à reprocher à Louis-Philippe son manque de foi et sa trahison. Au fond, le gouvernement anglais se sentait impuissant et désarmé et ne pouvait soulever la question algérienne sans se brouiller avec la France. Les Anglais redoutaient une rupture diplomatique que les affaires de Belgique et d'Orient auraient rendue plus dangereuse, et ils aimaient encore mieux nous voir à Alger qu'en Belgique ou à Alexandrie. L'Angleterre officielle n'avait pas néanmoins abandonné ses prétentions lors de l'expédition de Constantine, Palmerston proteste auprès du Cabinet des Tuileries, qui fait la sourde oreille; il protestait encore contre l'expédition d'Alger.

« La souveraineté d'Alger, disait-il, doit être encore aujourd'hui considérée comme appartenant à la Porte, qui n'a jamais cédé à aucune autre puissance ses droits sur la Régence. La France ne doit être regardée ni de fait ni de droit comme exerçant autre chose qu'une simple occupation militaire. » La France refusait de transiger. L'Angleterre avait laissé faire parce que la conquête par la France de l'Algérie n'était pas de nature à compromettre sa suprématie mondiale. Elle avait déjà sur nous une avance bien trop considérable; dans la Méditerranée même, elle avait une situation trop solide pour avoir le droit de s'effrayer de nos protestations.

Elle avait d'ailleurs pendant tout le temps de la crise manqué de son sang-froid et de sa décision traditionnelle. Elle ne montrera son intransigeance que lorsqu'il s'agira de toucher au Maroc.

Lorsque celui-ci fournit à Abd-el-Kader des approvisionnements et des munitions, le comte de la Rue fut envoyé pour faire au sultan d'énergiques représentations. « Nous ne souffrirons pas que le Maroc demeure pour Abd-El-Kader un repaire immuable d'où partent contre nous des agressions pareilles à celles qui viennent d'avoir lieu.

On devait prendre des mesures exécutoires. Le maréchal Bugeaud débarque à Mers-el-Kébir. Une conférence devait délimiter la nouvelle frontière.

Nous ne pouvions compter ni sur le sultan Abd-El-Rhaman qui subissait des influences diverses tout en étant disposé à reconnaître ses torts et partout se montrait rempli d'arrogance.

Le maréchal Bugeaud réussit à s'emparer du camp d'Isly. Le premier ministre anglais Sir Robert Peel, manifesta beaucoup d'inquiétude et craignait que la France ne gardât une partie du territoire marocain.

« Que la France tire un seul coup de canon au Maroc, disait Robert Peel, et la guerre éclatera. » Quand, malgré tout, notre ambassadeur à Londres, M. de Saint-Aulaire notifia au Cabinet anglais l'ouverture des hostilités avec le sultan de Fez : « Je le regrette profondément, s'écria Lord Aberdeen, n'êtes-vous donc pas satisfaits de ce que vous détenez en Algérie et vous faut-il toujours quelque chose? »

Le 8 juillet, le Cabinet fut interpellé à la Chambre des Communes : « Que se passe-t-il sur la côte d'Afrique, lui demanda-t-on, et qu'est-ce que l'Angleterre compte faire pour empêcher le Maroc de devenir une seconde Algérie? » Le ministre proteste que jamais il ne permettrait à la France de s'établir au Maroc.

Bugeaud, dès cette époque, avait voulu marcher sur Fez.

On peut y aller, écrivait-il à Joinville, avec 20.000 hommes d'infanterie, trois régiments de cavalerie d'Afrique, une vingtaine de bouches à feu, bien approvisionnés et des moyens suffisants pour transporter des vivres pour un mois. Des considérations de politique générale empêchèrent de mettre ce projet à exécution.

Nous dûmes officiellement rassurer l'Angleterre de nos intentions de ne pas aller plus loin.

Le ministre anglais, qui avait toujours soutenu Abd-El-Kthaman dans son intransigeance, lui conseilla d'accepter les propositions de paix que lui faisait notre ambassadeur, M. Nion. C'était sa tactique habituelle à l'égard des Barbaresques, les soulever contre la France, puis ensuite leur offrir sa médiation pour leur éviter d'être écrasés. La France prenait contact avec le Maroc.

Il y avait un traité de paix, celui de Tanger.

Consultée sur un traité spécial de délimitation, celui de Lallia-Maghina, la France entrait en contact avec le Maroc, comme cela résulte du traité de paix qui lui donne plusieurs centaines de kilomètres de frontière commune, le défaut de rédaction de ce traité qui, passé avec un Maghreb sans influence, et quelques tribus nomades, ne nous laissait en rapports constants avec le Maroc.

La convention de Tanger n'est guère que la reproduction d'un ultimatum. L'empereur du Maroc promettait de licencier ses troupes marocaines réunies près de la frontière algérienne et d'infliger un châtiment exemplaire aux chefs coupables d'agressions sur les Français, de ne prêter aucun appui aux ennemis de la France; Abd-el-Kader était mis hors la loi, et c'était le point principal du traité. Il devait être poursuivi par les troupes françaises sur le territoire algérien, par les troupes marocaines sur le territoire du Maroc; s'il tombait aux mains des troupes marocaines, il devait être interné dans une ville de la côte ouest de l'empire chérifien. La convention de Lallia-Maghina fut conclue en exécution du traité de Tanger; elle s'inspire des mêmes principes. Une ligne est tirée de l'Oued Kiss au Teniet-el-Sassi, c'est-à-dire dans le Tell, à une profondeur de 100 kilomètres environ à

partir de la mer, au-delà du Teniet-el-Sassi; on se contente
d'indiquer quelles sont les tribus et les ksours attribués
soit à la France, soit au Maroc.

Au sud de la région des Ksours, toute délimitation est superflue, étant impossible en pays désertique, parce que la
terre ne se laboure pas et qu'elle sert seulement de passage
aux Arabes des deux empires.

Nos troupes devaient évacuer l'île de Mogador et la ville
d'Oudja, dès que le sultan aurait exécuté ses engagements.

Malheureusement, la nouvelle frontière commençait à
l'Oued Kiss au lieu de la Moulouya, qui semblait être la frontière naturelle, on devait respecter dans l'ensemble la frontière reconnue par le gouverneur marocain à l'époque de
la domination des Turcs en Algérie. Si les plénipotentiaires
français avaient conclu ce dernier arrangement, en son-
geant à des événements ultérieurs, tous leurs efforts auraient
eu pour but principal d'obtenir comme unique frontière le
thalweg de la Moulouya, conformément aux traditions les
plus anciennes et aux intérêts stratégiques de l'avenir.

Pourtant, jusqu'en 1830, le Maroc avait été toujours limité
à l'est par le cours de la Moulouya.

Le traité de Lallia-Maghnia dénote, disait Lamoricière,
une ignorance totale des formes et des choses.

Une ligne fixe qui s'allonge de la mer à 100 kilomètres
dans l'intérieur des terres, au-delà du Teniet-el-Sassi; on se
contente d'indiquer quelles sont les tribus et les ksours
attribués soit à la France, soit au Maroc.

La troisième zone de frontière était, suivant le traité de
Lallia-Maghnia, le pays dont la délimitation était superflue;
des déserts couverts d'un sable noir au milieu duquel s'é-
lèvent d'intervalle en intervalle des rochers comme brûlés,
creux, inhabitables à cause de la chaleur, même en hiver;
voilà qui n'est pas assez précis, d'autant plus que la plupart
des tribus sont nomades; c'est une source de conflits perpé-
tuels, voilà le grand défaut du traité de Lallia-Maghnia.

Il eût été d'ailleurs difficile de faire autrement. Mais comment dans ce pays où la terre ne se laboure pas, où les tribus
parcourent d'énormes espaces pour trouver des pâturages

et des sources nécessaires à leurs troupeaux, auraient-ils pu établir une délimitation précise?

C'était là une grande source de conflits. L'absence de limite officielle entre deux États est toujours au détriment du plus faible, tous ne devaient pas reconnaître sans nécessité évidente le droit absolu de l'empereur du Maroc, sur des territoires où son autorité n'est plus souvent que nominale et que nous pourrions avoir un jour l'occasion de revendiquer.

Le traité de 1845 en lui-même était une source de conflits. Mal interprété à l'origine par des hommes qui ne connaissaient pas et qui ne pouvaient pas connaître le Maroc, le traité de 1845 nous avait immobilisés durant un demi-siècle autour des oasis où il nous empêchait d'établir notre domination, le Touat restait au Maroc. Géographiquement, le Touat n'existe pas, ce n'est ni une vallée de fleuves comme l'Égypte, ni un plateau rayé de lits de rivières comme le Mzab, ni un bas-fond comme la plaine de d'Oudja : c'est un peu de tout cela. En relation constante avec le sud oranais, le Touat est, en principe, une dépendance de l'Algérie.

La région de Figuig est la région par excellence de l'agitation et de l'insurrection. Occupée par Abd-el-Kader, nous ne pûmes pas tout d'abord lui consacrer tout le soin qu'elle méritait. Figuig était le repaire de tribus pillardes, de voleurs et de bandits qui n'avaient de marocain que le nom, dont la célérité et la rapidité faisaient la force dans l'attaque à l'inviolabilité de Figuig la plus solide défense contre notre châtiment.

Figuig restait au Maroc. Mais puisque nous avons décidé de respecter Figuig et que, d'autre part, il fallait pour la sécurité de l'Algérie et l'avenir de notre expansion que nous fussions maîtres des routes qui mènent au Touat.

Le traité ne posait plus qu'en principe la question du Maroc, il multipliait de lui-même, par le défaut de sa rédaction, les incidents qui auraient pu en précipiter la solution. Si la France a en face du Maroc une situation sans précédent qui lui confère des droits supérieurs dont l'évidence s'y pose mieux à nos yeux, c'est à sa position même dans l'Afrique du

Nord et dans la Méditerranée qu'elle le doit; c'est sa longue frontière commune avec le Maroc qui l'oblige à des rapports constants de voisinage et qui lui permet, le cas échéant de fonder son action diplomatique et d'exercer son influence économique sur une formidable puissance militaire.

Les imperfections, les défectuosités du traité, le seul fait du voisinage maghreb posait la question du Maroc.

Le seul fait de l'existence d'un Maroc indépendant, d'un Maroc où l'autorité du sultan n'est absolue que par endroit et par intermittence et où s'agitent les ordres et les confréries religieuses, est un danger pour notre puissance algérienne et un obstacle à nos efforts.

Une autre cause, permanente de conflits, est ce qu'on appelait le droit de suite. Il était régi par l'article 4. Toute liberté était accordée à chaque partie contractante de poursuivre dans le Sahara, mais dans le Sahara seulement, les tribus qui lui étaient attribuées dans le traité et qui susciteraient des troubles sur sa frontière. Le droit de suite comportait en principe le droit pour la France de châtier ses propres sujets en ayant soin de respecter les sujets marocains, pour lesquels, si on avait à s'en plaindre, il fallait s'adresser au gouvernement lui-même. Eu égard à l'état d'anarchie du gouvernement marocain, au peu d'autorité dont il jouissait sur les tribus de la frontière, nous allions être appelés à donner à ce droit une extension beaucoup plus large et plus étendue.

La France et l'Espagne étaient en présence.

L'Angleterre veillait. Elle joue un peu à l'égard du Maroc, le rôle de protecteur, comme Guillaume II voudra le faire plus tard à l'égard de l'empire ottoman.

M. Victor Bérard distingue quatre périodes dans l'évolution de la politique marocaine : d'abord francophile vers l'introduction de la politique britannique, ce fut surtout la conquête de l'Algérie qui jeta le Maghreb dans les bras de l'Angleterre.

Le sultan avait vu sans déplaisir tomber les Turcs et les Beys ses voisins; il eût volontiers profité de leurs dépouilles et, tandis que nous prenions Alger et Constantine, amorcé le pays d'Oran ou du moins récolté les débris de cette principauté de Tlemcen qui si longtemps forma la frontière orientale. Une alliance avec nous aurait pu lui valoir toute une partie de cette principauté. Quatorze ans durant, la neutralité presque constante parut au Maghzen la conduite la plus sage. Il fallut qu'Adb-el-Kader, en se réfugiant sur le territoire marocain, vînt forcer le chérif à prendre parti contre les infidèles qui d'ailleurs annexaient Tlemcen, puis Alger, Oran et après le Touat, et allaient atteindre la Moulouya ; montrant la réalité de notre puissance en Afrique et les dangers de notre voisinage, cette courte guerre de 1844 jeta le chérif pour 25 ans dans les bras de l'Angleterre, dont l'énergique intervention avait obtenu du traité de Tanger que le Maroc n'aurait pas à faire les frais de cette campagne.

Durant tout le XIXᵉ siècle, de 1815 à 1901, le prestige maritime de l'Angleterre, auquel s'ajoutera en 1830 la menace de l'Algérie française, fit régner l'influence de l'Angleterre sur les conseils du sultan.

Sir John Drummond Hay disait : « Rien ne peut troubler, à mon avis, la cordialité de relations entre nos deux pays, sauf la tentation pour l'un d'eux de s'emparer du Maroc. Si nous pouvions lancer le Maroc à cent milles de l'Atlantique, nous désirerions tous que cela fût fait le plus tôt possible. »

L'Angleterre se campe devant la France et elle brime l'Espagne chaque fois que celle-ci semble oser songer à ses dominations nationales. Elle divise pour régner (1).

Ici comme partout dans le monde, on craint le jeu toujours renouvelé mais toujours efficace de l'Angleterre, froisser l'amour-propre espagnol en lui montrant une France toujours prête à conquérir le Maroc, tenter de brouiller les deux voisines pour jeter l'Espagne dans l'alliance britan-

---

(1) Elle domine le Maroc. Le sultan, lui, est lié par deux liens profonds de gratitude, et cette gratitude est d'autant plus réelle que la Grande-Bretagne ne possédait pas de territoires au Maroc, n'éveillait pas les soupçons auxquels donnent lieu les actes de la France et de l'Espagne, quelque désintéressés qu'ils fussent.

nique, supplanter par la force dans ces parages où leur présence sur le rocher de Gibraltar a bouleversé les conditions naturelles de la politique; les Anglais ne peuvent garder une situation prédominante qu'en jetant l'une contre l'autre la France et l'Espagne.

S'il n'y a pas encore de rivalité malgré tout entre ces deux pays, il n'y a du moins chez elles aucun effort coordonné; enfin, l'occupation d'Alger n'a pas soulevé les protestations espagnoles.

Le président du Conseil espagnol Colomade ne se hasarda pas à joindre ses protestations à celles du Cabinet de Londres et n'osa pas non plus accorder à la France l'autorisation demandée sans en référer à l'Angleterre. Il soumit la question à l'ambassadeur anglais à Madrid et celui-ci, qui ne ressemble à aucun des ambassadeurs anglais connus, se déclara incompétent sans fixer les limites dans lesquelles il était loisible à l'Espagne d'aider une nation voisine. Colomade ayant des raisons de soupçonner que telle n'était pas l'attitude du Cabinet de Londres, on devait le consulter directement. Mais, avant même qu'il eût reçu la réponse, les populations espagnoles du littoral méditerranéen avaient déjà accueilli avec un enthousiasme particulier l'escadre française, à qui elles avaient fourni gratuitement des vivres et des médicaments, montrant ainsi la satisfaction avec laquelle elles verraient le châtiment assuré et désiré depuis tant d'années des pirates d'Alger.

M. Maura continue : « Il est certain qu'à cette époque il ne se trouve personne en Espagne, ni armée, ni classe sociale, pour protester contre ceux qui usurpaient une succession que l'histoire et la géographie aussi bien que l'intérêt devaient nous attribuer. »

Dès ce moment, nous ne pouvions plus prétendre que la question du nord de l'Afrique était affaire exclusive de l'Espagne.

Au moment où la France initiée à l'assistance dissimulée que le Maroc prêtait à Abd-el-Kader avant les hostilités qui le conduisirent au bombardement de Tanger ou à la prise de l'Isly, une action uniforme de la France et de l'Espagne à cette époque devait dès lors résoudre pour toujours le problème du Maroc.

Elle aurait été, de l'aveu de M. Maura, mille fois préférable à l'intervention de l'Angleterre, que nous acceptâmes comme médiatrice, nous résignant ainsi d'avance à des compensations dérisoires.

CHAPITRE XII

L'opinion française et la question du Maroc.

Le traité de 1845 posait pour la France la question du Maroc dans les lacunes et les absurdités de sa rédaction. C'était, comme nous l'avons dit, la défectuosité des frontières de l'oued Kiss. L'absence de limites précises et fixes au-delà de Tiniet-el-Sassi. Enfin, c'était le droit de suite. Pour que la France puisse se désintéresser de ce qui se passait au Maroc, il faudrait qu'elle renonçât à la possession de l'Algérie. Les affaires des deux pays sont étroitement liées; il y a des tribus nomades qui sont tour à tour dans l'un et l'autre; c'est au Maroc que se préparent les révoltes qui éclatent à l'heure indiquée dans nos pays arabes; c'est au Maroc que se réfugient les insurgés après leur défaite sans que nous puissions les poursuivre par les oasis de Figuig, de Kotsa, et du Touat, où ils sont reçus à bras ouverts.

Le sultan n'exerce aucune autorité, aucune police dans cette partie de son empire; et quand même il aurait les meilleures intentions du monde, il serait hors d'état d'y faire respecter le droit des gens. (R. d. 2 M.)

L'histoire des relations franco-marocaines de 1845 au traité de Partage de 1912 n'est qu'une longue suite d'incidents de frontière toujours renouvelés, parce que, si nous pouvons à peine pallier aux effets, nous sommes impuissants à atteindre les causes profondes, à l'anarchie marocaine.

Après avoir pillé et révolté nos frontières, les tribus marocaines se réfugient dans l'empire du Maghreb, où l'autorité du sultan ne saurait les atteindre.

Les expéditions de représailles, si dures soient-elles, sont vite oubliées. Une fois le châtiment infligé, nous reprenons

(Jean Hess, Jean Darcy, Pinon, Augustin Bernard, Victor Bérard, Bulletin du Comité de l'Afrique française).

nos anciennes positions; quelques années suffisent ensuite
à ces populations pour leur faire oublier, aussi mobiles de
caractère que d'habitudes, la répression qu'elles avaient
essuyée. Les bandes armées se reforment sous l'égide de
la souveraineté théorique du sultan, et une fois la leçon
tombée dans l'oubli, tout est à recommencer.

Il faudrait mieux prévenir au lieu de châtier; malheureusement, le traité de Lallia-Maghina ne nous en donne pas
les moyens. Entre la France et la cour de Fez, le conflit est
à l'état latent et perpétuel.

Au sud de Teniet-el-Sassi ces tribus luttent sans cesse
les unes contre les autres, et la France était obligée de demander au sultan les réparations des dégâts commis sur
son territoire.

Un diplomate français disait un jour qu'il y a trois sortes
de questions : les questions latentes, les questions pendantes
et les questions insolubles.

La question du Maroc n'est pas insoluble, elle n'est même
pas pendante, mais elle restera latente durant de longues
années encore. Il faudrait remonter aux causes premières.

Certains disent : déjà l'Algérie nous a conduits à la Tunisie, elle doit plus justement, quoique plus directement,
sans doute, nous conduire au Maroc. D'autres n'envisagent
qu'un palliatif énergique, certes, mais insuffisant, une rectification de frontière; trouver un moyen de surmonter ces
difficultés, c'est d'exiger une rectification de frontière qui
nous donnerait la Moulouya, l'oued Guir-el-Figuig, la Moulouya fermerait la frontière de l'ancienne Mauritanie Tin-
gitane.

Les Marocains étaient tous conscients de nous avoir imposé un marché de dupes en nous donnant l'oued Kiss comme
frontière. Le gouvernement général de l'Algérie réclamait,
de concert avec le gouvernement marocain, une rectification
de frontière au nord du col de Teniet-el-Sassi, une détermination de frontière plus au sud de ce col. Nous avions surtout besoin d'une frontière fixe. Les diplomates du quai
d'Orsay n'ignoraient pas que le gouverneur de Fez accepte-
rait avec plaisir une solution équitable. Mais leur politique

s'inspire toujours des idées suivantes de Waddington :
« Nous ne devons pas reconnaître sans nécessité évidente
le droit absolu de l'empereur du Maroc sur des territoires
dans lesquels son autorité n'est que nominale, territoires
que nous pourrions avoir un de ces jours l'occasion de revendiquer, surtout si les études du chemin de fer transsaharien
arrive à des conclusions pratiques. » Pas de démarcation
coûte que coûte, parce que l'absence de limite officielle
entre deux états donne toujours un résultat des plus favorables.

Le général Pélisser disait : « L'établissement d'une limite
fixe ne mettra peut-être pas fin immédiatement à toutes
nos difficultés, mais elle dégagera et simplifiera singuliè-
rement cette situation. Nous saurons ainsi exactement où
nous serons libres d'agir et on devra limiter l'action du
Maroc. »

L'adoption d'une limite exacte dans le Sahara aura enfin
pour conséquence de bien établir les responsabilités, de
faire disparaître l'état de confusion et de désordre perma-
nents qui règne dans la région. Le bon sens veut qu'il y ait
au sud de Teniet-el-Sassi un Sahara marocain et un Sahara
français.

Il est vrai qu'une ligne frontière au delà de laquelle commence cette chose sérieuse qu'on appelle une violation de
territoire éveille des idées dont la quantité et la rigueur ne
sont probablement jamais entrées dans l'esprit d'un souverain ni de ses ministres; à plus forte raison ces idées ne
sauraient entrer dans la tête de nomades pillards. Néanmoins, M. Albert Grévy disait : « Le jour où nous aurons au
sud de Teniet-el-Sassi une ligne de démarcation nettement
établie, le gouvernement marocain ne pourra plus nous
inviter à procéder nous-mêmes contre nos dissidents. Chaque
fois que notre frontière sera violée, il nous devra une réparation; au cas d'impuissance, il y aura lieu d'examiner dans
quelles conditions nous pourrons nous faire justice nous-
mêmes. Il y a deux saillants à réduire, deux centres d'insurrection, le Touat et Figuig.

De l'absence de toute délimitation au sud du pays des

blancs résulta en 1845 notre droit absolu d'occuper les oasis de Tidikelt, du Touat et de Guara, droit affirmé par nous à plusieurs reprises. Nous fûmes amenés à effectuer cette occupation de 1900 à 1901. L'occupation du Touat n'est qu'une partie de l'œuvre qui nous incombe pour assurer le *statu quo* marocain que nous ne maintenons jusqu'ici qu'à notre détriment. Géographiquement, le Touat n'existe pas, ce n'est ni une vallée de fleuves comme l'Égypte, ni un plateau rayé de lits de rivières comme le Mzaeb, ni un bas-fond comme la plaine d'Oudjda, c'est un peu de tout cela. En relations constantes avec le Sud oranais, le Touat est en principe une dépendance de l'Algérie. La région de Figuig est la région par excellence de l'agitation et de l'insurrection. Figuig, c'était le repaire de tribus pillardes, de voleurs et de bandits qui n'avaient de marocain que le nom, dont la vélocité et la rapidité faisaient la force dans l'attaque, et l'inviolabilité de Figuig était la plus solide défense contre notre châtiment.

En 1886, nous songions déjà à prendre Figuig. La prise de Figuig ne saurait avoir pour les puissances européennes plus d'importance que ces empiètements qui ont lieu chaque jour en Asie, de la part de l'Angleterre et de la Russie, sur des pays à moitié sauvages voisins de l'empire chinois, empiètements qui font reculer la barbarie devant la civilisation.

Néanmoins, la politique de la France vis-à-vis du Maroc depuis 1845 a été de ne rien changer à l'état des choses existant, c'est la politique du *statu quo*, c'est la plus illogique et la moins rationnelle des politiques. Cette politique n'était applicable que tant que la France avait des préoccupations antérieures et redoutables; jusqu'en 1903, dit M. Hubert, la politique de la France au Maroc n'avait été qu'une politique de frontière, conflit latent sans qu'on ait pu trouver une solution de part et d'autre. En tout cas, la France se trouvait à la fin du xixᵉ siècle dans une situation intolérable, avec devant elle un Maroc en décomposition, livré aux tribus rebelles et aux prétendants; incapable, d'autre part, de répondre à cette situation par un palliatif élémentaire à une rectification de frontière. Ces agressions se multipliaient. M. Ternant suivait au Maroc cet anachronisme; cette honte de notre temps devait bientôt disparaître. Il est intolérable qu'entre l'Algérie et la Tunisie maintenant rachetées du barbarisme par le sang et les trésors de la France, se trouve un vaste territoire d'une richesse incalculable qui soit encore sans gouvernement réellement établi, sans relations ouvertes avec les autres nations, presque hermétiquement fermé à la civilisation. (Re. d. 2M.) La solution d'une rectification de frontière était alors insuffisante au moment de la conclusion du traité de Lallia-Maghina, la question de frontière n'avait qu'une importance secondaire, aussi nos négociateurs se montrèrent-ils, par ordre, très conciliants, et le tracé adopté fut en grande partie celui que demandaient les plénipotentiaires marocains.

Il y avait les partisans de la revision du traité de Lallia-Maghina. La ligne de la Moulouya n'aurait rien changé à ces difficultés. Les difficultés sans cesse renaissantes ont en effet une seule et unique cause, l'état d'anarchie des sultans qui ne relèvent pas de notre volonté. Elles ne prendront fin que le jour où ces tribus seront soumises à une administration régulière qui saura les maintenir dans le devoir, quel que soit d'ailleurs le nom que porte cette administration.

Néanmoins, il y avait encore quelques partisans du *statu quo*; pour ceux-ci la rectification de frontière suffisait. « La France, dit le capitaine Frisch, tout entière à l'œuvre de colonisation qu'elle poursuit en Algérie depuis 65 ans par son sang, son or, son génie, ne songe nullement à l'annexion du Maroc; tout au plus, réclame-t-elle, en toute justice d'ailleurs, une rectification de frontière conforme à l'intérêt et à la sûreté de sa grande colonie. » Plusieurs solutions se présentaient aux yeux de nos coloniaux : conquête, protectorat, en tous cas, de façon ou d'autre, ouvertement ou de façon déguisée, brusquement ou par infiltration lente, par les armes ou la persuasion, il fallait mettre la main sur le Maroc.

« La sécurité exige que sous les formes dérisoires de la possession, du protectorat ou de la surveillance, la France rétablira sa prépondérance de façon indiscutable sur tout le littoral maghrebien depuis Tripoli jusqu'à Figuig et à la Moulouya et plus loin encore si on nous y oblige (d'ailleurs tout en respectant les droits de la grande nation espagnole). » Il est certain que la position prépondérante de la France dans la Méditerranée et son établissement définitif en Algérie et en Tunisie donne, le cas échéant, à notre pays le droit d'envisager le sol marocain comme faisant partie de son domaine.

M. Mouliéras disait : « Il s'agit de savoir à qui appartiendra cette enclave entourée de toutes parts par le territoire français. Maintenant, si nous consultons les intérêts du peuple destiné à passer tôt ou tard sous le joug étranger, le peuple reconnaîtra que la domination française lui est la moins antipathique. Le Maroc est un danger politique pour nous et pouvant compromettre notre situation dans la Méditerranée. Malgré sa faiblesse relative, le sultan est le chef religieux et peut déclarer la guerre sainte. » M. Pinon nous dit : « La question de frontière franco-marocaine ne cessera pas de nous préoccuper, et de constituer une question importante jusqu'au jour où l'influence, sinon la domination française dans l'Afrique du Nord, atteindra ses limites naturelles : l'Atlantique. »

La nation européenne qui aurait conquis le Maroc et qui se serait alliée au souverain en possession d'une telle prérogative, n'aurait qu'un mot à dire pour soulever dans notre empire africain la plus effroyable des insurrections et peut-être pour provoquer le massacre de milliers de colons.

Une grande nation, sans peine, pouvait mettre la main sur le Maroc et placer ainsi dans notre empire de l'Afrique du Nord le coin qui aurait percé les Italiens s'ils avaient pris pied en Tunisie.

On écrivrait en 1903; tout d'abord, nous allons veiller à la sécurité de la frontière algérienne et, par conséquent, éviter le voisinage d'une puissance européenne; il est inadmissible qu'une autre nation puisse retourner contre nous l'esprit réfractaire des populations et les défenses naturelles d'un pays hérissé d'obstacles. Il est essentiel que personne au Maroc ne nous ferme le chemin de l'Atlantique. Présentement, les communications de la France et de l'Algérie sont à la merci de la flotte anglaise, c'est une situation intolérable pour nous, qui nous livre à la merci de la Grande-Bretagne.

M. de Pressensé avait écrit : « Il convient de notifier à qui de droit qu'avec l'Algérie en sa possession, la France ne saurait laisser se pratiquer un changement sur son flanc, qu'elle se réserve les privilèges d'ordre politique, économique, financier, qui découlent d'une telle situation, en un mot qu'elle envisage l'empire marocain comme faisant partie de sa zone d'influence. »

M. Delcassé dit qu'il faut agir au Maroc, c'est l'opinion générale, il faut agir à cause de l'Algérie. Une solution simpliste, c'est celle de la conquête, elle est difficile et remplie de dangers.

Les difficultés à surmonter seraient incontestablement plus grandes qu'elles ne l'ont été en Algérie, puisqu'on trouverait un pays mieux prédisposé par la nature pour une résistance acharnée et les populations aussi braves et aventureuses aux batailles que celles de l'Algérie, mais deux fois plus nombreuses.

Le Maroc a cinq fois plus d'habitants que l'Algérie et il est réfractaire au joug étranger. Il a fallu cinquante ans de lutte, des centaines de milliers d'hommes, et pas loin d'un milliard pour dompter l'Algérie.

Aucun Marocain n'est soldat, parce que la vie marocaine n'est pas organisée pour produire le soldat comme le produit la vie européenne, mais tous les Marocains sont guerriers. Beaucoup ne voient dans les expéditions coloniales que la satisfaction de quelques intérêts particuliers.....

Envisageons la chose au point de vue français. Jean Hess disait : « La conquête du Maroc ne nous donnerait pas une force nouvelle pour notre défensive.

« Elle nous amoindrirait dans cette défensive, car elle nous prendrait une part de notre force existante pour défendre le pays conquis.

« Que le Maroc puisse être un jour un réservoir d'hommes et de ressources pour la France, en attendant, il faudra le soumettre et l'organiser, lui donner un outillage élémentaire, c'est un calcul à trop longue échéance. »

L'extrême-gauche s'était toujours opposée aux expéditions lointaines, elle voulait garder nos forces concentrées en Europe pour la guerre de revanche. Si nos entreprises coloniales depuis 1881 sont souvent mal conduites, échouent parfois, ne réussissent qu'imparfaitement, une bonne part de responsabilité revient aux partis d'extrême-gauche. M. Jaurès ne veut à aucun prix de conquête ni d'opérations militaires. Une autre solution de la question du Maroc, c'est celle du protectorat. Pourquoi ne pas tunisifier le Maroc? La conception est magnifique et harmonieuse. On met à gauche de l'Algérie un protectorat marocain pour faire pendant au protectorat tunisien, à droite on reconstitue sous la domination française l'unité politique du pays barbaresque et la région de l'Atlas, de la grande île allongée entre le désert et la Méditerranée. Le chemin de fer de Tunis à Oran et à Tlemcen, poussé jusqu'à la côte de l'Océan, devient le transbarbaresque. La simple contemplation d'une carte géographique peut suggérer ce plan à un bachelier; un coup d'œil sur la carte d'Afrique suffit à montrer l'intérêt de la France. Le Maroc est entièrement entouré de possessions et de sphères d'influence française. On ne peut s'avancer dans aucune direction sur l'intérieur du continent et à aucun point du Maroc sans rencontrer un sol français.

Le protectorat, c'est la solution que préconise M. Étienne. M. Étienne se fait le champion du protectorat. Cette collaboration avec le Maghzen, dirigée, encadrée par des techniciens européens, pourrait seule donner, sans coup férir, à la puissance entreprenante la disposition du pays soumis de l'ouest et le moyen de pénétrer peu à peu, de soumettre à sa guidance indirecte le territoire fermé du Blad-El-Siba.

Cette méthode depuis l'expérience si heureuse et si concluante qui a été faite en Tunisie est devenue populaire chez nous.

C'est la politique du protectorat. Le sultan, qui a senti que la nécessité de réformes radicales s'impose dans ses États, mais qui vient de constater aussi, par une expérience cruelle, qu'il ne dispose pas de la force matérielle nécessaire pour les réaliser, conviendra que son intérêt bien entendu est de s'appuyer sur nous pour les mener à bien.

Au Maroc, disait M. Édouard Ferry, la base de notre politique est l'esprit pacifique; nous reconnaissons et maintenons l'intégrité de l'empire et la souveraineté du sultan.

Ce faisant, nous confondons nos intérêts politiques avec ceux du sultan lui-même qui devient, par une conception très juste et tout à fait conforme au principe de l'action, en pays musulman, notre intermédiaire vis-à-vis des populations. Renforcer l'autorité du sultan, le faire admettre par les tribus, l'asservir solidement sous notre contrôle, semble devoir être le premier but à nous fixer.

Le protectorat nous eût rendus maîtres d'un quart seulement du Maroc, il est vrai. Il est vrai qu'en étant dans l'autorité du sultan sous notre égide, nous pourrions arriver à maghzeniser le Maroc. Le protectorat aurait eu l'avantage dans une certaine mesure de flatter l'amour-propre chérifien en consolidant et en étendant son pouvoir; mais, d'autre part, il eût pu éveiller la susceptibilité des puissances, de l'Angleterre d'abord, de l'Allemagne ensuite, après le traité de 1904; mais sachant cette réédification de l'affaire de Tunis eût pu soulever le fanatisme marocain.

Que la France arrive à exercer une influence prépondérante dans la politique marocaine et un contrôle sur les finances du Maroc, que sa guidance et ses avis fortifient la main du sultan, restaurent la paix et l'ordre dans ce pays. Il n'est pas besoin de protectorat déclaré; car une telle déclaration provoquerait le fanatisme des tribus, mais la France se contenterait sans doute du droit de diriger la politique du sultan en maintenant le *statu quo* au Maroc. Elle bénéficierait de l'autorité religieuse du sultan et des facilités que lui donne un régime approprié au tempérament de la population de ce pays.

Que la France, dit M. de Lanessan, fasse au Maroc des chemins de fer, qu'elle se mette d'accord avec le sultan pour organiser l'armée, qu'elle fasse des établissements commerciaux et des marchés solidement garantis, qu'elle introduise en un mot sur le terrain marocain pacifiquement et d'accord avec les autorités locales, son influence civilisatrice et économique, rien n'est plus légitime, et nulle puissance n'en pourrait prendre ombrage, mais nous convenons qu'elle commettrait une grave faute si elle voulait tenter de faire au Maroc ce qu'elle a fait en Tunisie.

M. de Lanessan combattait le protectorat en préconisant une sorte de tutelle vague. Il croyait que nous ferions un marché de dupes en acceptant le protectorat. La formule du protectorat était remplacée par une autre formule, celle de la pénétration pacifique. Elle est de M. Revoil.

Intégrité territoriale du Maroc.

Souveraineté du sultan.

Liberté économique.

Elle tendait à nous donner par l'intermédiaire des Marocains une garantie dont nous avions besoin et à tirer de la collaboration que nous établissions avec eux les résultats que nous renoncions à demander à l'action directe, au lieu de la mainmise soudaine et brusque du protectorat, c'est l'infiltration lente. On mettra peu à peu la main sur le Maghzen; peu à peu les services publics, son administration, sa diplomatie, son autorité, tomberont en nos mains réorganisatrices. Peu à peu l'autorité dégénérée du Maghzen s'étendra à tout le Maroc. Les puissances seront placées tous les jours devant le fait accompli, et bientôt un pays outillé, organisé, civilisé par nous, avec l'agrément du sultan, tombera en nos mains comme un fruit mûr.

Néanmoins, il faut que toute notre attitude prouve au Maghzen que la mainmise douce n'est qu'une face de notre action même au Maroc, celle que nous préférons, celle à laquelle nous nous tiendrons si on ne nous oblige pas absolument à employer l'autre.

En 1903, M. Delcassé s'est borné à exposer les trois points que la France considérait comme primordiaux dans la question du Maroc : liberté du détroit, indépendance du sultan et de l'empire et prépondérance ou situation privilégiée de la dynastie.

Nous étions seuls qualifiés pour mener à bien une telle opération. C'est d'ailleurs l'opinion britannique. On croit que le sultan sera problablement disposé à l'établissement d'une police marocaine sous les ordres d'officiers français, mais le Maroc n'a pas besoin d'un protectorat.

Le caïd Mac Lean propose déjà la réorganisation des régiments marocains par des cadres français.

Un point sur lequel se rencontrent Harris et Harry Mac Donnel, c'est que la proclamation solennelle d'un protectorat soulèverait le fanatisme marocain. On peut définir en deux mots la politique de pénétration pacifique.

1° Maintien de l'intégrité du Maroc.

2° Prépondérance de la France dans toute l'étendue du Maghreb.

M. Augustin Bernard nous dit qu'il faudra mettre en valeur le Maroc en y établissant la sécurité, en y faisant des travaux publics : ports et chemins de fer, en y fondant des banques; en un mot en l'organisant et en l'outillant. En second lieu, amener l'Islam à tolérer la civilisation européenne, à se réconcilier avec elle dans la mesure où cette réconciliation est possible; s'efforcer de civiliser les hommes en même temps qu'on s'efforcera de civiliser le sol. Voici les principaux plans de pénétration pacifique.

Il faudra développer les conseils sanitaires des différentes villes et des commissions d'hygiène, fonder des hôpitaux et des bureaux de bienfaisance.

Le Maghzen doit consentir à nous laisser réformer son administration. D'un autre côté, il nous faudra organiser sans relâche l'exploration scientifique du Maroc.

A l'égard de la religion des Marocains, notre attitude doit être celle de l'abstention.

En 1903, le général Serrecajaix voyait deux mesures à adopter immédiatement : mesure de police et de pénétration commerciale. Il craignait que nous ne fussions acculés à l'intervention armée.

1° Placer le territoire d'Oudjda sous l'autorité d'un chef nommé par le sultan avec, s'il y a lieu, de nos officiers pour l'assister. Idem à Figuig.

2° Prolonger jusqu'à Oudjda la voie ferrée qui s'étend de la Tabia à Tlemcen.

Dans le sud, faire une ligne allant de Mazagan au Maroc, et revenant par l'Ouad à Mogador.

Notre politique au Maroc doit être pacifique, toute de progrès et de civilisation, constructions de chemins de fer, de routes. M. Delcassé désire maintenir l'indépendance du Maroc en l'aidant à s'organiser.

L'accord franco-anglais de 1904 facilita la tâche du gouvernement français en lui laissant les mains libres du côté de l'Angleterre. Les agents auxquels la France confiera la réorganisation du Maroc seront pris parmi les membres les plus expérimentés de l'administration française en Algérie et à Tunis. Il faudra tenir compte de la situation difficile dans laquelle un protectorat, quelque voilé qu'il soit, ne peut manquer de placer un souverain musulman. La tâche du gouvernement français s'affirme nettement. Il s'agira de prouver au sultan que nous sommes ses amis sincères et dévoués, que notre premier soin sera de lui accorder les ressources financières dont il aura besoin et de consolider son pouvoir.

L'œuvre qui paraît à M. Hubert la plus urgente et la plus difficile, c'est celle de la mise en valeur du pays qu'il faut pourvoir d'un commencement d'outillage économique.

Cet outillage est absolument nul. Il n'y a au Maroc ni routes, ni ports, ni travaux publics d'aucune sorte. Les travaux les plus urgents sont ceux à entreprendre sur la côte. Reconnaissance hydrographique, développement sommaire des ports, éclairage des ports et des navires.

Il faut des réformes urgentes, elles comprennent la réorganisation de l'armée, l'assainissement progressif de la situation monétaire, la réorganisation des services de rembarquement et de débarquement des marchandises dans les ports, la construction des magasins de douane, l'établissement d'un câble reliant entre eux les divers ports marocains et l'ouverture d'un certain nombre de ces derniers au trafic. Pour ce dernier plan de réformes, le Maghreb s'était retranché derrière l'avis du Conseil des notables.

Il faudrait améliorer la situation des caïds qui vivent des plaideurs et civiliser comme en Algérie le droit coutumier. Il est nécessaire de modifier la jurisprudence résultant des interprétations du Coran. Retirer au caïd la connaissance de certains crimes graves qui seront laissés aux tribunaux criminels. Il faudra créer des hôpitaux, surtout, enfin, perfectionner et développer l'enseignement.

On pourra maintenir les écoles coraniques, les médusas pourvues d'un programme d'enseignement secondaire, enfin la médusa supérieure de Fez.

On pourra subventionner :

1° Les écoles arabes françaises ;

2° Les écoles secondaires ;

3° Les écoles supérieures.

Quant aux chemins de fer à construire, il faudra greffer un embranchement sur la ligne arrivant de Taza et la faire passer à proximité de Fez, Mekinez et Merrakech. La ligne gagnerait l'Atlantique. Construire un embranchement reliant la vallée du Sebou à Tanger. M. Jaurès avait des idées originales sur la pénétration pacifique dont il était partisan tout en ayant horreur de toute action militaire.

Au lieu d'entamer le Maroc par le Maghzen, dont on aurait développé et fortifié l'autorité, sous notre tutelle, M. Jaurès, lui, veut commencer par les tribus Siba qu'il veut soumettre à notre influence.

Il veut venir à bout du Maghzen en l'enveloppant de tribus dévouées à la France et à sa civilisation.

M. Jaurès avait dit : « Je demanderai donc avec insistance au gouvernement de se réserver la faculté de demander aux Chambres ouvertement le budget de pénétration pacifique au Maroc, pour n'être pas obligé de subir tôt ou tard un bien plus lourd budget de pénétration militaire.

En 1903, il avait déposé cette motion à la Chambre : « La Chambre invite le gouvernement à inscrire au prochain budget des crédits, pour développer chez les tribus musulmanes qui avoisinent l'Algérie, d'accord avec ces tribus, des œuvres de civilisation.

Il semble que M. Jaurès voulut mettre la charrue avant les bœufs. Il veut entourer le Maghzen pour l'entraîner dans notre influence d'une ceinture de tribus dévouées à la France, acquises peu à peu à notre civilisation.

Notre action au Maroc procède des idées de rectification de frontière et de pénétration pacifique.

La France n'a jamais contesté les droits de l'Europe du côté de la Méditerranée, jamais elle n'a prétendu avoir un pouvoir exclusif sur le détroit de Gibraltar, mais chaque fois qu'elle s'est trouvée en présence de troubles graves, elle a pu invoquer avec autant d'autorité que de raison les droits que lui donnent les traités déjà anciens de 1845, 1901 et 1902.

M. Jaurès voulut passer tout de suite à la période secondaire de la solution du problème marocain. Il prétend introduire dans le pays des institutions qui ne peuvent exister que de l'établissement de l'ordre et d'une police.

Le gouvernement finit par voter une somme de 400.000 fr., mais il est peu vraisemblable qu'il en fit l'usage demandé par M. Jaurès. On pourrait néanmoins se demander à quel calcul singulier du budget de 1901 il appartenait, c'était ce qui restait du fameux million de pénétration pacifique de M. Jaurès.

Réduit d'abord à 650.000 francs par la Commission des affaires extérieures et coloniales de la Chambre, l'ex-million fut réduit d'un sixième par la Commission sénatoriale des finances puis de 40.000 francs portés au budget de l'instruction publique pour la mission scientifique de Tanger.

Les annexes de 1901 et de 1902, complètent le traité de 1845.

Les annexes de 1902 organisent la collaboration de la France et du Maghzen dans les régions frontières en ce qui concerne la police, le commerce, les douanes. Une triple ligne de marchés français, mixtes et marocains doit être créée entre la France et l'Algérie. Le gouvernement français s'engageait à laisser au Maghzen une certaine somme sur les produits des droits de douane.

Dans la pensée de M. Revoil, une collaboration de la France et du Maghzen d'abord limitée aux régions frontières de l'Algérie doit ensuite s'étendre au Maroc entier.

La nouvelle ambassade du Maroc d'Abd-el-Keri Ben Sliman négocie le protocole du 20 juillet 1901.

Il y avait trois parties. La première avait trait au maintien de l'ordre et de la sécurité dans l'Oudjda. Il devait y avoir pour toutes les questions concernant le maintien de l'ordre à la frontière un commissaire français à Lallia-Mauria, l'autre marocain à Oudjda, *idem* à Figuig, il y avait deux commissaires, l'un marocain à Figuig, l'autre français à Chenamedar.

La troisième partie réglait la situation au territoire entre les tribus Laasbasma et Guir qui se réunissent à Igli.

Les tribus nomades et rebelles durent se soumettre ou se transporter sur la rive droite du Guir ou en territoire marocain, les tribus sédentaires devaient opter entre la France et le Maroc.

C'est M. Revoil qui signa avec Guebbas de nouveaux protocoles presque tous secrets.

L'accord de 1902 avait pour but d'affermir définitivement l'entente et le double et mutuel appui que se prêtent la France et le sultan dans les conditions spéciales qui correspondent à leur situation respective pour assurer la prospérité et le développement des deux pays.

Le gouvernement français prêterait son appui au gouvernement marocain, et celui-ci en échange aiderait le gouvernement français à maintenir son autorité et la paix dans la région du Sahara.

Sous le gouvernement de M. Jonnart, on abandonne le protocole de 1901, par lequel la France renonce à conserver Figuig; en échange, le sultan sollicita le concours de la mission militaire française pour organiser les troupes chérifiennes dans les trois garnisons frontières d'Oudjda, de Figuig et d'Oucheroud.

Cette politique d'entente avec le sultan continuait à être vivement critiquée en Algérie. M. Pierre Siebert, dans un article très violent, disait que jamais le sultan ne pourrait rétablir l'ordre dans la région frontière et qu'il aurait mieux valu traiter directement avec les chefs des tribus des régions frontières.

Un des actes, par lequel nous manquâmes notre pénétration au Maroc, et notre mainmise économique, fut l'emprunt de 1904.

Le 18 juin 1904, l'accord se fit entre les mandataires des banques françaises et le Maghzen. Le montant de l'emprunt s'élève à 62.000.000 et demi produisant un intérêt de 5 % et pris ferme à 80 % par la banque française.

L'amortissement sera effectué en 36 ans. Les fonds réalisés serviront en premier lieu à rembourser les emprunts antérieurs que le trésor chérifien a conclus à des intérêts de 6 % sans compter les commissions de banque.

La garantie de l'emprunt porte sur la totalité des revenus des deniers de l'empire.

Un prélèvement de 60 % sera opéré sur les recettes pour le service de l'emprunt, mais jusqu'à concurrence seulement des garanties d'intérêt, de la prime d'amortissement et des frais de perception, lesquels sont portés à 150.000 fr. par an.

Les banques françaises désignent un représentant en qualité de délégué des porteurs de titres, qui installera des agents dans chacun des ports de l'empire.

La France en 1903 avait accentué sa mainmise par l'envoi d'une mission spéciale sur la demande du gouvernement marocain, qui sollicita l'intervention française.

Les délégués doivent se présenter devant le ministre de France à Tanger en faisant appel à la bienveillance du gouvernement de la République en exécution de l'article 1er de l'accord du 20 avril 1902.

Le chef de la mission marocaine El Rekina et le remplaçant du sultan à Tanger invoquaient d'urgence l'intervention des Français devant l'occupation militaire d'Oudjda.

L'action française au Maroc se caractérisa par un laisser-aller et une indécision continuelle, que seule la menace allemande et les complications extérieures peuvent expliquer.

Devant les incidents de frontière et les guets-apens sans cesse répétés, la France gardait une attitude hésitante et restait dans l'expectative. La volonté qu'a le gouvernement de la République de s'abstenir de tout empiètement sur les territoires reconnus au Maroc par le traité de 1845 s'est trop clairement manifesté, pour qu'il soit permis au gouvernement chérifien de respecter la sincérité de ses déclarations.

Nous allons même jusqu'à la faiblesse.

En 1903, les officiers ont reçu mission d'éviter tout conflit ou action en dehors des vues du gouvernement à tel point que M. Revoil télégraphie à M. Delcassé qu'il est impossible de fermer les yeux sur les multiples inconvénients et surtout sur les dangers d'une prolongation des événements actuels.

Situation contradictoire des affaires qui doivent à la fois maintenir l'ordre, assurer la protection des indigènes et s'abstenir de toute action sur le territoire marocain.

Nombreux attentats toujours répétés, ce qui prouve que nos voisins ont toujours pris pour de la faiblesse nos sentiments de conciliation.

Il ne faut agir que dans la région nécessaire à notre défense et à notre protection, à condition que ces opérations aient toujours un caractère exclusif de police, il ne faut à aucun prix paraître engager la question marocaine par le sud-ouest.

M. Delcassé, en 1903, spécifie d'expliquer le caractère purement défensif des opérations en informant le gouvernement marocain des dispositions que nous avons adoptées, nous ne manquons pas de lui donner toutes les assurances nécessaires en ce qui concerne notre bonne intention de respecter le traité de 1845.

En 1903, le gouvernement français hésite à occuper Oudjda. M. Delcassé dit : « Il importe que, si nous devons être amenés à occuper ce point de l'empire chérifien, que ce soit à la demande expresse du Maghzen. »

Notre action pacifique et nos plans de pénétration pacifique vont à un échec total avec de tels principes, nous péchons par manque d'énergie. Lorsque nous avons envoyé la mission de M. René Taillandier à Fez, M. Delcassé lui recommande de faire acte de souplesse et de modération.

Loin de diminuer l'autorité du sultan, nous sommes au contraire très occupés de relever son prestige.

C'est en son nom que les agents que nous pourrions être

amenés à mettre à sa disposition exerçant leur fonction
s'appliquent soigneusement, conformément à notre volonté,
à ménager les populations, à ne pas froisser leurs croyances,
leurs habitudes, leur organisation.

M. René Taillandier écrit à M. Delcassé que le sultan l'a
prié de lui présenter le plus tôt possible son plan au sujet de
la réorganisation de la police.

Le 13 décembre 1903, le ministre des travaux publics
dépose un projet de loi pour la déclaration d'utilité publique
du chemin de fer Tlemcen à Lallia-Maghina.

On passe une convention le 17 décembre pour la continuation de cette ligne avec la Compagnie de l'Ouest algérien.

Tous les coloniaux réclament la continuation de cette
ligne qui arrive à 14 kilomètres d'Oudjda, et à 6 jours de
marche de Fez, et ce sera la grande artère de pénétration
politique et commerciale au Maroc, elle sera prolongée sur
Oudjda, Taza, Fez, Méquinez et Rabat, qui seront ainsi
reliées directement à Oran, Alger, et Tunis, c'est un des
moyens d'établir notre prépondérance efficace au Maroc.

CHAPITRE XIII

La campagne de 1860.

L'Espagne enfin sort de sa léthargie; après des siècles de torpeur, elle reprend résolument la politique de Ferdinand et d'Isabelle.

Mais l'éclat de l'expédition O' Donnel est sans lendemain. L'Espagne trouve toujours l'Angleterre devant elle. C'est elle qui l'arrête net et la contraint à un autre demi-siècle de somnolence.

L'Espagne bénéficie de la bienveillance française et de son appui au début de l'action. C'est la France qui empêche l'Angleterre de mettre obstacle par les armes à ses entreprises.

Malheureusement les deux nations latines ne savent s'entendre ni pour une action commune ni contre le Maroc, ni contre l'Angleterre. Napoléon III se désintéresse du Maroc. Il est d'autre part trop attaché à l'entente cordiale franco-anglaise pour contrecarrer l'Angleterre, à laquelle il livre l'Espagne en fin de compte.

L'Angleterre oblige l'Espagne à battre en retraite sur toute la ligne, ne lui laissant guère que la gloire d'une expédition glorieuse. C'est elle qui règne sur le Maroc.

Ce fut la sauvage tribu des Andjerah qui déchaîna la guerre entre l'Espagne et le Maroc en attaquant les travailleurs occupés à la construction d'un fort à Ceuta. Elle est, paraît-il, d'origine andalouse et a gardé le fanatisme des anciens (Moriscos).

Au moment même où la convention délimitant Ceuta était signée, les gens d'Andjerah se livraient à des actes d'hostilité particulièrement graves : ils se ruaient sur un fort

(Pillias, Baron de Verro, Augustin Bernard, Budgell Meakin.)

qui venait d'être construit à la limite du territoire espagnol, détruisaient les murs, jetaient dans la mer les armes d'Espagne et massacraient les sentinelles.

Les Espagnols préparèrent une expédition et concentrèrent un corps d'armée à Cadix. La situation interne du Maroc n'était pas alors pour faciliter une solution pacifique qui eût nécessité le maintien de l'ordre dans l'empire. Sidi-Mohammed, qui succédait à son père Abd-el-Rhaman, mort le 7 octobre 1859, eut d'abord à vaincre une terrible insurrection et les prétendants. Il se fit proclamer empereur à Fez, Mequinez, Tétouan, Rabat.

Il dut ensuite envisager la question d'Espagne. L'Espagne avait demandé des réparations :

1° Rétablissement solennel des armes d'Espagne;

.° Châtiment des coupables;

3° Extension des limites de Ceuta.

Le Maroc, par l'intermédiaire de son représentant Si Mohammed El Khetib, avait adopté en principe toutes les conditions espagnoles; il acceptait même l'extension des limites de Ceuta jusqu'aux hauteurs nécessaires pour la défense de la forteresse.

Tout semblait terminé par le fait même de cette acceptation des conditions de l'Espagne; rien n'était fini, au contraire. Mais l'empereur du Maroc mourait sur ces entrefaites. L'Espagne demandait à titre de garantie la possession des hauteurs avancées qui assurent la défense de Ceuta. Le plénipotentiaire marocain accédait à cette proposition. Mais lorsque l'Espagne précisa et demanda la ligne de Sierra-Bullones qui est quelques heures en avant de Ceuta, alors le représentant du Maroc, malgré ses pleins pouvoirs, se déclarait sans instructions suffisantes pour cette cession de territoire.

La mort du sultan avait fait prolonger les délais de l'ultimatum jusqu'au 11 octobre. Le Maroc répondait évasivement. C'était la guerre. L'Espagne s'y prépara. L'Angleterre s'émut. Elle chercha à servir de médiatrice entre le sultan et l'Espagne. Elle s'en tenait à sa politique traditionnelle de tutelle à l'égard du Maroc. En même temps elle faisait comprendre

à l'Espagne qu'elle ne tolérerait jamais l'occupation de
de Tanger, tutelle du Maroc et liberté du détroit. On peut
ainsi caractériser la politique anglaise à l'égard du Maroc
au XIX° siècle.

Le *Morning Chronicle* disait : « Le dessein de l'Angleterre
est d'empêcher par tous les moyens possibles que la guerre
éclate entre l'Espagne et le Maroc.»

Sa Majesté avait, paraît-il, envoyé une dépêche au gouvernement de Madrid pour engager l'Espagne à renoncer
au plus vite à ses projets sur le port de Tanger et à son intention d'envahir le Maroc, car il n'y avait pour elle que
ruines et désastres. Le *Herald* faisait valoir les droits historiques de l'Angleterre sur Tanger et disait : « Tanger aux mains
d'une puissance européenne est une menace à Gibraltar
et, par voie de conséquence, à Malte. »

C'était l'empire de la Méditerranée qui était en question.
Avant l'ouverture des hostilités, l'Angleterre intervenait
et se faisait remettre par le gouvernement de la reine Isabelle
une déclaration par écrit que si, dans le cours des hostilités
les troupes espagnoles venaient à occuper Tanger, cette
occupation ne serait que temporaire.

L'Angleterre appuyait ses prétentions d'une formidable
démonstration navale et envoyait 32 vaisseaux de ligne
dans le détroit. Frémissante, l'Espagne se tourna vers la
France.

On crut un instant à une alliance hispano-française pour
un partage du Maroc. Le duc de Malakoff, vainqueur de
Sébastopol, vint à Madrid.

Les récentes attaques des Maures contre les possessions
algériennes, la réunion d'un corps considérable à Nemours,
les intérêts apparents de la France dans l'empire des chérifs,
tout rendait vraisemblable l'action commune entre la France
et l'Espagne. Celle-ci, en effet, pouvait profiter de la faiblesse
ou du mauvais vouloir du gouvernement marocain pour
s'emparer d'Andjerd, étendre ses frontières jusqu'aux montagnes du Rif, garder la Moulouya qui est navigable dans
presque tout son parcours, franchir l'Atlas, descendre dans
la Guinée et arriver par là dans ses Établissements du Séné-

gal avec un pied sur l'Océan et l'autre sur la Méditerranée.

De son côté l'Espagne pouvait occuper Tétouan et Tanger en se chargeant sous la tutelle de l'Europe de neutraliser le détroit de Gibraltar dans l'intérêt du commerce et de la paix universelle.

A cette époque, la France et l'Espagne étaient alliées, et en 1858 les troupes espagnoles avaient marché avec les Français à l'assaut de Saïgon. Cette alliance éveillait les inquiétudes de l'Angleterre, qui jouait encore une fois le rôle d'excitatrice des musulmans contre les chrétiens.

Les Anglais redoutaient une alliance hispano-française. Le *Daily News* du 29 novembre exprimait ainsi ses appréhensions : « L'alliance entre la France et l'Espagne avec la menace simultanée d'une guerre de ces deux puissances contre le Maroc, n'aurait rien de rassurant. Nous avons le plus grand intérêt à l'indépendance ou à la neutralité des puissances qui commandent la Méditerranée. Nous avons à défendre le roc de Gibraltar, Malte, les îles Ioniennes, et surtout les communications de l'Inde par Alexandrie. »

La collaboration des deux puissances latines, France et Espagne, aurait été fructueuse, elles tenaient les destinées du Maroc entre leurs mains et il ne dépendait que d'elles de résoudre la question d'un commun accord. En donnant satisfaction à l'Angleterre sur ce qui lui tenait le plus à cœur, la question du détroit, elles pouvaient en finir d'un seul coup avec la question du Maroc, les autres puissances ne comptaient pas. Malheureusement, les Cabinets de Paris et de Madrid ne savaient pas le comprendre. La France ne sut pas faire les avances nécessaires et l'Espagne se figea dans une attitude de suspicion. Il aurait fallu s'entendre pour un partage du Maroc; mais Napoléon III se désintéressait du Maroc, il estimait que le Maroc devait appartenir à l'Espagne. A ses yeux l'empire ottoman touchait à sa fin, et dans le partage de sa succession, le littoral de l'Afrique septentrionale revenait de droit aux puissances riveraines de la Méditerranée. L'Espagne prendrait le Maroc; la France, Tunis, la Sardaigne, Tripoli; l'Angleterre, l'Egypte.

Napoléon III avait saisi toutes les occasions d'affirmer

qu'il n'entendait porter aucune atteinte à l'intégrité de l'empire marocain.

En 1859, obligé de sévir contre les Angad et les Guelaya qui avaient pénétré dans la province d'Oran, il s'empressa de rappeler les troupes qui y avaient été envoyées. Afin de prévenir tout malentendu, il fit même insérer au *Moniteur* une note ainsi conçue :

« Le corps expéditionnaire du Maroc vient de repasser la frontière après avoir atteint le but que l'Europe avait désigné à ses aspirations. » Il ne s'agissait pas d'extension territoriale qu'aucun intérêt ne commandait d'ailleurs, mais seulement d'infliger une punition sévère et décisive aux tribus marocaines qui avaient fait immersion en septembre dernier dans les cercles de Lallia-Maghina et Nemours. Cette fois le *Moniteur officiel* rassurait le *Times* en demandant l'entrée en ligne de la France. Mais néanmoins, la France fidèle à ses principes de politique de nationalité, prenait des mesures pour empêcher l'Espagne d'être écrasée en défendant des droits qu'elle reconnaissait.

La France répondit à la démonstration navale de l'Angleterre en envoyant 32 vaisseaux de ligne à Algésiras sous le commandement de l'amiral français Desfossés.

L'Espagne cédait, néanmoins, sur la question de Tanger, qu'elle promettait de ne pas occuper, mais se refusait à tout engagement quant à la limitation de ses opérations militaires.

L'Espagne entrait en campagne avec enthousiasme. On se rappelait du testament d'Isabelle la Catholique; on reprenait la politique traditionnelle de Cisneros et devant le Moro il n'y avait plus que des Espagnols. C'était d'ailleurs une heureuse diversion à la politique intérieure. Le maréchal O'Donnel, s'il n'est pas l'auteur de la guerre, y poussa de toutes ses forces.

L'opinion publique en Espagne était belliqueuse, elle poussait à la guerre, elle ne voyait de paix possible que celle qu'on irait chercher à Tanger ou dans toute autre ville de l'empire et qui laisserait Tétouan à l'Espagne.

On parlait d'une alliance avec la France contre l'Angléterre. O'Donnel enthousiasmait l'Irlande; on parlait déjà de débarquer; le gouvernement espagnol rassurait les puissances et l'Angleterre.

Le président du Conseil, comte de Lucena, disait : « Je dois déclarer que ce n'est pas une question d'ambition qui nous conduit au Maroc; ce n'est pas une pensée de conquête qui nous y mène. Nous allons seulement exiger satisfaction complète.

Le maréchal O'Donnel disait à la Chambre : Nous n'allons pas en Afrique animés d'un esprit de conquête, nous allons laver notre honneur outragé et exiger des garanties pour l'avenir. » Le 29, le gouvernement espagnol envoya à toutes les puissances une note expliquant sa politique. Les attaques incessantes des tribus maures l'avaient contraint à intervenir ainsi que l'impuissance du gouvernement marocain à rétablir l'ordre et à donner des garanties.

Et surtout le gouvernement de Sa Majesté, fidèle à ses intentions, respectera les intérêts qui existent et les droits de tous les peuples; il n'occupera d'une manière permanente aucun point dont la possession pourrait procurer à l'Espagne une supériorité dangereuse pour la libre navigation de la Méditerranée.

Une armée de 50.000 hommes fut placée sous le commandement du général O'Donnel. L'armée marocaine comptait 15.000 fantassins et 10.000 cavaliers; elle avait été quelque peu réorganisée après la bataille d'Isly et pourvue de fusils rayés fournis par les Anglais, mais demeurait néanmoins un instrument fort peu utilisable.

Les Espagnols, après avoir livré quelques combats aux environs de Ceuta, se mirent en marche sur Tétouan, qui n'est situé qu'à 35 kilomètres du préside.

Devant les progrès de l'armée espagnole, lord Russel avait adressé à M. Buchanan, ambassadeur britannique à Madrid, une note destinée à être remise à M. Callantes, dans laquelle l'Angleterre demandait que l'Espagne ne gardât pas Tanger dans le cas où elle serait amenée à l'occuper.

C'est la pensée de rencontrer en avançant une Angleterre ennemie qui ajoutait aux difficultés d'une entreprise hasardeuse. Aller à Tanger pour n'y pas rester, garder Tétouan pour être perpétuellement en guerre avec le Maroc, voilà ce qui s'offrait à l'esprit du général O'Donnel.

Après la victoire du général Prim à Castillejos, les Espagnols s'emparaient de Tétouan, événement qui impressionna vivement le monde musulman; ils marchaient sur Tanger lorsqu'ils furent arrêtés par un armistice. L'ambassadeur de la Grande-Bretagne s'était présenté à Madrid au ministère des Affaires Étrangères de la capitale. Par ordre de son gouvernement, il y laissa la déclaration simple mais catégorique que voici :

« Aux yeux du Cabinet de Saint-James, une occupation définitive de Tanger par les Espagnols était absolument incompatible avec la sécurité de Gibraltar. »

Le gouvernement espagnol était prié d'acquiter, dans le plus bref délai possible une dette de plusieurs millions de pesetas contractée d'ancienne date avec l'Angleterre et dont celle-ci avait négligé jusque-là le recouvrement. Un gouvernement fort et habile devait toujours avoir des arguments de ce genre avec les nations qui lui sont inférieures en puissance afin de pouvoir s'en servir au besoin.

Après la prise de Tétouan, le gouvernement marocain avait fait déjà des offres de paix à l'Espagne.

L'Espagne exigeait :

1º La possession de tout le territoire conquis par l'armée espagnole;

2º La conservation perpétuelle de Tétouan et de ses limites naturelles;

3º Le paiement de 40 millions de piastres pour frais de guerre;

4º Le respect absolu du culte de la religion catholique;

5º Des stipulations commerciales dans lesquelles l'Espagne serait traitée comme la nation la plus favorisée.

Ces conditions étaient trop lourdes, et le refus du gouvernement marocain avait déterminé la recrudescence des hostilités. Muley-el-Abbas reprit les pourparlers de paix après les Espagnols eurent forcé les passages de Fondak; et il se rendit aux avant-postes, et traita.

L'armistice était conclu, le kalifa accepta les conditions espagnoles :

1° Cession des hauteurs d. Sierra-Bullones, jusqu'au ravin d'Andjerah;

2° Cession de Santa-Cruz de Mac-Pequena.

3° Une indemnité de guerre de 20 millions à l'Espagne;

4° Un traité de commerce où l'Espagne obtiendrait la clause de la nation la plus favorisée;

5° Le représentant de l'Espagne pourrait siéger à Fez ou dans toute autre ville;

6° Il autoriserait l'établissement à Fez d'une maison de missionnaires espagnols.

Le maréchal O'Donnel avait dû arrêter sa marche victorieuse sur Tétouan et signer les préliminaires de paix. C'était peu après de tels efforts et une campagne victorieuse; la déception fut générale; c'était encore l'action diplomatique de l'Angleterre qui avait arrêté l'armée espagnole à quelques kilomètres de Tanger, de même qu'elle avait arrêté les troupes françaises près d'Isly.

Le maréchal O'Donnel fut créé duc de Tétouan; son armée, bénissant Dieu mais maudissant l'Angleterre, rentra dans ses quartiers d'Espagne, on devine dans quelles dispositions d'esprit. Des deux buts que le Gouvernement avait assignés à la guerre, l'un qui était de laver l'honneur espagnol avait sans doute été atteint; quant à l'autre, qui consistait à éviter dans l'avenir des faits analogues à ceux dont une lutte acharnée avait été la conséquence, loin de l'avoir atteint, on l'avait rendu plus difficile encore. Car cette lutte réveilla chez les Marocains et surtout chez les Berbères des survivances du fanatisme religieux qui inspira leur guerre sainte pendant les XVI° et XVII° siècles.

L'exécution du traité fut longue et laborieuse par suite de la mauvaise volonté du sultan; et aussi par suite de la survenance de difficultés pratiques, plusieurs de ces clauses ne purent être accomplies dans le temps fixé de la façon convenue. L'indemnité de guerre de 100 millions de réaux devait être versée en quatre fois dans le courant de l'année 1860; elle avait pour gage la ville de Tétouan. Le Maroc avait peine à payer une telle somme à de telles conditions. Il y eut un projet de convention entre le Maroc et l'Espagne : les troupes espagnoles devaient évacuer Tétouan après le paiement immédiat de 11 millions de douros. Restait à payer une autre somme de 11 millions de douros en termes égaux. C'était encore plus onéreux, le projet échoua.

Finalement, en 1861, MM. Calderon, Collantes et Muley-Abbas signèrent un traité additionnel.

Tétouan devait être évacué après le paiement de 3 millions de douros, sept étaient déjà versés. Le reliquat atteignait 10 millions, dont la moitié devait être gagée par les revenus des douanes.

A court d'argent, le sultan dut conclure un emprunt de 426.000 livres sterling à Londres en 1861. Une autre condition de l'évacuation de la place était la remise à la place de Melilla des territoires cédés en 1859 et la conclusion définitive d'un traité de commerce. On procéda ensuite à la délimitation effective de Ceuta et de Melilla, à l'installation de gardes marocaines à proximité des présides. L'Espagne obtenait Santa Cruz de Mac Pequena.

C'étaient les pêcheurs des Canaries qui en avaient exigé la cession. « Sa Majesté Marocaine s'engage à concéder à perpétuité à Sa Majesté Catholique sur la côte de l'Océan près de Santa-Cruz de Mac Pequena l'emplacement suffisant pour la fondation d'un établissement de pêcherie comme celui que l'Espagne y possédait autrefois. »

Peu de temps avant la signature du traité qui mettait fin à l'expédition de Tétouan, le gouvernement général des Iles Canaries, émerveillé des pêches vraiment miraculeuses que faisaient les pêcheurs espagnols qui se rendaient dans les parages de l'extrême-sud marocain, demanda au gouvernement de Madrid, sur la prière des habitants des Iles, de faire insérer, dans le traité en préparation, la cession du point de la côte marocaine dite : Santa-Cruz de Mac Pequena.

Le gouvernement espagnol, croyant de très bonne foi qu'il s'agissait réellement d'un port et des territoires environnants, se lance dans une suite interminable de négociations qui devaient durer plus de vingt-sept années.

Afin de mettre à exécution ce qui a été convenu dans cet article, les gouvernements de Sa Majesté Catholique et de Sa Majesté Marocaine se mettent préalablement d'accord et nomment des commissaires de part et d'autre pour désigner le terrain et les limites que cet établissement devra occuper. « Qu'était-ce au juste que Santa-Cruz de Mac Pequena; était-ce Agadir, Aguadir, Iguir? Peu importe; les géographes ont beaucoup discuté. »

L'Espagne se réservait de prendre le Maroc dans une sorte d'étau, au nord avec ses petits présides, au sud avec Santa-Cruz. Il ne restait rien à l'Espagne de ses conquêtes, mais elle se réservait l'avenir. La campagne O'Donnel avait redoré son prestige vieillissant et réveillé ses vieilles traditions sur lesquelles elle avait toujours vécu ou plutôt dormi. D'un bout à l'autre l'Angleterre avait été l'arbitre de la situation; elle avait encore conservé sa mainmise sur le Maroc en couvrant les frais de l'indemnité de guerre par un emprunt. Elle protège alors l'Islam et l'Orient. Au lendemain de 1860, ce fut l'influence anglaise et non l'influence espagnole, comme on pourrait croire, qui domina le Maroc.

CHAPITRE XIV

La Conférence de Tanger, 1879 et 1880 de Madrid.

L'Angleterre, maîtresse du Maroc et qui veut y briser l'influence des deux puissances rivales : France et Espagne, fortes de leurs droits historiques, appuyées sur une communauté de frontière, réunit la conférence de Tanger de 1879 pour la suppression du droit de protection.

Elle y rencontre un échec, malgré l'Espagne qu'elle traîne à sa remorque. C'est l'Espagne elle-même qui réunit la conférence de Madrid. Il s'agit à tout prix d'enrayer l'influence française.

L'Espagne n'a rien à perdre, n'ayant qu'un commerce insignifiant avec le Maroc, et comme il ne peut être question de supprimer les capitulations et le droit de protection, on le limite.

L'Angleterre soutient l'Espagne. Il s'agit de contrebalancer l'influence française qui grandit démesurément, d'une communauté de frontières de plus de 300 kilomètres, et d'une communauté de race et de religion dont la ligne artificielle de Lallia-Maghina na peut entamer l'homogénéité.

Xénophobe, arriéré et barbare, replié sur lui-même, le Maroc n'a jamais été fermé à la pénétration de l'étranger, il a ouvert ses portes, non seulement à sa personne, à ses marchandises, mais aussi à ses lois, que généralement l'étranger dépose en franchissant la frontière. Celui qui pénétrait au Maroc s'y installait avec ses droits, il apportait et conservait son indépendance théorique, sinon pratique, l'autonomie la plus absolue à l'égard de la souveraineté locale. Il introduisait au milieu de l'empire un véritable État dans l'État, une enclave indéniable à l'occasion de laquelle pouvait

(Rouard de Card, Vaux, Tuel

déjà s'exercer légitimement l'intervention de l'Europe avant même que la convention d'Algésiras ne définisse les modes principaux de cette intervention. L'étranger, régi par sa loi nationale, devait pouvoir, en principe, vivre et travailler avec les garanties qu'il trouvait dans son pays d'origine, dont il avait emporté les lois avec lui.

Ces garanties ne pouvaient se limiter à sa personne, elles devaient logiquement s'étendre à ceux qui lui touchent le plus près et dont la sécurité lui est indispensable pour la prospérité de ses affaires, aux protégés et aux censaux.

L'étranger formait donc au Maroc un îlot de civilisation au milieu de la barbarie, ou plutôt un État dans l'État ou dans l'anarchie. C'était là un foyer de culture, le mode certainement le plus efficace de pénétration pacifique; favoriser la protection, la développer, c'était arracher au bout de peu de temps l'empire du Maghreb à la barbarie moyenageuse et ottomane, c'était là *ipso facto* un programme de pénétration pacifique.

L'Angleterre, qui prévoit que la mainmise économique est toujours le prélude de la mainmise politique, et qui veut à tout prix garder les clefs du détroit, préférera voir le Maroc s'endormir dans le suaire de l'Islam plutôt que de le voir s'éveiller à la civilisation. Comme il est indispensable d'arrêter la France, elle réunit la Conférence de Tanger, où elle propose la suppression du droit de protection et des capitulations.

La situation qu'elle a acquise au Maroc peut lui suffire, elle a sauvé le Maroc de l'invasion espagnole; grâce à ses emprunts, elle dirige ses finances. Sire John Drummond Haz gouverne le Maroc.

L'Espagne suit l'Angleterre, elle n'a aucune influence au Maroc; arrêtée par l'Angleterre en 1860, elle s'est jetée dans ses bras. Elle sacrifie une influence qu'elle n'a pas encore acquise pour se réserver un avenir lointain. Elle sacrifie le présent au testament de la reine Isabelle qui se perd au temps gris. Trop faible pour hériter seule du Maroc, elle veut s'opposer à ce qu'aucune autre puissance ne prenne part à la succession immédiate, quitte à y perdre tous ses droits actuels. C'est pour elle un héritage exclusif et à longue échéance. Elle risque tout simplement de déchirer le pacte d'héritage de Ferdinand et d'Isabelle sous prétexte de se le réserver et d'écarter les cohéritiers.

Ce sont les coloniaux espagnols eux-mêmes qui protestent. Icnor Cawajan dit au Parlement : « Si le droit de protection est liquidé suivant le désir de l'Angleterre, malheur aux quelques Espagnols qui se sont lancés dans les entreprises d'agriculture au Maroc. Reculez, si vous ne l'avez pas fait encore, car c'est tout simplement une intrigue de l'Angleterre pour nous dépouiller des seuls éléments d'influence qui nous restent encore. »

L'Angleterre, elle, peut aisément renoncer à ce droit, car le ministre anglais à Tanger possède d'immenses territoires de plusieurs lieues carrées aux portes mêmes de cette ville occupée par deux tribus qui étaient considérées comme domestiques du ministre actuel de la protection.

Le Maroc offre l'exemple unique au monde d'un pays où les sujets britanniques ne reçoivent de leur gouvernement qu'une insuffisante protection. A ce prix le gouvernement de Saint-James est sûr d'être tout-puissant à la cour chérifienne, d'être tenu pour le seul allié fidèle du sultan et d'y battre victorieusement en brèche les influences étrangères.

Le ministre plénipotentiaire espagnol n'a pas de protégés au Maroc, aussi, si l'Espagne renonce à ce droit, nos nationaux qui se sont adonnés à l'agriculture ne trouveront plus de Marocains qui consentent à travailler pour leurs fermes. D'ailleurs, dans l'esprit de M. Cawajan et des personnes qui, entraînées par leur patriotisme, voudront partager son opinion, beaucoup de sujets de l'empire du Maroc ne recherchent la protection qu'en raison de la sympathie que leur inspire la nation espagnole. L'Espagne avait annoncé la suppression du droit de protection, la brusque mesure prise par le ministre d'Espagne de retirer la protection aux protégés espagnols a produit une réaction favorable au Maroc, où on craint des troubles. L'impression fut moins favorable en Espagne, la protection devant être supprimée ou limitée aux employés des consulats. Frappé des protestations qui lui arrivent de toutes parts, on dit que M. Diosdato aurait révoqué cet ordre ou du moins prié ses agents de l'adoucir dans la pratique. Dans son discours du 13 février aux Cortès, M. Canovas del Castillo, répondant à une interpellation de M. Cawajan, a déclaré que le gouvernement ne savait pas, et qu'il ne pouvait être exact que son représentant à Tanger eût adressé une circulaire aux consuls placés sous sa direction en annonçant que le droit de protection allait être abandonné par l'Espagne.

L'Espagne n'avait pas pour cela renoncé à limiter le droit de protection et l'influence française. Elle l'avait acquis en 1861 pour le restreindre en 1863.

La France avait acquis le droit de protection en 1767, une convention de 1863 lui avait donné sa forme définitive. L'Espagne, sous l'inspiration de l'Angleterre, réunit la Conférence de Madrid où treize puissances étaient représentées.

Il n'était plus question de la suppression de la protection, mais de sa limitation; mais l'Espagne voulait surtout la suppression des censaux, qu'elle jugeait inutiles pour elle-même et dont la France, au contraire, avait grand besoin pour son commerce. M. Canovas del Castillo présidait la Conférence. La France était représentée par l'amiral Jaurès, le Maroc par Si Mohammed el Bargach.

La France défendait le droit de protection; l'amiral Jaurès disait : « La protection que les puissances européennes accordent à certains indigènes dans l'empire chérifien repose sur un système de droit conventionnel qui est traditionnellement admis et qui peut seul assurer aux étrangers en pays musulman le moyen nécessaire pour entrer en rapport avec les populations locales. Nous ne faisons point de difficultés pour reconnaître qu'une application abusive de ce système a pu inciter quelquefois de justes susceptibilités chez le souverain territorial à la juridiction de qui un nombre excessif d'individus se trouvent soustraits. Des puissances ont multiplié outre mesure et sans excuse des motifs légitimes, le nombre de leurs protégés. La protection est viagère, elle n'est pas héréditaire, elle s'étend à la famille du protégé, c'est-à-dire à la femme et aux enfants mineurs; elle soustrait l'indigène à la juridiction locale et le place sous la juridiction consulaire, à moins qu'à l'occasion d'un procès, l'instance ne soit pendante au moment où la protection est accordée, à moins que l'indigène ne soit poursuivi pour crime ou délit avant d'être jugé par la juridiction locale.

Elle affranchissait l'indigène du paiement des impôts, exception faite de l'impôt agricole en tant que propriétaire de biens cultivés, exception faite de la taxe des portes.

Le traité franco-marocain de 1767 disposait que les indigènes au service des consuls en qualité de secrétaires ou interprètes seraient libres de toute imposition personnelle. Texte reproduit en 1863. Mais, comme le faisait remarquer Si Mohammed-el-Bargach, l'arrangement de 1863 n'a pas restreint le nombre des Marocains protégés, tandis que ce nombre est limité par les traités anglais et espagnols.

Au texte élaboré par la Conférence de 1880, jouissent de la protection :

1° Les sujets marocains employés comme interprètes, gardes ou domestiques par la légation française;

2° Les sujets marocains employés comme interprètes, gardes ou domestiques par les autorités consulaires françaises. Le nombre est limité;

3° Le sujet marocain employé comme soldat, ou un sujet du sultan qui a été appelé à un poste d'agent consulaire dans une ville de la côte.

Restait à régler la question brûlante des censaux. Le plus ordinairement, les Européens, dans leurs rapports avec les tribus intérieures, se servaient de courtiers indigènes musulmans ou juifs désignés sous le nom de censaux qui jouissent de la protection de la nation à laquelle appartient l'Européen qui les emploie. Cette protection est si recherchée par les indigènes désireux de se soustraire à l'oppression des fonctionnaires chérifiens, que très souvent ce n'est pas le négociant européen qui paie une commission au courtier indigène qu'il emploie, mais c'est le courtier indigène qui paie pour exercer une profession qui, aux termes des traités, lui assure la protection. Aussi ce système peut-il être la source de nombreux abus; mais il restera indispensable tant que l'administration marocaine n'aura pas été réformée de fond en comble. A l'intérieur, les affaires sont traitées presqu'exclusivement par ces censaux qui, très souvent, achètent les récoltes avant que la terre ne soit ensemencée, fournissant ainsi aux fermiers les moyens d'acheter la semence.

La question avait été réglée dans le traité de 1767. Les Maures qui, en qualité de courtiers, se trouvaient au service des marchands, ne pouvaient être empêchés dans leurs fonctions et devaient être libres de toute imposition. Leur privilège avait été maintenu en 1863.

En 1879, Si Mohammed-el-Bargach proposait de les soumettre à la procédure des flagrants délits et à la taxe personnelle; mais cela fut considéré comme illégal.

Le ministre de la Grande-Bretagne disposa un projet en onze articles dont l'un interdisait de choisir les censaux parmi les habitants des villages de l'intérieur. Si Mohammed-el-Bargach appuyait cette proposition.

L'Angleterre fit encore une proposition plus restrictive qui diminuait le nombre des censaux et les soumettait à la juridiction locale. M. de Freycinet protesta. Les conditions particulières de notre commerce avec le Maroc nécessitent l'emploi de courtiers indigènes chargés par les négociants d'aller, souvent à de grandes distances des ports, chercher les laines qui fournissent la plus grande partie de l'importation française. Vouloir interdire de prendre des censaux dans les campagnes, ce serait vouloir nous faire accepter la ruine à courte échéance de notre commerce au Maroc.

Les plénipotentiaires d'Autriche et d'Italie cherchèrent une transaction. Leurs propositions étaient moins défavorables que celles de M. Jacknille-West. Voici la proposition du comte Sudolf :

1° On fixait les censaux à deux par maison de commerce.

2° L'article 2 permettait de choisir les censaux même dans les campagnes. L'article 1 reproduit la convention de 1863, entre le Maroc et l'Espagne, qui limitait le nombre des courtiers à deux par maison de commerce, contrairement à l'article 2 de la proposition Sudolf; la protection espagnole ne s'appliquait pas aux indigènes employés par des sujets espagnols aux exploitations rurales.

Si Mohammed-el-Bargach proposa, au contraire, que les censaux soient choisis dans les villes de là côte ou de l'intérieur, et non parmi les habitants des campagnes.

On nota, en définitive, un article : « Il n'est rien changé à la situation des censaux, telle qu'elle a été établie par les traités et la Convention de 1863, sauf ce qui sera stipulé relativement aux impôts. Dans la Convention de 1863, il faut que les indigènes soient employés par des négociants français, il faut qu'ils soient employés pour des affaires de commerce.

On régla ensuite la question des indigènes protégés par leurs services exceptionnels. Si Mohammed-el-Bargach s'éleva contre ce droit consultudinaire de protection : « Le sultan désire qu'on élimine des listes de protection tous ceux qui ne sont pas employés par vous conformément aux traités. » Le Maroc ne trouva de résistance que dans l'Italie. Le droit consultudinaire de protection ne peut plus être exercé que dans certaines conditions. On ne peut protéger que des sujets marocains ayant rendu des services exceptionnels; il faut faire connaître au ministre des Affaires étrangères du Maroc

CHAPITRE XV

Blad el Maghzen et Blad el Siba.

Heureux mélange de plaines et de montagnes favorablement réparties sous des latitudes différentes, à des altitudes variées, le Maroc, bien arrosé, doué dans son ensemble d'un climat propice réunit, mieux que l'Algérie et la Tunisie, toutes les conditions de fertilité et de richesses agricoles qui en font vraiment une Normandie africaine.

Pays fortuné où l'européen peut vivre, travailler et produire comme dans toutes les parties les mieux favorisées de notre ancien continent, il ouvre ses immenses territoires sains et féconds au peuplement européen qui chasse de ses frontières trop étroites les bras en excédent. Un pays situé aux portes de l'Espagne, à deux jours de Marseille, occupant une situation privilégiée, baigné par la Méditerranée et l'Océan, commandant le détroit de Gibraltar, favorisé par la nature, fécond, bien arrosé, riche en céréales et en produits naturels, encore incomplètement connu, ayant conservé la forme féodale théocratique des souverainetés du moyen âge, fermée au commerce par l'intolérance de rance de ses habitants, un tel pays ne pouvait manquer d'exciter les convoitises de l'Europe.

Par une singularité unique en notre temps une contrée qui commence à trois quarts d'heure de l'Espagne, qui confine au détroit de Gibraltar, l'un des points les plus importants et les plus fréquentés du globe, développant cent lieues de côtes sur la Méditerranée, dominant l'Océan et qui confine sur sa frontière orientale avec le territoire français de l'Algérie, cette contrée est restée plus inaccessible qu'aucune contrée de l'Océan et du nouveau monde.

Deux pays peuvent y faire valoir des droits historiques,

(Augustin Bernard, Montteras, Budgell Meakin, Pinon, Gaileli).

l'Espagne, forte de son passé de sept siècles de vie commune et de plus de mille ans de luttes continuelles, la France dont les droits historiques, pour être plus récents, n'en sont que plus sérieux, avec ses centaines de kilomètres de frontière commune, le mélange de tribus sujettes et la vie des tribus nomades des deux côtés de la frontière, sans compter le contact permanent de deux peuples musulmans séparés par une démarcation souvent artificielle. Les autres puissances ne peuvent faire valoir que des intérêts uniquement économiques.

Néanmoins, tout manque au Maroc : routes, chemins de fer, administration, justice et surtout la sécurité la plus élémentaire, indispensable à tout commerce. Ce n'est pas par apathie, ni par indolence que les Marocains s'isolent du reste du monde, c'est par système; ne possédant ni routes, ni chemins de fer, ni télégraphe, n'ayant ni dettes ni crédit, et cherchant toujours à réduire les relations diplomatiques au strict minimum.

Depuis près d'un siècle, le seul but poursuivi par les shérifs, est un but d'abstention et d'éloignement à tous points de vue des Européens et des puissances. A un moment donné, le shérif peut paraître incliner d'un côté vers un ambassadeur, afin d'en contrebanlacer un autre, mais il est bien dans ses intentions de n'en favoriser aucun.

La France et l'Espagne, si elles veulent faire valoir leurs droits au Maroc et y prendre pied, vont se heurter à deux sortes de difficultés; l'une est d'ordre général : le Maroc est un pays musulman; l'autre est spéciale au Maroc et fait du Maroc une anomalie dans la communauté musulmane.

Le Maroc est un pays féodal d'une dualité de races bien marquée, entre Arabes et Berbères correspond une dualité d'institutions, ou plutôt il y a deux Marocs au Maroc, l'un soumis à l'autorité du sultan, et un Maroc indépendant composé de tribus insoumises et hostiles.

Ce pseudo-empire du Maroc est un composé de provinces, les unes indépendantes, les autres soumises à l'autorité d'un homme qui est un pontife plutôt qu'un souverain; aucun lien ne les unit; ils ne présentent aucune cohésion, aucune homogénité. Le Maroc n'est pas un État centralisé ni même organisé; il n'est pas non plus, comme on l'a répété souvent, un empire en décomposition; sans doute, quelques sultans sont parvenus à établir un semblant d'unité, mais elle n'a jamais pu durer; c'est une expression géographique comme le fut longtemps l'Italie. C'est un État dans lequel l'assemblage des parties n'est pas encore cohérent. L'ensemble du pays n'est qu'un ramassis de républiques anarchiques sur lesquelles plane une autorité dogmatique et intolérable.

Ce pays n'est qu'une juxtaposition de tribus insoumises, indisciplinées, toujours prêtes à la révolte, s'ignorant à peu près les uns les autres, ne se reconnaissant que pour se combattre et se piller réciproquement.

Toute puissance européenne qui a la prétention de pénétrer au Maroc devra se convaincre de cette vérité qu'il ne suffit pas de connaître la législation, le caractère et la physionomie générale des peuples ismaélites, mais qu'il faut procéder à une étude spéciale, comme le Français commencent à le faire, des particularités de ce point de l'Afrique.

Il ne faut jamais oublier qu'il y a deux Marocs. Si nous n'envisageons que les difficultés de l'Europe pour mettre en valeur le Maroc soumis, le Blad-El-Maghzen, et l'initier à la civilisation européenne, nous ne mettrions en lumière qu'une partie de la question marocaine. Le premier progrès à réaliser est de rétablir l'ordre dans l'empire; il faut mettre fin à l'insécurité des biens et des personnes, à un état d'anarchie de nature à entraver le développement de la richesse publique aussi bien qu'à tarir les ressources du gouvernement des shérifs.

L'expérience de ces dernières années a prouvé que le Maghzen était incapable d'obtenir ce résultat par ses propres forces.

Si la France et l'Espagne veulent réorganiser le Maroc, il ne faudra pas, bien entendu, songer à une annexion brutale, mais à se servir d'abord de son organisation existante, ou plutôt d'un embryon d'organisation, la leçon coûteuse de l'Algérie où les droits et les intérêts des indigènes ont été renversés et un régime étranger parfaitement détesté établi, a appris aux Français la folie d'un tel système, si splendide qu'il puisse paraître sur papier. (C'est un auteur anglais qui parle ici). Ils ont été plus sages en Tunisie, où un gouvernement nominalement indigène est dirigé par des Français qu'il paie et, tôt ou tard, le Maroc doit devenir une seconde Tunisie. Il faudra mieux retenir ou installer les hommes au pouvoir, aujourd'hui comme chefs figurants, que d'essayer un nouvel établissement pour commencer.

Là encore, si la France et l'Espagne veulent mettre la main sur un Maroc soumis, les difficultés vont commencer.

Le Maroc organisé n'a qu'un embryon de gouvernement et d'administration. La France et l'Espagne devront se servir d'un embryon d'organisation pour réorganiser un empire. Les Arabes sont et ont toujours été incapables de créer ou de maintenir ce que nous appelons une organisation politique, le désordre paraît être l'élément naturel de leur existence sociale; de même que le caprice, la fantaisie, le hasard paraissent être les conditions de leur art.

Le Maroc est d'abord théocratique et, comme tous les pays musulmans, confond la souveraineté spirituelle et temporelle. Il ne faut jamais oublier, si l'on veut comprendre la manière de vivre du sultan qu'il est avant tout et par dessus tout un chef religieux. Tout lui est réglé par la religion, subordonné à la religion. En sa qualité de chef descendant du prophète, il réunit conformément à la tradition islamique, l'autorité religieuse et le pouvoir politique. Il est propriétaire du sol, et maître absolu de la vie et des biens de ses sujets, les ordres qu'il donne constituent la loi à laquelle chacun est tenu de se soumettre sans conditions. Ce pouvoir absolu n'a d'autres termes que la conscience de celui qui l'exerce. Il sera peut-être assez difficile de mettre d'accord la civilisation européenne et la religion ottomane; mais si nous pouvons mettre la main sur le sultan étant donné son prestige religieux, nous pourrons bénéficier d'une influence considérable. Le gouvernement est très simple; il n'y a pas d'administration au sens européen du mot.

Le sultan décide de tout par lui-même, il est entouré de conseillers qu'il choisit arbitrairement. Le grand vizir est en somme, une sorte de premier secrétaire de Cabinet qui a surtout à surveiller les Kodjdas du sultan. L'administration marocaine semble remonter à l'époque mérovingienne. Viennent d'abord les grands officiers de la couronne, porteurs de la Koumya, le grand vizir, ministre de la mer, ministre des affaires étrangères; il y a un caïd à Tanger qui représente le sultan auprès des grandes puissances; vient ensuite le ministre des réclamations, le ministre de la guerre, le ministre des finances ne porte pas le titre de vizir. Le sultan a trois khalifes qualifiés de vice-roi qui administrent pendant son absence : un à Fez, un à Marrakech, un troisième à Tafilalet. Le khalife surveille le caïd; c'est le caïd qui surveille les tribus. Autrefois le Maroc était divisé en un certain nombre de grands caïdas. Mullez-Hassan chercha à en diminuer le nombre. Ce sont de puissants seigneurs. La suite d'un grand caïd contient une escorte de cavaliers fournis par les douars qui composent son fief et c'est ainsi qu'au premier appel d'un Glaoui ou d'un Assou Ben Omar peuvent se grouper 2.500 ou 2.000 cavaliers ou piétons; les villes sont administrées par des pachas. A côté du pacha est le mahstassef, fonctionnaire aux multiples attributions. Il a la garde de la discipline religieuse, la police des grains, des marchés et des corporations. Le khalife surveille le caïd; celui-ci concentre tous les pouvoirs civils judiciaires. Il a la police générale de la ville. Le caïd juge nommé par le sultan jouit d'une indépendance relative.

Dans le Blad-El-Maghzen, pays complètement soumis, les trois rouages administrables des caïds, des cadis et des oumanas fonctionnent pleinement. Dans d'autres régions l'autorité des caïds nommés par le sultan est encore efficace ainsi que celle du caïd, mais on ne trouve plus d'oumanas.

Il y a trois impôts à caractère musulman : le zekkiat, l'achour et hedia, ils sont dus par tous les musulmans et par eux seuls.

Il y a des impôts de souveraineté, conséquence directe de la conquête du pays. Le principal est la taiba sur la jouissance du sol. L'impôt économique est l'achour, c'est-à-dire la dîme-impôt sur le revenu; chaque contribuable doit verser à l'État le dixième de sa récolte et de ses troupeaux. Le sultan perçoit une partie de droits de douane, mais une partie seulement car l'autre est retenue par l'Espagne à titre de droit de guerre. En principe, les seules taxes autorisées par le Coran sont l'achour ou taxe du grain, de l'olive et autres céréales, et le zekkiat, soit deux pour cent de la valeur des denrées.

Il y a un corps régulier de fonctionnaires qui parcourent le pays pour faire des évaluations, mais ils n'hésitent pas à faire des évaluations très exagérées.

L'industrie est écrasée d'une taxation exceptionnelle; notamment celle du vin est surtaxée, bien qu'elle représente le principal produit commercial du pays. Le sultan perçoit une partie des droits de douane, mais une partie seulement car l'autre est retenue par l'Espagne à titre d'indemnité de guerre. L'État ne peut établir de budget car dans un pays aussi exclusivement agricole, les rentrées dépendent normalement de la récolte.

L'impôt varie dans sa perception avec la force du Maghzen.

Le Coran renferme en principe la loi religieuse et la loi civile. En y joignant le roi, c'est-à-dire la jurisprudence, les opinions spéciales des savants sur un point juridique, on a pu former des recueils de droit écrit dont le plus répandu est le moktacer de Sidi Kalem.

N'étant vraiment maître que d'un quart de son empire, ayant sur un autre quart une autorité précaire qu'il ne peut exercer qu'avec ménagement, le sultan est tenu d'organiser son gouvernement en conséquence.

Le sultan joue sur les tribus maghzen. Ce sont les tribus dites maghzen qui forment le fondement de la dynastie shérifienne, la garde de la dynastie, la garnison des villes d'intérieur et la principale réserve du personnel gouvernemental. Le noyau est formé par le pays que les anciens géographes nommèrent la région de Fez et de Marrakech, royauté un peu précaire dont le royalisme est soumis à certaines fluctuations suivant que le sultan habite l'une ou l'autre de ses capitales à Fez ou Marrakech. Ce sont les tribus Merada, Cherada, Oudaya, composées d'arabes et celles des Baukkhris composées de nègres. Cette dernière est d'origine prétorienne.

Ce sont les descendants de la garde noire de Muley Ismaël. Tout en jouissant de grands privilèges, leurs membres sont par contre, soumis au service militaire permanent. Ils forment un noyau fixe auquel vient s'ajouter les contingents militaires des autres tribus. Les unes sont des tribus nomades, qui, avec le temps, sont devenues sédentaires presque toujours en vertu d'une décision du sultan, c'est-à-dire vassales du domaine royal habitant les plaines, les plus dociles à l'égard de la religion et du pouvoir politique de l'empire.

Les autres sont des tribus ayant toujours été sédentaires qui ne furent jamais conquises, mais qui se soumirent en vertu de capitulations, dont généralement elles ne discutaient pas les conditions. Les tribus maghzen ont à fournir un nombre de soldats déterminés, en général, un homme par famille, si un homme disparaît il est remplacé par un homme de la même famille.

L'infanterie se compose de vagabonds de toutes provenances; le soldat marocain, malmené, mal vêtu, supporte toutes les privations; il est vigoureux, sobre, patient, courageux. Il est malheureusement peu discipliné. Le soldat marocain ne touche sa solde que si Allah le permet. Les soldats marocains, dit M. de Segonzac ont encore, partout au Maroc, la réputation d'être les pires bandits de la contrée. Il y a un gouverneur à la tête de chaque tribu. Les impôts rentrent mal, même en pays soumis. Le sultan, pour se faire payer, doit encore en venir à des expéditions fiscales. Ces expéditions fiscales sont un véritable fléau. Les contribuables doivent arriver à composition, et, s'ils résistent dans leur rébellion, ils sont absolument pillés à moins qu'au contraire, ils ne parviennent à repousser les troupes du sultan, ce qui arrive fréquemment étant donné le peu de valeur de celles-ci.

Dans quelles mesures cette administration rudimentaire pourrait-elle servir de cadre à une administration européenne? L'avenir du protectorat nous l'apprendra. On peut caractériser en deux mots l'administration marocaine : impuissance et corruption.

Le Maghzen cherche à s'enrichir en trafiquant des charges publiques, en même temps à satisfaire les besoins de sa clientèle, aussi crée-t-il des postes de plus en plus lucratifs.

Les fonctionnaires, non seulement ne touchent pas d'appointements, mais doivent faire, en entrant en charge, un cadeau au sultan; aussi se rattrappent-ils au moyen d'exactions sur les contribuables.

Son administration est d'une barbarie extraordinaire. Le sultan ne peut maintenir son pouvoir temporel que par une habile politique. Il doit diviser pour régner. Il exploite les haines intestines des tribus, des chefs religieux; il flatte les uns pour envoyer combattre les autres, ce qui les affaiblit tous d'autant. Il agit par les armes quand il se croit le plus fort. De même aussi, le sultan subventionne tous les chefs puissants, tous les marchands, tous les personnages influents et, grâce à l'intervention de tous ces agents secrets, il s'efforce de régner; il gouverne suivant la formule : *divide ut imperes*, soulève des discordes, entretient ou fait naître l'éternelle querelle de tribu à tribu, de village à village, qui vivent de l'affaiblissement des tribus en leur ôtant toute possibilité de cohésion et permettant au sultan théocratique d'avoir un semblant de pouvoir. Il faudra compter encore avec l'ignorance grossière des agents du Maghzen.

En 1887, M. Charmes, dans son livre « Une ambassade au Maroc » nous dit que le sultan ne savait pas ce que c'était qu'une carte; les ministres, à l'exception de celui qui traite à Tanger avec les nations européennes, n'ont pas beaucoup plus d'instruction que lui; ce grand vizir ne savait pas ce qu'était une loupe et du papier buvard.

Il y a deux choses essentielles à réaliser; une organisation fiscale européenne et une législation civile et pénale qui mettent fin à l'arbitraire des juges. Les impôts sont défectueux par leur répartition, leur mode de fixation, leur manque de fixité.

Tout manque au Maroc, routes, travaux publics. Le passage des rivières se fait par bac; mais rarement par un pont. Les ports sont dans un état lamentable. Le Harem absorbe la plus grande partie du budget, les revenus qui servaient à établir le budget du sultan du Maroc ne pourraient qu'être hypothétiques; rien n'est réglé sous ce rapport. Aucune comptabilité n'existe et le sultan se trouve hors d'état de contrôler ses recettes et dépenses. Tout néanmoins fait présumer que le gouvernement marocain est un gouvernement pauvre; et ce pays magnifiquement doué par la Providence ne produit presque rien faute d'organisation et de sécurité.

Le Blad-El-Maghzen est une triste région où le gouvernement fait payer cher au peuple une sécurité qu'il ne lui donne pas, ou contre les voleurs et le caïd; riches et pauvres n'ont pas de répit, où l'insécurité ne protège personne ni les biens de tous, où la justice se vend, où l'injustice s'achète, où le travail ne profite pas, ajoutez à cela l'usure et la prison pour dettes.

Mais laissons de côté toute les difficultés que la France et l'Espagne pourraient rencontrer dans l'organisation du Blad-El-Maghzen; il ne faut pas s'imaginer qu'une mainmise sur le sultan et le Blad-El-Maghzen pourrait régler la question du Maroc : il y a des gens qui s'imaginent que le sultan n'a qu'a donner des ordres pour faire tout ce qu'il veut dans son pays; on parle sans cesse de son despotisme, on ne soupçonne pas combien il est limité en étendue, s'il ne l'est pas en autorité.

Lorsqu'on trouve dans les journaux ou dans les documents diplomatiques d'Europe des expressions telles que celle-ci : « Empire du Maroc, le gouvernement de Sa Majesté shérifienne », on s'imagine que le sultan est un prince assez semblable à la reine Victoria ou à l'empereur Guillaume.

On a comparé les institutions marocaines à celles qui existaient en France au moyen âge. Le roi de France possédait en toute souveraineté l'île de France et les domaines de la couronne, il n'était que suzerain pour le reste du pays. Pour le reste de son empire, le sultan est seulement le chef et le représentant de l'Islam vis-à-vis des nations étrangères. Les nations européennes qu'on charge de la pénétration pacifique du Maroc ne peuvent ni connaître l'histoire du Maroc ni l'état dans lequel il se trouve aujourd'hui, l'essai d'un protectorat comme celui qui est établi en Tunisie, c'est-à-dire la transformation du Maghzen en un Maroc qui obéirait aux aspirations du Maroc et les exécuterait dans l'empire en conservant une petite sphère d'action autonome, est une impossibilité au Maroc lorsque c'est à peine si le gouvernement de Fez est celui d'un tiers du territoire.

A quelques kilomètres de Fez, aux portes de la capitale commence le mystérieux Blad-El-Siba qui échappe à toute civilisation, à toute autorité.

Dans les grandes plaines qui s'étendent en s'abaissant par terrasses successives entre l'Atlas et l'Océan, la population sédentaire ne pouvait opposer une grande résistance aux troupes du sultan, aussi les pays situés à l'ouest d'une ligne prolongeant les premiers contreforts montagneux et passant par les capitales du Maroc : Fez, Mekinez et Marrakech dépendent en presque totalité du Blad-El-Maghzen, sauf une partie montagneuse centrale ayant la forme d'un triangle dont le sommet est à Rabat sur l'Atlantique.

Les régions de l'Atlas, du Riff et le désert saharien forment le Blad-El-Siba.

C'est le règne de la race berbère qui commence. Les territoires berbères sont demeurés inexplorés à travers les âges et les différentes dominations. La race berbère qui les occupe et qui s'est toujours distinguée par un farouche amour de l'indépendance, a de tous temps professé les mêmes sentiments depuis les Romains jusqu'aux Arabes, au moment de leur plus grande splendeur. Les Maures diffèrent des Berbères; chez les Berbères la vie de famille diffère de celle des Arabes, les femmes jouissent de plus de liberté et d'une indépendance tout à fait en opposition avec l'esprit du Coran qui, tout en leur accordant une certaine part d'autorité, a d'autre part certains points de ressemblance avec les idées européennes.

Le Berbère est monogame, comme le sont les Touaregs, et la vie des femmes et surtout de l'épouse est sérieusement écoutée; elle prend part aux importantes décisions de la tribu. Le point faible de la race berbère est son manque d'homogénité, elle a été répandue dans des états et tribus indépendantes, toujours livrée à des luttes intestines.

La vendetta, résultat de la loi du talion, fleurit toujours.

Aucun jeune homme n'est considéré comme ayant atteint l'âge d'homme avant qu'il n'ait tué quelqu'un; la plus grande insulte à faire à un ennemi est de lui dire que son père est mort dans son lit; c'est une injure plus grande encore que l'imputation de vie à ses parents maternels.

L'unité de cette société primitive est la tribu. La tribu est, en général, composée d'éléments de provenance très diverse; les divisions des groupes actuels de population constituent généralement non des rameaux isolés d'une même souche, mais des greffes transplantées sur un pied primitif qu'il est devenu parfaitement impossible de discerner.

La tribu ou kabila comprend un très grand nombre de clans, c'est un groupe plus étendu, mais beaucoup moins cohérent que le clan. Ses attributions concernent surtout ce qu'on pourrait appeler : les affaires extérieures de la tribu, les rapports avec les autres tribus, les questions d'alliance, la honra de la tribu, c'est-à-dire son honneur, ses limites et tout ce qui concerne l'armement et la guerre. En somme, la tribu est exclusivement constituée en vue de la guerre et du brigandage soit pour leur résister, soit pour les pratiquer.

La Djemmah ou Assemblée des hommes libres de la tribu, forme une assemblée délibérante; c'est elle qui détient le pouvoir et décide des affaires les plus importantes. Enfin, au-dessous de la tribu s'élève un groupement social supérieur pour lequel les indigènes n'ont pas de nom distinct :

Tels sont les groupements des Habas, des Boutkahs, des Chiouahs. Les associations des tribus pour l'attaque et la défense constituent des ligues temporaires, des confédérations plus ou moins durables, toujours changeantes et transformées. Les Berbères suivent un droit coutumier inspiré des principes coraniques, très intéressant au point de vue de la psychologie indigène.

Le pays marocain est un composé de tribus qui n'ont entre elle que des liens purement religieux. Le contact entre elles est difficile, il est souvent meurtrier, c'est la bataille presque continuelle, c'est le rezzou, c'est la harka, ce sont les gens d'une tribu qui se jettent sur la tribu voisine lorsqu'elle a fait une bonne récolte et qui tente de la lui voler. Inversement l'année suivante, c'est la tribu qui précédemment razziée se jette sur la tribu enrichie par le vol et le pillage. Certaines de ses tribus sont redoutables pour le sultan et son autorité; citons, par exemple, la tribu des Riata qui battit en 1875 Mulez-El-Hassan qui fut d'ailleurs forcé de s'enfuir.

A côté de cette division en tribu, le Maroc est soumi à la féodalité. C'est le seul pays du monde où malgré l'existence d'une législation religieuse politique et civile essentiellement sociale, des institutions qui offrent une étonnante ressemblance avec celles de la féodalité européenne sont néanmoins parvenues à se former. Le Maroc est soumis à l'autorité des shérifs et des marabouts. L'institution des confréries religieuses possède de l'action combinée de ces trois éléments le mysticisme asiatique, le prosélytisme et le maraboutisme; ils entraînent une altération du dogme, puisqu'un verset du Coran condamne la vie monastique qu'il considère comme une restitution de la vie de Jésus. Cette adaption de la foi religieuse aux traditions profondément enracinées chez les Berbères, nous la rencontrons dans toutes les manifestations de la vie marocaine : C'est la cause et la différence fondamentale qui distingue le Maroc des autres pays musulmans. Le Maroc est par excellence le pays des congrégations. Leur nombre et leur influence sont considérable et il y a peu de marocains qui n'y soient affiliés; nulle part les confréries ne sont aussi puissantes; au Maroc abondent les imposteurs, les charlatans, les sointo guerriers ou rebelles qui sèment dans les territoires non soumis du Maghzen l'agitation contre le sultan et son gouvernement.

Tous les chroniqueurs nous parlent de leur influence au Maroc; suivant Doutté, ils sont si puissants que les sultans recherchent l'occasion de leur complaire. Sous couleur de religion, les congrégations s'occupent avant tout de politique et le sultan est obligé de compter avec elles. Le sultan s'efforce de se les rendre favorable, puis dès qu'il se sent en force, cherche à diminuer leur autorité. Elles le reconnaissent, d'ailleurs, comme chef spirituel.

Le sultan est affilié à la confrérie des Tissoua, des Touhanygn, des Tidzanaya· Elles le reconnaissent, d'ailleurs comme chef spirituel et le sultan s'est fait admettre dans bon nombre d'entre elles.

Le shérif qui s'assied sur le trône doit compter avec les grandes familles théocratiques. Le pays montagneux, au nord de Fez appartient au grand Makadem de la Zaioua, les tribus de Tadla, au marabout Bou-El-Djad.

Dans les régions du sud, il existe trois chefs religieux dont le pouvoir est immense, le marabout de Tamegrout celui de Metrara, celui d'Iguir.

Les chefs actuels de la confrérie de la Zaioua vivent à Ouezzan qu'ils gouvernent comme un fief à peu près indépendant, ils parcourent de temps en temps le Maghreb, reçoivent les marques de la plus profonde vénération et reçoivent d'abondantes zaia ou aumônes. Les Derkoua fondés au siècle dernier par Muley Sidi-El-Deikoui a trouvé des adeptes parmi les tribus berbères, très puissant et très répandu il est au Maroc ce qu'est en Tripolitaine l'ordre des Senoussistes. Les Derkouas se recrutent parmi les pauvres, avec leurs bâtons et leurs chapelets ils parcourent les douars, bourgades, comme jadis nos moines mendiants et s'astreignent à des pratiques particulières.

Nous voyons donc au Maroc des institutions incompatibles avec l'Islam qui n'a pas su niveler la civilisation; comme partout ailleurs l'influence maraboutique est l'obstacle le plus sérieux auquel vient se heurter l'autorité du sultan. Elle s'oppose à la constitution d'une sûreté quelconque dans l'administration du pays.

M. Maura donne une origine historique à l'apparition de la féodalité. Les rudes et pauvres habitants des montagnes et du désert qui ont conquis par le cimeterre les terres fertiles des plaines marocaines et andalouses réclamaient de leurs chefs une part du butin qui leur était donné sous forme de fiefs. Mais le remplacement successif des familles régnantes les unes par les autres aurait produit à lui seul le même résultat.

L'étendue de ce pays soumis à la fois au pouvoir temporel et spirituel du sultan varie d'ailleurs continuellement et il est bien difficile, sinon impossible, d'en fixer les limites. Avec un sultan énergique et habile, disposant d'une armée solide et sûre pour tenir en haleine les tribus, de Blad-El-Maghzen reprend ses frontières. Mais avec un sultan si mou, avec une armée désorganisée et infidèle, le Blad-El-Maghzen se resserre, se réduit devant leur révolte et leur émancipation croissantes. La frontière du Blad-El-Maghzen n'est pas bien déterminée, on peut y ajouter quelques tribus dites taibs, dont la loyauté est moins sûre. Il y a plusieurs degrés dans le Blad-El-Maghzen jusqu'au Blad-El-Siba proprement dit, qui reconnaît le sultan seulement comme chef religieux, mais ne tolère aucun rouage de l'administration du pays. La démarcation du pays est difficile à faire; le Blad-El-Maghzen grandit sous un gouvernement fort et diminue sous un gouvernement faible.

Le sultan doit savoir varier son administration et faire preuve d'une habile diplomatie; à côté d'une province gouvernée par un fonctionnaire pacha du Maghzen, que celui-ci a nommé à son gré et qu'il peut destituer quand cela lui plaît, il en est un autre régi par un personnage comme Raisouli. Le sultan ne peut maintenir son autorité que par la guerre. Les guerres intérieures sont le fond même de l'histoire du Maroc surtout depuis l'invasion arabe.

Encore aujourd'hui, les sultans doivent tous les jours conquérir le Maroc, vaincre les marabouts, soumettre les tribus et procéder quotidiennement à la maghzenation du pays.

Muley Ismaël combattit les marabouts, mais laissa leur influence s'étendre sur les populations du nord de l'empire pour que leur désir d'indépendance ne pût s'exercer à ses dépens. Il lutta non seulement contre les marabouts, mais chercha à réduire la noblesse militaire.

Les Filali tombèrent comme Muley Ismaël d'une difficulté dans une autre; pour combattre les marabouts, ils comblèrent de faveurs les seigneurs féodaux; ils s'organisèrent pour les détruire. Muley Hassan soumit d'abord la région de Tadla, pays d'une importance stratégique considérable, c'est là que passent les routes qui unissent les deux royaumes de Fez et de Marrakech. Il s'installa à Rabat avant d'entrer à Meknez, ancienne résidence de Mulez, pour tenter ensuite une expédition contre le Riff jusqu'à la frontière algérienne; la tribu des Riata lui infligea un sanglant échec. Ce fut ensuite l'expédition d'Oudjda. En 1879, nouvelle expédition dans la région de Marrakech.

Après quelques expéditions malheureuses Muley Hassan résolut de soumettre le Sous-el-sidi-El-Hass Hachem, haut et puissant seigneur religieux, chef incontesté et universellement redouté au Tazeroulat.

Anglais et Espagnols intriguaient pour obtenir la cession de comptoirs dans le Sous, les Espagnols demandaient l'exécution du traité d'Ouad-Ras.

Le départ de l'armée impériale eut lieu en fin de l'an 1882, l'expédition atteignit Agadir et Taroudant, elle se dirigea ensuite sur Tiznit; c'est là que Mulez-El-Hassan convoqua les shiks et les personnages les plus influents de la région. Si-El-Hachem envoya son fils à l'Assemblée. Mulez-El-Hassan leur présenta une expédition des Roumis comme imminente pour obtenir leur soumission. A son retour Mulez-El-Hassan soumit les populations du Sahel. Il reprit ensuite la route de Meky et soumit Mohammed qui devint son allié. En 1874, soumission de la tribu Aït-Oussi. De 1884 à 1885, le sultan organisa une seconde expédition contre le Sous, cette fois on franchit l'Atlas. Une autre expédition contre Derkoua, ville de Marrakech, avec l'aide du puissant caïd Mohammed ou Hachem, on soumit la tribu des Zemnours.

En 1887, le sultan châtie les Derkoua; c'est le premier acte important de sa politique contre l'hégémonie barbare qui l'occupera jusqu'à sa mort; le second c'est sa lutte contre les Djebala. Le sultan doit ensuite soumettre le shérif de Medjouah au nord de Tafilalet, marchand des plus fameux, il pouvait mettre en mouvement l'énorme masse des populations de l'Atlas.

En 1889, c'est vers le Nord que Mulez-Hassan porte tous ses efforts jusqu'à la pente-ouest de Chaioua.

Le 8 septembre 1889, Muley-El-Hassan fait son entrée à Tétouan, nouvelle réexpédition contre Marrakech.

En 1893, ce fut une rébellion dangereuse dans la région de

Tanger, Tétouan et Ceuta. Mulez-Hassan triomphe encore. Vers la fin de l'année 1892 mourut à Tanger le chérif d'Ouezzan, Si-Adj-Abdessalem, il personnifiait la lignée des Idrissides. L'influence de la maison de Ouzzan a été longtemps la plus répandue du Maroc et encore de nos jours son nom s'étend au loin. Son successeur Abdessalem voulut se faire protéger par la légation française, d'où protestation énergique du sultan.

En 1893, Mulez-Hassan voulut se rendre en pèlerinage au tombeau de son ancêtre le fondateur de la dynastie de Filali Mulez Ali, chérif dont le tombeau est au Tafilalet, l'armée de Muley-Hassan atteignit Sefrou, passa l'Atlas et entra en combat avec la tribu Ai Temouchen dont il eut le tort de faire arrêter le chef Ali-Ben Iaba. Le sultan séjournait dans l'Oued d'Oued. Ce sont les expéditions de Sous qui rendirent Muley-Hassan célèbre. Le sultan Muley-Hassan, despote d'une rare énergie, avait réussi à faire sentir son autorité sur cette région du sud. Peu de temps avant sa mort il était revenu prier au Tafilalet sur le tombeau de ses ancêtres. Muley Hassan reste le grand maghzenisateur. Les évènements des derniers mois du règne d'Abdel-Aziz ont rétrogradé considérablement sur le terrain déjà conquis. Que reste-t-il des conquêtes de Muley Hassan? Au sud du royaume de Marrakech s'étend le bassin de l'Oued Sous que Muley-El-Hassan a conquis par les troupes impériales, il est soumit jusqu'à Tizout, auprès du Tajéroulat.

Au nord du royaume de Fez, le Riff sans être extrêmement soumis est encore sous le coup de l'expédition des Beggouia. Ouajda est occupé par une armée.

On trouve à Tikirt et jusqu'à Tindouf des caïds qui n'ont ni autorité, ni escorte, ni considération mais qui sont de précieux agents de renseignements pour le maghzen. Il est absurde de penser que la complète transformation du Maroc, la destruction des institutions féodales dans ce pays pourront être réalisées par le sultan et ses successeurs, en supposant qu'ils se le proposent loyalement avec l'aide des Européens.

M. Maura éxagère peut-être. En tous cas, Français et Espagnols qui voudront organiser le Maroc doivent continuer l'œuvre de Muley-Hassan, jouer sur le Maghzen et son administration si défectueuse soit-elle.

C'est la politique du sultan qu'il faut soutenir, continuer et prendre en mains.

Fondé sur la conquête, le gouvernement marocain la continue sans l'avoir achevée et le Maghzen est le centre, le point de ralliement du bloc composé des éléments violents qui tire sa seule force, et son homogénité et son organisation de la désunion et de la désorganisation du pays.

CHAPITRE XVI

La France au Maroc.

L'insoluble question de frontière ouverte par les défectuosités et les imprécisions du traité de 1845 domine la politique de la France à l'égard du Maroc.

La France s'efforce de résumer le problème de la question du Maroc, non de le résoudre car il est critique et délicat, non seulement à cause de l'insécurité du pays et de ses populations nombreuses et belliqueuses, mais surtout à cause de sa situation géographique qui entraîne, dès qu'on y touche, des répercussions européennes.

De 1870 à 1900, la politique marocaine dans les confins fut aussi ingénieuse et adroite que la nôtre l'était peu.

Le sultan se gardait bien de soumettre entièrement les régions éloignées du centre et sans intérêt réel pour lui, son impuissance se doublait de mauvaise volonté.

Dans ces dernières années, la présence de deux fonctionnaires chériffiens de pure parade à Oudjda et Figuig suffit à poser une borne à notre intervention.

Le Maghzen et ses agents ont fait preuve de mauvaise volonté, il n'a cessé de nous créer des embarras, de nous imposer de lourdes dépenses et en échange des multiples services que nous lui avons rendus, il a ajouté malheureusement à nos difficultés.

En 1870, la France dut vaincre une insurrection de Kabylie.

Elle développa son influence en 1877, par l'envoi d'une mission militaire française. La question de frontière préoccupait toujours notre politique. En 1877, ce fut le sultan lui-même qui demanda à notre ambassadeur, Ch. Vernouil-

(Noël, Baurassin, Revue des Deux-Mondes, Augustin Bernard),

let, l'établissement d'une frontière fixe dans le sud. Les incidents de frontière se multipliaient.

En 1880, ce fut l'agitateur Bou Hamara qui surprend avec 8.000 cavaliers un petit détachement près du chott Tigrid.

Les négociations furent laborieuses, et à notre demande d'indemnité de 500.000 frs, le sultan répondit par une demande nouvelle d'un million 800.000 frs, pour déprédations résultant du passage de nos troupes.

M. Ordega, notre ministre, s'il échoua dans son projet de chemin de fer transsaharien, obtint pour nos troupes le droit de franchir la frontière toutes les fois que la nécessité de se défendre l'imposait.

M. Ballue interpellait au Parlement. Avons-nous dans le Sud-Oranais, pour protéger nos frontières et garantir la sécurité de nos possessions, une politique déterminée, réfléchie, suivie, ayant un objectif à atteindre, ou bien toute notre sagesse consiste-t-elle à attendre que ces attaques se produisent.

M. Ballue voulait déjà occuper Figuig. M. Freycinet objectait à M. Ballue qu'il voulait que nous entreprenions cette conquête; qu'elle nous mènerait beaucoup plus loin. C'était l'opinion de nos officiers des confins.

Ils pensent que si l'on allait à Figuig, il ne serait pas prudent de s'en tenir là, mais qu'il faudrait aller à cent cinquante ou cent soixante kilomètres plus loin.

L'affaire n'eut pas de suite.

M. Grevy, gouverneur général, avait demandé qu'on procédât à l'établissement d'une ligne idéale allant de Teniet-el-Sassi vers le désert passant entre Ksour et Ibissisa.

Le gouvernement général ne voulut pas, malgré le vif désir qu'en avait le sultan, régler la question.

En 1884, M. Ordega demanda bien la protection du chérif d'Ouezzan; cette mesure souleva les protestations du gouvernement chériffien et nous dûmes passer outre.

En Afrique, disait le Maréchal Bugeaud, une expédition non suivie d'occupation ne laisse pas de trace plus durable que celle faite par le sillage d'un navire sur la mer immense.

Le successeur de M. Ordega, M. Féraud, traite d'un projet de rectification de frontière qui devait nous laisser Figuig, mais les négociants échouèrent.

M. Patenotre n'eut pas plus de succès devant l'indifférence du Quay d'Orsay. Il obtint néanmoins, la frappe de 20.000.000 de francs de monnaie marocaine et l'administration du service des ports.

M. d'Aubigny obtint du sultan une convention sur les marques de fabrique. Ce fut la convention de 1892.

Jusqu'à cette époque nos marques de fabrique n'étaient pas protégées au Maroc, ce pays n'ayant pas adhéré à la convention internationale de 1883. Ce fut l'œuvre du comte d'Aubigny. M. d'Aubigny avait fait des démarches auprès du ministre des affaires étrangères, pour lui demander de modifier cet état de chose.

Le 23 octobre, Mohammed Ghanit lui répondit que son auguste maître donnait également son agrément à ses propositions, qu'il reconnaissait les marques que les commerçants français placeraient sur leurs marchandises et que ces marques devaient être respectées.

1° Toute marque de fabrique contrefaisant un produit français sera saisie et le délinquant puni.

2° Les droits à l'importation sur les tissus de soie, bijoux, vins, pâtes alimentaires seront réduits de 50 % *ad valorem*.

3° Quelques prohibitions absolues seront levées.

M. d'Aubigny obtenait une indemnité de 253.000 frs, en réparation de l'attaque.

Il attirait l'attention de notre gouvernement sur les agissements de l'Angleterre toujours plus influente au Maroc et semble tôt prête à y intervenir.

La solution de la question de frontière commence en 1890, lorsque nous obtenons de l'Angleterre la reconnaissance de nos droits sur le Touat Guara et Tikidelt.

Le Touat est le marché, la porte qui permet à l'Algérie d'atteindre le commerce du Soudan, soit à l'Orient par Ghadames, soit à l'Occident par Tombouctou. Un simple coup d'œil sur la carte fait d'ailleurs ressortir l'importance exceptionnelle du Touat. Situé à peu près à demi distance entre Alger et la frontière du Niger au centre de l'étoile des routes, formé par le croisement des caravanes allant du Maroc à Tripoli avec celles qui vont du Maroc, de l'Algérie et de Tripoli au Soudan et au Sénégal; l'occupation de ce pays permet d'empêcher le Maroc et la Tripolitaine de joindre leurs frontières au sud de l'Algérie et de couper nos communications vers le Soudan.

Le Touat proprement dit commence à hauteur du district de Bonda, au point où l'Oued Messaoua fait un coude, un peu au-dessus du district de Timni jusqu'au district de Regga où la vallée fortement emportée par les sables ne présente plus qu'une succession de cuvettes plus ou moins étendues.

Le plateau de Judra aride et nu s'étend sur une superficie d'environ cinq cents kilomètres carrés. Il est limité à l'ouest et au nord par le massif presque impraticable de l'Erg occidental, à l'est, par les falaises qui constituent l'étage inférieur du Tadmit et forment la ligne de partage des eaux entre le bassin de la Méditerranée et celui de l'Atlantique, au sud par l'Oued Messaoua qui lui sert de gouttière et qui réunit toutes les eaux souterraines du Sahara français.

Le Tadikelt est situé à l'est de Reggan, au pied de la falaise inférieure de Tadmit. Les frontières sont peu précises. On le limite en général à l'ouest, par la vallée de l'Oued Messaoua et par celle de l'Oued.

Il est l'entrepôt des marchandises allant et venant au Soudan et à Tombouctou. Les oasis sont peuplées d'environ 100.000 habitants. Ils étaient nominalement vassaux des Tou Aznar en 1845.

Il n'était plus question de la suzeraineté du Maroc sur l'Oued Suara depuis 1540, jusqu'en 1808, époque où le sultan Muley Saliman réussit à y faire percevoir un léger tribut.

Le commandant Colonieu s'était avancé jusqu'au Touat en 1860, mais une longue période d'inaction avait suivi.

Nous n'osâmes poursuivre Bou Hamara en 1881, jusque dans son repaire de Figuig et au Touat.

L'année 1882 commence pour nous une seconde période de stagnation.

Muley Hassan avait résolu de faire valoir les droits de ses ancêtres sur les oasis du Touat, les Ksouriens, craignant le châtiment de leurs attentats, cherchaient un protecteur.

On voit se former un parti marocain au Touat après le massacre du colonel Flatters.

En 1884, le sultan installe un caïd à Figuig.

En 1887, Bou Hamara obtient du sultan la soumission du pays.

Le sultan envoya une mission qui échoua. Une grande partie des Ksouriens craignit que la suzeraineté marocaine ne se traduisît par une agression.

M. Tirman, gouverneur général de l'Algérie, avait préparé une expédition au Touat en 1890, mais ses projets n'eurent pas de suite.

En 1891, des troupes de cavaliers parties de Figuig, et du Tafilalet, pénétrèrent dans le Touat.

M. Souchard refusa de discuter avec le sultan cette question du Touat que les accords avec l'Angleterre faisaient pour nous une question purement de politique intérieure.

Interpellé au Parlement, M. Ribot déclarait ne voir dans la question du Touat qu'une question de police algérienne.

Le sultan avait toujours eu des prétentions sur la région et s'appuyait pour les justifier de certaines cartes allemandes où le Touat était figuré comme faisant partie de l'empire.

M. Cambon y envoya une députation d'indigènes dévoués à la France. Le sultan répondit par une expédition du Tafilalet.

En 1895, les troupes marocaines poussent jusqu'au Timimoun.

En 1897, le chef de bataillon Godron pénétra dans le Touat et peu après dans la vallée de Zousana qui resta en notre possession malgré les attaques berbères. Il était temps, le Maroc envoyait un caïd à Figuig et une ambassade à Paris pour mieux masquer ses aspirations.

Le Maroc avait trouvé moyen de revendiquer le Touat, d'y réclamer le droit d'exercer sa souveraineté sur cette terre déclarée française par notre gouvernement.

L'occupation du Touat sans une audacieuse pointe des

Berbères dans le Gouara et le combat de Timimoun se serait effectuée sans soulever la moindre résistance. La réalisation de nos droits sur le Touat a reculé la frontière algérienne de 800 kilomètres vers le sud. Elle nous a de ce fait imposé l'obligation de protéger les habitants du Touat contre les razzias périodiques dont ils sont victimes de la part des Berbères, ensuite d'assurer entre les oasis sud-oranais une ligne de communication et de défense. La crise n'étant pas facile à résoudre, il fallait un nouveau programme.

Substituer tout d'abord, dans une large mesure aux troupes régulières dans le Sud-Oranais des troupes indigènes extrêmement mobiles, recrutées dans le pays, vivant dans le pays.

Sur notre frontière les agressions se multipliaient. En 1901, ce fut le meurtre de M. Pouzet. Le gouvernement dut envoyer les croiseurs Pathuan et du Chaila. Il fallait agir, le 28 juin 1901, ce fut l'ambassade de Si Abd-el-Kenim Ben Sliman.

Le 20 juillet, M. Delcassé signait un protocole destiné à régler les difficultés du traité de 1845.

M. Delcassé avait dit à l'ambassade marocaine : « A l'accueil qui lui est fait, l'ambassade marocaine a pu se convaincre que si la France, maîtresse de l'Algérie, et par l'Algérie limitrophe du Maroc sur une vaste étendue est tenue de suivre ce qui s'y passe avec un intérêt singulier dont on ne saurait équitablement reconnaître la légitimité, notre vigilance ne s'exercera qu'à la tranquillité, la prospérité et l'intégrité de l'empire chériffien.

Nous obtenions la souveraineté des deux grandes tribus Doui Menia et Ouled Djerid.

M. Revoil développait l'accord du 20 juillet en signant un autre accord en 1902.

A la suite de ces accords le gouvernement marocain demanda des instructeurs, sollicita notre coopération contre le Rogui et envoya 7 millions et demi à une société française, la banque de France et des Pays-Bas.

Il y a cependant entre l'acte de 1901 et celui de 1902, quelques différences que l'on n'a jamais assez signalées.

Le premier, en effet, s'inspire plutôt d'une politique de zône d'influence en plaçant sous notre suzeraineté les Ouled Djerid et les Doui Mania, tandis que le second fait nettement prévaloir la politique d'association.

Les accords de 1902, organisent la collaboration de la France et du Maghzen dans les régions frontières en ce qui concerne la police, le commerce, les douanes.

Fidèle à ses principes d'entente directe avec les tribus, M. Jaurès combattait le protocole de 1901, qui faisait de nous l'instrument fiscal détesté du sultan.

Une série d'événements allait nous montrer à quel point le sultan était dépourvu d'autorité sur les tribus qui nous environnent.

La mission chargée d'exécuter le protocole de 1901, était attaquée et deux capitaines perdirent la vie.

Le 10 février, la mission française de délimitation pénétra dans Figuig et s'établit au pied du Ksar-del-Maïz.

Le 5 mars, les Berbères el Kenalsa, des Djemad des Ksours déclarèrent opter pour leur indépendance.

Les Doui Menia et les Ouled Djerir firent la même réponse à Guebbas.

Le gouvernement général envoya deux colonnes, l'une dans le Bechar, l'autre dans le Beni Snoussi, mais M. Revoil dut démissionner.

Les Ksuriens attaquèrent l'escorte de M. Jourdet qui se rendait à Figuig.

La répression fut confiée au général O Connor. Il avait en poche, depuis trois jours, l'ordre de bombarder Figuig.

Le bombardement de Figuig a retenti dans toute l'Algérie et le Maghreb, il a montré à ceux qui en ont douté les moyens d'action dont disposait la France.

Il a montré que la France est une puissance à laquelle on ne saurait résister mais qui est assez maîtresse d'elle-même pour limiter de son plein gré son action dans les limites fixées par les traités.

Le général O Connor, fut déplacé pour une allocution malheureuse à la Dsemmali de Figuig. Il fut remplacé par le colonel Lyautey.

C'est au colonel Lyautey dont on connaît la brillante carrière coloniale que fut confiée la difficile mission d'obtenir notre domination dans le Sud-Oranais, d'assurer le respect de nos droits et de planter notre drapeau dans les régions jusque là hostiles et fermées.

Malgré le châtiment de Figuig, les incidents de frontière reprirent, et à la fin du 2 septembre, ce fut la terrible surprise d'El Moungar, la mort du capitaine Vauchy et du lieutenant Schanhauser.

Nous commîmes alors la faute de ne pas envoyer de mandataire au sultan pour rétablir l'ordre avec l'appui de la France.

Le 24 juillet, M. Jonnart déclarait :

« Les intentions générales du gouverneur français sont d'assurer, dans la mesure du possible, l'exécution des accords passés avec le Maroc, et de développer nos relations amicales pour poursuivre notre pénétration économique dans ce pays.

Le sultan a demandé en juillet 1903, le concours de la mission militaire française pour organiser son armée. On créa une section frontière de la mission militaire française dans les garnisons d'Oudjda, et Figuig.

Les capitaines Martin et Mangin, ont été à Oudjda pour procéder à l'organisation des contingents amenés par le caïd Rouknma. Il nous faudra surtout prélever sur nos cadres d'Algérie pour achever l'organisation des melhallah du sultan.

La ligne de communication de la Zaïama, entre Bech et Zansbasna, est très exposée, il est nécessaire de la reporter sur les cartes de Bechar, assurer le triangle entre l'Oued Gun et l'Oued Zousfana. »

CHAPITRE XVII

L'Espagne au Maroc.

L'Espagne sommeille toujours au Maroc après l'éclat stérile et sans lendemain de l'expédition O'Donnel.

L'inertie espagnole est à peine troublée par les incursions des tribus riffaines contre les présides comme au début du XIXe siècle.

Il faut exécuter le traité d'Oud Ras qui assure une zône d'influence dans le Sous et Santa Cruz de Mar Pequena.

L'Espagne reçoit une ambassade marocaine qui vient liquider l'affaire de 1878.

Une commission de trois membres pour l'Espagne et de trois membres pour le Maroc s'embarque à bord du Blasco Y Ganaz.

On s'arrêta au choix très contestable d'Ifni à l'embouchure de l'Oued Nun.

Santa-Cruz fut identifié au hasard avec Ifni situé à 150 kilomètres au Sud d'Agadir. Mais les Espagnols n'occupèrent pas leur nouvelle conquête.

La Convention de 1859 assurait la protection des Espagnols. Les Maures avaient nommé un caïd à cet effet, celui-ci gouvernait avec l'aide d'un très puissant personnage El Chekatos. Des troubles éclatèrent parce que ses successeurs dédaignèrent leur influence. La campagne de 1860 n'empêche pas les agressions des Maures de se multiplier. Les Espagnols restent comme autrefois assiégés dans leurs présides.

En 1890 ce fut une grande agression contre un détachement de cavalerie de Mellila.

La commission de délimitation sortit de la place en 1891 mais ce fut sans avoir rien fait devant l'hostilité des Riffains.

(Naël, Bourassin, Mancel, Olirie, Maura).

Les Kabiles du Riff, sous prétexte que le fort de Sidi Guarach était voisin de leur cimetière qu'ils ne pouvaient voir profaner par des regards chrétiens, s'opposèrent par la violence à la construction de la forteresse.

Ils se précipitèrent à l'improviste sur la petite garnison pour détériorer les travaux de défense.

Le 2 octobre 1893, la petite garnison de Mellila, sous les ordres du brave général Margallo, eut à soutenir un brusque et sanglant combat pour couvrir la retraite à une petite poignée de héros chargés des travaux.

Le fort fut démoli par les Maures jusqu'à la limite de leur cimetière. L'opinion publique s'émut; dans les villes du Midi retentit le nouveau cri de guerre au Maure et le gouvernement ne put rester en arrière.

Certainement de Sagasta et son ministre des finances Gamazo qui procédaient à une réforme financière de la plus haute importance et qui étaient occupés au difficile travail d'équilibrer le budget, auraient désiré pouvoir retenir l'opinion publique et donner à l'affaire une solution amiable comme il avait été fait pour tant d'autres, et en effet, M. Morel, le secrétaire d'Etat, avait immédiatement averti le ministre d'Espagne à Tanger, le priant de réclamer une éclatante réparation du gouvernement marocain, et se bornant sans interrompre les relations diplomatiques à relever la mission militaire espagnole.

Le Ministre de la guerre lui-même, général Lucena, accédait à cette opinion.

Le gouvernement espagnol envoya des renforts. Les 27 et 29 du même mois, cinq ou six mille hommes purent résister, mais sans vaincre, aux vingt-cinq ou trente mille Maures qui assiégeaient les tranchées et les forts.

Le général Margallo et plus de cinquante officiers périrent. Le cabinet Sagasta envoya une expédition au Maroc avec des crédits illimités. Il envoya plus de 25.000 hommes sous les ordres du général Martinez Campos. Ils parvinrent à livrer l'assaut des Maures sans pouvoir les poursuivre. On signa un traité de paix avec Muley Araf frère du sultan.

Le sultan était alors au Tafilalet « Que l'Espagne ne s'impatiente pas, tout rentrera dans l'ordre aussitôt que le maître aura manifesté sa présence ».

Mais en attendant, pour ne pas irriter davantage les tribus du voisinage, que le commandant de Mellila consente à rouvrir la place au commerce avec l'intérieur, et qu'il laisse ses ennemis d'hier circuler librement.

L'affaire n'était pas prise au sérieux par les Marocains, pour les Espagnols ce n'était pas une réédition de l'affaire de 1860.

Le maréchal Martinez Campos signa un traité de paix avec Muley Araf, frère du sultan.

Le sultan promettait le châtiment des auteurs de l'agression de Mellila et s'engageait à payer une indemnité de 20.000.000 de pesetas, soit 4.000.000 de douros, payable à raison d'1.000.000 trois mois après la signature de la convention et trois millions dans un délai de 7 ans.

Le paiement devait avoir lieu dans les ports de Tanger et de Mazagan aux époques fixées avec un intérêt de 6 %. Le gouvernement espagnol pouvait percevoir les droits de douane dans les ports de Tanger, de Mazagan et de Mogador.

La zône neutre de 500 mètres, née en 1859 entre la frontière espagnole et marocaine de Mellila, devait être rendue effective, il n'était pas permis d'y faire paître des troupeaux et d'y cultiver des terres, aucune force militaire de l'une ou de l'autre nation ne pouvait y pénétrer, mais leurs sujets pouvaient y passer sans armes.

La mosquée qui fut cause de l'agression mauresque devait être isolée de hautes murailles et une garnison de 400 hommes adressée par le sultan devait veiller à la sécurité des frontières.

La charge de pacha devait être confiée à un pacha du Maroc. Le Maroc fut assez heureux pour éviter un caïd espagnol. Enfin il devait être créé des consulats espagnols à Fez et Marrakech. On permettait au représentant espagnol de résider où bon lui semblerait.

Le Maroc avait peine à payer l'indemnité de guerre, aussi il envoya une ambassade à Madrid pour faire des excuses et obtenir la révision du traité.

On traita malgré la brutalité du général qui s'oublia jusqu'à frapper l'envoyé du sultan.

Un nouveau traité fut signé avec le plénipotentiaire marocain Hadj Abd-el-Kerim et Bricha Bou-El-Adz-Mohammed-El-Tetouani.

La France sut persuader l'Espagne dans l'affaire de Mellila, d'accorder du temps au Maghzen pour se libérer vis-à-vis d'elle, sans le concours de l'Angleterre.

Le traité fut profondément modifié.

1° Au point de vue politique, le délai fixé dans le traité de Marrakech pour le châtiment des coupables fut prorogé jusqu'a ce que le sultan pût disposer de forces suffisantes et celui pour la délimitation de Mellila d'une année à partir de la date de la convention.

Au point de vue financier les 4.000.000 de douros furent réduits à 1.801.999 douros.

401.972 douros durent être remboursés dans le délai de 80 jours après la signature du traité et le reste, 1.440.000 douros, en une seule fois et cela dans le délai de six mois.

On déjoua cette fois les calculs du roi anglais et le sultan put se libérer de l'indemnité de guerre sans l'aide de l'Angleterre.

La campagne de Mellila n'entraîna pas l'Espagne dans la triplice et ne modifia pas de façon visible la politique espagnole.

La reine régente, alors qu'on sollicitait sa bienveillance à l'égard de la triple alliance, avait répondu qu'elle était autrefois archiduchesse autrichienne, mais qu'elle était maintenant reine régente d'Espagne.

CHAPITRE XVIII

L'Angleterre au Maroc.

La question du détroit domine toute la politique anglaise au xixe siècle. Le but de la Grande-Bretagne est de maintenir libre à son profit le détroit qui unit la Méditerranée à l'Océan, et elle considère qu'elle n'en serait plus maîtresse le jour où l'Espagne ou quelque autre nation s'établirait sur la côte d'Afrique en face de Gibraltar.

C'est dans cette race qu'elle s'est faite depuis quarante ans la protectrice du sultan du Maroc, garante de l'intégrité de ses États.

Certes, personne moins qu'elle ne s'est fait illusion sur l'état de l'inévitable décadence où s'est trouvé l'empire des chérifs et sur l'impuissance de l'ancien état arabe à se relever, mais elle s'est acharnée plus que personne à le maintenir dans sa barbarie, à l'isoler de la civilisation, à le défendre contre toute ingérence européenne, a mis pour ainsi dire entre les nations civilisées et lui une barrière infranchissable. Ce fut là du moins, le rôle de Sir John Drummond Hay, le grand diplomate dont la stature domine toute la politique marocaine.

Sir John Drummond Hay a conclu toute une série de traités pour l'Angleterre, mais néanmoins l'Angleterre, fidèle à sa politique de *statu quo*, n'a commis aucune tentative pour développer sa position ou y prendre pied.

Il semble même toutefois que Sir John Drummond Hay, désireux avant tout d'éviter les grandes puissances rivales, ait négligé le perfectionnement des relations anglo-marocaines pour empêcher les autres nations d'obtenir des avantages équivalents.

Budgett Meakin, Pinon, Douay, Bulletin du Comité de l'Afrique française).

L'Angleterre, si elle tient à la maîtrise du détroit, ne fait aucune tentative sérieuse pour s'établir de l'autre côté. Occuper Ceuta, tenir en face de Gibraltar, soit au Mont Acho soit au Bébel Moussa, l'autre pilier de la gigantesque porte, serait pour la puissance anglaise dans la Méditerranée un merveilleux complément. Elle aurait vraiment en mains cette fois les clefs du détroit; les feux croisés des canons des deux rives en fermeraient l'issue.

Que la côte marocaine du détroit vienne à tomber entre les mains d'une grande puissance militaire et voilà Gibraltar menacé de famine. On comprend qu'un rocher sur l'une des rives du détroit oblige les Anglais à ne pas se désintéresser des affaires marocaines. Néanmoins toutes les tentatives de débarquement anglais au Maroc échouent ou sont sans lendemain. Par son énergie M. Thiers avait empêché l'Angleterre de prendre pied au Maroc.

En 1892, l'Angleterre avait envoyé des navires à Tanger pour y réprimer des troubles qu'elle avait elle-même suscités. C'était un prétexte à intervention. Mais M. d'Aubigny avait attiré l'attention de notre gouvernement sur l'imminence d'un débarquement de troupes anglaises à Tanger.

Elle n'osa y débarquer sur l'envoi de navires français et, après un changement de gouvernement, tout rentra dans l'ordre. On avait annoncé avec enthousiasme au *Stock exchange* de Londres un débarquement anglais pour le 7 janvier 1892. Mais la nouvelle fut démentie.

L'Angleterre avait eu des visées sur l'île de Perégil en 1895. L'affaire fit beaucoup de bruit. C'est une position militaire importante, aussi l'Angleterre a-t-elle eu à diverses reprises des visées sur elle et le bruit a couru que le Maghzen avait l'intention de la céder à la Grande-Bretagne. Ce bruit sans fondement sema l'inquiétude chez les coloniaux espagnols, car l'Espagne a depuis longtemps prétendu avoir des droits de souveraineté sur l'île, du fait de la cession que les Portugais leur ont faite de Ceuta.

Une équipée plus sérieuse fut celle de la Tourmaline en 1895. Elle était envoyée par le *Globe venture syndicale* sur la côte du Sous en dépit de la convention du 13 mars 1895, par laquelle l'Angleterre s'est engagée à n'y fonder aucun établissement.

Le Hassani, unique cannonière du sultan, arriva à temps pour repousser la Tourmaline. Ce fut un petit raid Jameson et l'Angleterre dut désavouer publiquement le major Ibulsbury, chef de l'expédition et le mettre en accusation.

En mai 1900, les journaux demandaient la prise de possession de Tanger et le 18 juin, M. d'Hayelle à la Chambre des Communes proposa à M. Brodrick de demander le règlement de la question marocaine par une conférence internationale.

La politique anglaise à la fin du xıxe siècle est dominée par deux principes :

1° Liberté du détroit à son profit.

2° Prépondérance de ses intérêts commerciaux, l'Angleterre s'émut lorsqu'on parla d'un projet de traité franco-espagnol pour un partage du Maroc.

M. Gibson Bowles interpella au parlement britannique.

On sait le beau tapage qu'ont fait dans ces dernières années la bataille de Dorking et la fameuse brochure « *Made in Germany* ».

M. Gibson Bowles a sonné l'alarme avec une inlassable persévérance. Il s'est adressé au grand public par sa retentissante brochure : « *Gibraltar a national danger* ».

M. Gibson Bowles, est, qu'on en passe l'expression, « un enfant terrible », les ministres ont pu lui faire les gros yeux.

Le marquis de Salisbury écrivait à Sir Evan Smith, que c'était le but constant de Sa Majesté et de ses représentants à Tanger, de préserver l'indépendance de l'intégrité territoriale de l'empire du Maroc, en ne négligeant aucune occasion favorable d'inciter le sultan à des mesures sur l'outillage et le perfectionnement de l'administration du pays.

En 1891 Lord Salisbury envoya une mission à Fez, avec Sir Evan Smith. L'objet principal de la mission était la conclusion d'un traité de commerce. Il était décidé que l'on ferait des efforts pour résoudre la question de l'esclavage. Le sultan montrait des dispositions amicales. L'Angleterre devait prêter ses bons offices dans les relations du Maroc pour toutes les difficultés soulevées par le droit de protection.

Mais Lord Salisbury avait recommandé à Evan Smith de s'abstenir de tout ce qui pourrait ressembler à une menace parce que si on résistait, cela placerait Sa Majesté dans la situation d'avoir entrepris le protectorat du Maroc.

Le projet du traité avait été au préalable approuvé par toutes les puissances sauf la France.

La presse française lui était soudainement hostile.

Le traité devait remplacer la convention de Madrid.

En voici les principales clauses :

1º Abaissement des droits d'exportation sur le blé et l'orge.

2º Exportation libre des mulets et chevaux.

3º Liberté de commerce et de cabotage entre tous les ports du Maroc pour tous les produits marocains.

4º Établissement de tribunaux mixtes.

5º Liberté pour les étrangers d'acheter et de posséder des terres.

6º Établissement d'un vice-consulat anglais à Fez.

7º Adoption d'un projet de banque d'état marocaine avec des capitaux anglais.

8º Création d'un corps de police à Tanger et dans les grandes villes.

9º Établissement de la souveraineté britannique sur le cap Juby.

Tout échoue, le Maroc ergote et cherche des modifications du traité qui lui retire toute valeur. Le sultan avait signé les premières clauses, sauf les plus importantes, sauf celles concernant l'amendement du traité de 1856, concernant le transport entre les ports marocains sans paiement de droits, celle accordant aux étrangers le droit d'acheter des terres sans autorisation et d'y construire librement.

Tout échoue malgré un pot de vin de 20.000 livres du sultan. Le sultan finit toutefois par signer, mais le traité rencontra un nouvel échec sur une question de forme, les copies furent déclarées inacceptables, c'était un prétexte.

On avait travaillé l'entourage du sultan. On prévoyait un changement de politique en Angleterre; ses envoyés n'avaient pas le droit de se servir de menaces.

Une troisième rédaction préparée par les Maures et soumise

à un membre de la mission fut déchirée sur réception et renvoyée à titre de communication irrégulière. « La correspondance qui vient d'être publiée, conclut Lord Salisbury dans une dépêche close à Evan Smith, établira suffisamment qu'il n'y a rien dans notre mission qui porte préjudice à l'indépendance et à l'intégrité du Maroc, qui rivalise de quelque façon les prérogatives du sultan et ses droits territoriaux. »

La mission de Sir Evan Smith était le dernier effort sérieux fait par l'Angleterre pour maintenir l'intégrité et l'indépendance du Maroc, M. Satow avait déployé une pompe extraordinaire, il était accompagné de M. Gentile.

En 1893 ce fut la mission Ridgway envoyée par lord Rosebery, il proposa vainement une collaboration avec l'Espagne pour la réorganisation du Maroc.

Sir West devait reprendre les négociations pour un traité exactement au point où les avait laissées son prédécesseur, et il s'efforça de les mener à bon terme, mission qui n'était guère rassurante pour l'Europe, pour peu qu'on se souvînt des avantages politiques uniques que l'Angleterre avait pu obtenir à côté des avantages commerciaux.

Sir West a eu une longue entrevue avec le ministre des affaires étrangères, quant à dire ce qui s'est passé, cela est impossible, quelques journaux laissaient entendre que Sir West avait cherché à calmer les susceptibilités de l'Espagne. On lui offrait une action commune à laquelle d'ailleurs le marquis Za de Arego se serait refusé déclarant que son gouvernement ne désire que le maintien du *statu quo.*

M. Satow était plus obséquieux que Sir Charles Evan Smith; il ne réussit pas mieux. L'Angleterre, à côté de quelques modifications du tarif douanier, demandait toujours pour ses citoyens le droit d'acquérir librement la propriété immobilière.

M. Satow, après avoir remis des cadeaux et accompli sa démarche de prévenance, a donné la plus grande envergure à sa mission et, prolongeant son séjour, il a eu de fréquents entretiens avec le grand vizir et les hauts dignitaires de la cour, il a vu plusieurs fois le sultan et, formulant sans cesse de nouvelles demandes, il a tenté de revenir sur de vieilles affaires, en un mot, il a repris mais avec plus de dignité la politique d'Evan Smith, tout le programme de Sir Charles Evan Smith qui ne nuisait à rien moins qu'à établir la souveraineté de l'Angleterre dans ce pays voisin de l'Algérie.

M. Satow a surtout lutté pour la révision de la conférence de Madrid et la libre acquisition des terres et immeubles pour les nationaux britanniques. Tout a échoué, la cause de cet échec serait, dit-on, due en grande partie à un dissentiment qui se serait élevé entre M. Satou et le chargé d'affaires en Italie.

Quoi qu'il en soit, le résultat de la mission a été insignifiant. On parle, il est vrai, de l'établissement d'un câble télégraphique sous-marin le long de la côte de l'Atlantique, reliant Tanger à Mogador. On prétend que le sultan a refusé toutes concessions.

L'impuissance d'Abd-el-Aziz comporte une recrudescence d'influence britannique surtout grâce à un sous-officier déserteur, Mac Léan, devenu instructeur des troupes chérifiennes.

On tenta alors d'Egyptianniser le Maroc. On voit se développer des projets d'organisation du Maroc sous une direction anglaise. Un groupe d'anglais devait prendre une grande influence auprès du sultan, on espérait détourner peu à peu sur des objets politiques, ce goût un peu puéril qu'Abd-el-Aziz montrait pour les choses d'Europe avec Sir Arthur Nicholson ; l'influence britannique à la cour chérifienne paraît grandir. C'est ainsi que l'artillerie impériale qui depuis de longues années était confiée à un officier de la mission militaire française vient en partie de passer aux mains d'un officier d'un régiment de Gibraltar.

L'Angleterre disait trouver au Maroc des commandes fructueuses, des deniers des impôts marocains, peut-être la possibilité de s'insinuer au Maroc et d'y dominer peu à peu, d'y créer une force au moyen de laquelle elle pourrait neutraliser peu à peu notre politique africaine.

Harry Mac Lean s'imagine que si le sultan pouvait disposer de quelques millions, il redeviendrait maître de la situation, il serait libre de répandre l'application de son programme de réforme.

Aucune puissance en 1901, ne pouvait prétendre avoir les pas sur l'Angleterre à la cour de Fez, les seuls avis anglais étaient écoutés et suivis, le bon vouloir du Maghzen ne se manifestait que pour les réclamations anglaises.

Le 11 mars 1903, M. Delcassé avait dit à la Chambre : « Un point doit être hors de toute discussion, c'est qu'aucun changement ne peut être opéré sur :a côte marocaine de la Méditerranée qui soit de nature à affecter à un degré quelconque la liberté du droit de Gibralter. On annonce qu'un traité de commerce a été signé entre Lord Lansdowne et les plénipotentiaires chérifiens. On dit bien que ce traité sera soumis aux autres puissances, l'Allemagne, la Russie et la France. »

Une note d'allure officielle donne donc à entendre que la convention n'accorde à l'Angleterre aucun privilège social, qu'elle a seulement pour but d'ouvrir le Maroc au commerce européen.

Mais peu à peu, avec l'amélioration des relations franco-britanniques; la politique de l'Angleterre devient moins exclusive; de plus en plus, elle semble faire place à sa rivale d'hier, la France.

En 1903, les bruits les plus favorables circulent sans qu'on puisse en tirer aucune conclusion précise. Il ne faudrait pas néanmoins, se contenter de sourires et d'amabilités. Nous devons faire sentir que nous ne sommes définitivement hors du chemin de l'Angleterre, que si nous sommes sûrs de ne jamais la trouver sur notre route du côté du Maroc.

En 1903, Lord Lansdowne disait à Delcassé :

« Quoi qu'il arrive, le gouvernement anglais fera de sorte que le commerce britannique jouisse à l'avenir de l'égalité dont il jouit.

Le caïd Mac Lean proposera la réorganisation avec des cadres français, des régiments marocains qui auront la mission de rétablir l'ordre dans le voisinage de l'Algérie.

Pour M. Harris, l'Angleterre ne peut songer dans la situation actuelle à jouer au Maghreb le seul rôle qui incombe à une puissance européenne.

La France, au contraire, n'a qu'à puiser dans son personnel algérien et tunisien.

Devant les convoitises européennes, l'Angleterre désespérait d'arriver à la main mise sur le Maroc, l'Angleterre change brusquement de politique. Elle s'attache à deux choses, la liberté commerciale et la neutralité du détroit. Elle n'hésite pas à déclarer la France seule héritière de l'empire chérifien, si Tanger est neutralisé et que notre liberté de commerce soit absolue écrivait le *Standard*, le *Manchester*, le *Gardian*, il n'y a pas de raison de faire place à l'influence française.

M. Walter Harris, nous dit : « Tant que le Maroc restera dans sa situation actuelle, il restera un danger pour l'Europe ». Une intervention est donc nécessaire, les intérêts de la France au Maroc sont plus grands que ceux de l'Angleterre.

En 1903, l'accord franco-anglais était déjà dans l'air. En 1903, le *Times* avait suggéré de troquer l'influence britannique au Maroc contre l'influence française en Egypte.

Justement encore par des insinuations, M. Decoude, à la séance du 11 mars 1903, avait demandé au ministre des affaires étrangères, de bien vouloir démentir comme il convenait, que la diplomatie française ait lié en aucun temps à un degré quelconque la question du Maroc à celle de l'Egypte.

L'accord franco-anglais avait des adversaires après le rapprochement de 1903, entre la France et l'Angleterre, celles-ci signent un accord en 1904, qui vient solutionner tous les différends coloniaux entre les deux pays et la rivalité traditionnelle de la France et de l'Angleterre.

Ce n'est pas une trêve mais une ère nouvelle dans la politique mondiale, les deux ennemies d'hier réconciliées vont marcher la main dans la main désormais étroitement unies pour conserver ou accroître leur empire du monde qu'elles se sont arraché pendant des siècles de lutte fratricide.

On compte surtout sur les positions acquises pour les protéger d'un autre impérialisme naissant, l'impérialisme germanique.

Le 8 avril 1904, Paul Cambon, ambassadeur à Londres, et le marquis de Lansdowne signèrent une déclaration concernant l'Egypte et le Maroc.

La France laissait à l'Angleterre, les mains libres en Egypte, en échange l'Angleterre promettait à la France, d'exercer son action au Maroc pour toutes les réformes administratives et financières. Elle devait d'autre part, garantir la liberté commerciale du Maroc pendant trente ans, s'opposer à la construction de fortifications de Mellila du Sebou, maintenir l'intégrité du Maroc.

La France s'engage à ne pas contrecarrer l'action de la Grande-Bretagne en Egypte, en demandant qu'une limite de temps soit fixée à une occupation britannique.

La France ne pouvait d'autre part annexer le Maroc.

Le contrat n'était léonin qu'en apparence, la neutralité du détroit une sérieuse garantie, l'indépendance du Maroc importait peu à l'Angleterre, on devait en réalité vaincre déjà l'Allemagne et sa pression menaçante.

Ce n'est pas l'opinion du *S'James Gazette,* l'accord est un marché inégal et l'Angleterre donne plus qu'elle ne reçoit. Cependant cet arrangement ne doit pas être dépeint sous des couleurs aussi noires que certains peuvent le faire.

On prévoyait déjà la zône d'influence espagnole, et l'Espagne devait être laissée gardienne du détroit, le jour où le sultan devait cesser d'exercer son autorité; une certaine quantité de territoire adjacent aux présides devait tomber dans la zône d'influence espagnole. M. Delcassé disait : « Quelle sera désormais notre politique au Maroc? L'assimilation d'un pays dépend surtout de la multiplicité des voies de communication.

« Nous devons rendre de multiples services au sultan en l'aidant à administrer, à trouver des ressources financières, à former une armée; en assurant la construction d'une voie ferrée qui, en prolongeant la ligne Oran-Tunis, Lallia-Marnia, fera mourir à gauche et à droite les germes d'insurrection. » C'était la porte ouverte à la pénétration pacifique.

M. Deschanel disait à la Chambre : « Nulle part l'Angleterre n'a consenti à un sacrifice réel et elle a gardé au Maroc tout ce qui lui importe, tout ce à quoi elle prétendait, la liberté de son commerce et la liberté de la route des Indes.

« Elle assure sans efforts les avantages économiques que nous achetons, nous autres, par de lourds sacrifices. On sent là une forte école de diplomatie apprise sur de longues traditions admirablement renseignée et outillée, qui ne cède que ce qu'elle veut céder, et qui ne cède rien d'essentiel, qui trouve moyen de se créer de nouveaux gages et de nouveaux intérêts jusque dans les choses qu'elle pouvait accorder, qui toujours prend la truelle et jette l'or. »

Lord Lansdowne écrivait : « Le gouvernement de Sa Majesté n'est pas préparé à assurer de telles éventualités, ou à faire de tels sacrifices; en conséquence, il a volontairement admis que si une puissance européenne quelconque doit avoir une influence prépondérante au Maroc, cette puissance est la France.

« La France, quoique n'ayant aucun désir d'annexer les domaines du sultan ou de renverser son autorité, cherche à étendre son influence au Maroc, où elle est prête à faire tous les sacrifices et à encourir toutes les responsabilités, qui auront pour objet de mettre fin à l'état d'anarchie existant sur les frontières d'Algérie. »

Le 1er juin, M. Balfour, un des chefs du parti conservateur déclare à la Chambre des Communes : « Le traité est avantageux pour cette raison que ce que la France abandonne et que ce que nous abandonnons ensuite consiste surtout dans le pouvoir d'entraver le libre développement de l'action de l'autre parti. »

L'opinion anglaise, calme et réservée, était dans l'ensemble favorable à l'accord, seule une partie de la presse conservatrice lui était hostile, sourdement tout au moins.

La seule partie de l'accord qui soit vivement critiquée, c'est la partie qui limite le temps pour lequel le commerce anglais sera sauvegardé au Maroc.

En général, c'est l'avenir du commerce britannique au

Maroc et non ce que l'Angleterre y peut perdre en nous l'abandonnant qui émeut l'opinion anglaise.

Et si la presse anglaise se montre assez resserrée, la majorité des journaux s'accorde à reconnaître que le sentiment unanime des deux capitales est celui d'une satisfaction profonde.

Une partie de l'opinion publique espagnole attaquait vivement le nouvel accord. On en était encore à la conception de l'héritage exclusif à l'Espagne de Ferdinand et Isabelle.

Ce sont souvent de violentes attaques.

Le *Correo* croit que la nouvelle convention anglo-française laisse la France développer seule son influence au Maroc et empêchera l'Espagne de réaliser ses aspirations dans cette région.

Le *Diario universal* dit qu'il est impossible que le roi aille à Ceuta et Mellila ce qui serait une consécration de l'expulsion de l'Espagne, des affaires du Maroc.

La *correspondencia* consacre un article à cet accord : l'Espagne dépouillée.

M. Monteros Rios a interpellé au parlement espagnol pour savoir si le gouvernement espagnol avait eu connaissance du traité. Si la partie sud-ouest de l'Afrique tombait sous la protection plus ou moins déguisée du protectorat militaire ou juridique de la France, l'Espagne serait réduite à la situation d'un pays assiégé au nord et au sud par la même puissance.

D'autres journaux ont un langage moins violent. Pour *l'imparcial*, la France est parvenue à préparer le terrain pour border l'empire de l'Afrique septentrionale qui est son rêve.

L'*imparcial* blâme le gouvernement de ne pas avoir porté toute son attention sur une question aussi importante.

Le *Heraldo* va jusqu'à dire que la situation ne pouvait être plus triste pour l'Espagne.

Il ajoute que tous les ministres qui se sont succédés dans ces dernières années, en sont responsables sauf M. Silbela qui préconisait l'alliance avec la France pour la solution de la question marocaine. C'était un partisan de l'alliance française.

Il croit au contraire que le traité sera favorable à l'Europe et au Maroc mais tout spécialement à l'Espagne.

La France ne peut pas concerter quelque chose sans se mettre d'accord avec l'Angleterre. Elle doit comprendre que nous sommes du même avis.

Désormais un point acquis pour l'Espagne c'est qu'elle va devenir gardienne du détroit.

Si l'occupation du Riff par l'Espagne, ne peut en aucune façon compromettre l'équilibre européen, l'occupation de Tanger par les Anglais, porterait une atteinte véritable aux intérêts des puissances maritimes, et sous peine de livrer à la plus redoutable contre elles les clefs du détroit et le monopole exclusif de la Méditerranée. Toutes sont tenues d'en garantir solidairement la neutralité et l'indépendance.

A ce point de vue, l'Espagne campée sur les hauteurs de Sierra Bullones, pourrait être la sentinelle avancée de l'Europe chargée par elle de surveiller la liberté des mers.

Maîtresse du Riff, elle reverrait en même temps une mission digne de son glorieux passé, en soumettant une population tombée dans la sauvagerie, et en portant les enfants de la civilisation dans une contrée jusque là hostile et fermée à la civilisation européenne.

M. Rodriguez San Pedro cependant, à une interpellation de M. Labra au Sénat espagnol nous dit : « L'active cordialité des relations entre la France, l'Espagne et l'Angleterre assure que ces deux nations ne négligeront pas les droits et les intérêts légitimes de l'Espagne.

CHAPITRE XIX

Santa-Cruz de Maz Pequena.

La rade d'Ifni est maintenant considérée comme possession espagnole, elle est censée être Santa-Cruz de Maz Pequena. Un établissement de ce nom avait été fondé sur la côte sud du Maroc en 1476, par le chevalier de Herrera. Mais il avait été pris et détruit par les Marocains en 1524, et depuis cette époque on en avait perdu toute trace.

Ifni est un territoire fertile et peuplé, il répond du moins à vol d'oiseau à la description de Santa-Cruz de Maz Pequena (non Barcelone de Las Casas dans son *Historia de las Indias*). Et encore quand on a réduit les limites indécises de Santa-Cruz de Mac Pequena, un doute persiste entre quatre points sur lesquels concourent quelques-unes des descriptions spécifiées par les auteurs antiques.

Le voisinage nord et sud de Sidi Morgek d'abord, le cap Yubi, la bouche de l'amont du fleuve Asaka, la bouche de l'amont de Rio Draa et le Xcibuca, ou les territoires qui se trouvent entre son courant et le cap Yubi.

Ces quatre lieux ont eu des forteresses ou de petits châteaux forts espagnols; ce qui fait défaut est de savoir lequel de ceux-ci se nomme Santa-Cruz.

Les Espagnols cherchèrent à identifier Santa-Cruz cédée par le traité d'Ouad Ras. Le 28 décembre 1878, le Blasco y Ganoy conduisit à la côte du Sous l'expédition présidée par Fernandez Dino. La commission internationale du Blasco Y Ganoy était très indécise. Elle examina tous les lieux supposés pour les commissaires du sultan. Santa-Cruz n'était dans aucun des points examinés par la commission pour les riverains, au dire des Espagnols du moins, tous l'étaient

(Ramos Espinosa de los Monteros, Peline Peres y Toro. Bulletin de la Société de Géographie de Madrid).

parce que chaque tribu désirait que le port espagnol s'établît sur son territoire. Sidi Mesa nous dit : « Les Espagnols firent monter à bord des gens du pays, pour leur faire dire qu'il existait là des ruines d'une forteresse connue autrefois sous le nom de Santa-Cruz de Mac Pequena, leur enseignant ce qu'ils devaient dire dans leurs déclarations, ils firent comparaître les envoyés du sultan, et ils les obligèrent à confirmer cette déclaration.

M. Ramos Espinosa de Los Monteros, est d'avis que Santa-Cruz est dans la région du Cap Guir. C'est l'opinion d'Alvarez qui cite l'explorateur Fuentes.

En continuant notre marche nous laissons à notre droite la digue d'Agadir Iguir, nous arrivons à la forteresse du cap Guir, c'est elle que nous connaissons sous le nom de Santa-Cruz. Et je crois que c'est la Santa-Cruz tant cherchée. L'auteur conclut comme Alcalo Galiano qui analysait les documents de Diego Tonus.

Alcalo Galiano dans son livre « Mémoires sur la pêcherie de Santa-Cruz de Maz Pequena », lui attribue la situation d'Agadir Iguir; Ifni correspond à la province de Tazeroulat, Agadir Iguir et celle de Sous.

Beaucoup d'embarcations y allaient chaque année.

Le roi d'Espagne en l'an 1448, avant qu'Hierro y bâtît son château fort, fit marché de Maz Pequena avec les mémoires et les vues de l'intérieur depuis le cap d'Aguir, jusqu'à la terre et le cap Bogador.

Cristobal Banos affirme en 1474, que les navires de pêche partaient du nord de l'Espagne jusqu'à l'Andalousie et de là jusqu'au cap Aguir.

Agadir est aujourd'hui une petite ville décrépite, perchée sur une cime qui domine une baie ouverte au port que la religion commune appela Santa-Cruz.

Au pied de la cité se trouvent les ruines de Pontis, citadelle fondée près d'une source où les Portugais et les Espagnols allaient faire de l'eau.

Son excellente position en face de l'Océan sur une grande voie fluviale et un territoire de limites incertaines, entre deux régions désertes, furent les causes pour lesquelles

les Maures l'ont appelée Blad-el-Soudan, la porte de la Négrétie.

Le géographe français Renou situait Agadir au voisinage immédiat de Port Cansado Cap Juby.

Fernandez Duro, président de la Société royale de géographie, commissaire au Gouvernement espagnol, fixe Agadir à Ifni.

La Commission de 1879, opina qu'Agadir se trouvait dans l'enceinte d'Ifni; la Commission avait exploré les points de Draa à Ifni, où l'on suppose depuis longtemps que se trouve le château. A l'appui de cette opinion les pilotes de Berbère appelaient depuis longtemps Santa-Cruz de Berbérie, les hauteurs proches d'Ifni.

Les Maures de la localité assurent voir à Ifni, à droite de la rivière, des vestiges de l'ancienne forteresse de Herrera.

Le Maroc ne ratifia le choix de l'Espagne qu'en 1883. On avait oublié l'expédition de Santa-Cruz, et l'Espagne, après l'occupation de Rio de Oro, réclama le port de Santa-Cruz.

En 1900, c'est l'ambassade de M. Ojeda. Le résultat le plus important de l'ambassade de M. Ojeda serait la détermination du port de Santa-Cruz de Mac Pequena que le Maroc avait cédé à l'Espagne par le traité de paix de 1860. Depuis lors on avait jamais pu s'étendre sur l'identification de ce point. Le Maroc offrait à l'Espagne des portions de plage, plus inaccessibles que les autres sur cette côte sans abris, battue presque en tous temps par une barre mystérieuse.

Mais cette fois, les Espagnols réclament Ifni.

Le Maroc chercha à éluder ses engagements sous prétexte qu'il n'est nullement démontré qu'Ifni soit bien Santa-Cruz.

Les Espagnols répliquèrent qu'il importait peu, et que si Ifni était introuvable, les Espagnols pourraient procéder par équivalent.

Les Maures avaient abandonné à l'Espagne les établissements de Santa-Cruz de Mac Pequena, c'est-à-dire un port et un territoire adjacent, au cas où ce port et ce territoire ne pourraient être identifiés, l'Espagne se réservait le droit de saisir un territoire adjacent.

Tel était du moins l'aspect du traité. Les projets espagnols n'auront pas de suite encore.

Ce n'est qu'en 1911, que les Espagnols songèrent à les mettre à éxécution.

CHAPITRE XX

Le Traité de 1902.

Après des années de stagnation, l'Espagne semble revenir à sa politique traditionnelle d'action au Maroc. Mais cette fois sa politique change. Au lieu de s'aboucher avec l'Angleterre pour contrecarrer, suivant sa détestable tradition, l'action française au Maroc, elle cherche à s'entendre avec la France, sa compétitrice la plus sérieuse depuis le traité de Lallia-Maghnía à la succession marocaine; et cette fois, sans même se concerter avec l'Angleterre.

Le Maroc était pour elle un héritage lointain qu'elle se réservait pour elle seule, une hypothèque à longue échéance dont seule elle devait exercer la purge; l'Espagne, prête à l'action, comprend qu'il peut y avoir place pour deux. Au lieu de se servir de l'Angleterre pour empêcher toute autre puissance de prendre pied au Maroc, dans un brusque revirement, elle traite avec la France sans l'assentiment de l'Angleterre, semblant par là revenir à la politique du général O'Donnel et de l'expédition de 1860. L'entente avec l'Angleterre ne lui a laissé que désillusions et ne lui a servi que d'instrument pour arrêter la France sans recevoir en échange aucun avantage politique.

Pourquoi ne traite-t-on pas d'abord avec l'Angleterre? Parce que, l'a dit le comte Romanonès, l'état des relations entre la République et l'Angleterre était tendu. On était encore sous le coup de l'incident de Fachoda. Trois nations seulement ont des droits incontestables au Maroc : la France, l'Angleterre et l'Espagne. Quel était l'état de leurs rapports entre elles? La France et l'Angleterre se trouvaient en état de relations peu cordiales.

Le duc d'Almodovar, et ce fut son erreur, considère à

(Vaux, Rouard de Card, Maura, Bulletin du Comité de l'Afrique française, Rouard de Card).

cette époque qu'amener à une entente avec la France à l'insu de l'Angleterre était le commencement naturel d'un travail progressif et qui évolue et que l'on communiquerait à l'Angleterre au moment opportun.

Du côté français, il était urgent de s'entendre avec l'Espagne. L'Angleterre unie à l'Espagne eût pu fermer Cadix et Tanger à ses ennemis; appuyer ses escadres sur Gibraltar et Ceuta, couper toutes nos communications par le détroit, intercepter tout commerce, séparer l'escadre française de la Méditerranée de celle de l'Atlantique. La France a au Maroc des droits et des devoirs supérieurs à ceux de toute autre puissance, même à ceux de l'Espagne. L'Espagne ne peut plus invoquer que des titres historiques respectables sans doute, mais qui ne sauraient faire obstacle aux intérêts primordiaux que crée en faveur de la France une frontière de 400 kilomètres, et cela, l'Espagne l'a elle-même reconnu.

L'Espagne de son côté a des intérêts plus sérieux au Maroc que des droits historiques. La colonie étrangère se recrute surtout parmi ses nationaux, sa monnaie s'écoule jusque dans les provinces les plus éloignées de l'empire, sa langue se parle dans tous les ports, ses missionnaires ont acquis le droit de dire la messe dans deux villes. Et cela la France ne l'a pas omis de son côté.

Néanmoins, une entente franco-espagnole relative au Maroc se heurtait cependant à de sérieuses difficultés. En ce qui concerne le Maroc, l'ampleur des convoitises espagnoles les rendait hostiles à toute précision, car préciser, c'est limiter. Il y eut d'abord en 1902 des pourparlers à Paris, pourparlers qui allèrent assez loin sans toutefois aboutir au traité dont on a publié le texte épigraphe. Il s'agissait, semble-t-il, d'un partage sur lequel on ne peut se mettre d'accord. Le principal obstacle se trouva dans l'attitude hostile de l'Angleterre, qu'on avait tenue à l'écart des négociations. Celles-ci furent assez mytérieuses. On a longtemps contesté même l'existence d'un projet de traité franco-espagnol. M. Gibson Bowles avait interpellé au Parlement britannique sur un soi-disant accord qui aurait été conclu en novembre 1902 entre la France et l'Espagne et dont l'existence a été absolument niée au Sénat espagnol. M. Gibson Bowles a demandé si le gouvernement de Sa Majesté avait eu connaissance d'un accord passé entre la France et l'Espagne en novembre 1902, aux termes duquel les deux puissances conviendraient de combiner leurs forces militaires dans certaines éventualités, s'engageant, par exemple, à défendre la neutralité des ports marocains de Tanger à Tétouan; c'est-à-dire toute la péninsule du cap Spartel au nord d'une ligne unie presque rigoureusement le long du 35e degré de latitude depuis le Penon de Veles jusqu'à Larache. Il semble qu'il s'agissait dans ce projet de traité, sinon d'un partage éventuel, du moins d'une délimitation de zone d'influence.

On disait au Parlement espagnol : nous ignorons la nature de cet accord, nous étions loin de soupçonner son étendue et l'importance des concessions faites à l'Espagne, concessions qui allaient jusqu'à englober dans la sphère d'influence espagnole, non seulement toute la côte septentrionale du Maroc y compris Tétouan et Tanger, mais encore la capitale de l'empire, la ville de Fez, au sujet de laquelle M. Ribot a formulé à cette époque un avis si judicieux et si ferme.

A part Fez et le Rif, cette zone comprenait, avec d'autres cours d'eau moins importants, deux rivières abondantes, la Moulouya et le Sebou, les versants septentrionaux du petit Atlas, les ports de Mehedia, Larache, Arzila, Tanger et Tétouan, les populations de l'intérieur, c'est-à-dire celles d'Alcazarquivir, Orozzon et Taza, et enfin la région des Andjheras.

« En résumé, a dit M. Maura, nous pouvons dire que le traité de 1902 attribuait à l'Espagne, avec une zone d'influence si étendue surtout en y comprenant la ville de Fez, une part considérable dans l'entreprise très honorable et difficile que l'on a en vue et qui a pour but d'européaniser le Maghreb en facilitant l'accès des bienfaits de la civilisation sur cette terre aujourd'hui fermée à toute influence chrétienne. »

Le traité avait été longuement mûri, le duc d'Almodovar déclare que lui-même et M. Delcassé s'étaient rencontrés vers le milieu de l'année 1901 et avaient envisagé ensemble le problème marocain.

M. Silvela avait approuvé le traité signé par le duc d'Almodovar, et M. Sagasta, supposant qu'il s'agissait d'une œuvre de paix, de concorde, de garantie contre toute suspicion ou mécontentement des puissances amies, trois mois après, au pouvoir, il refusa de signer.

La situation de l'Europe, a dit le comte Romanonès, était à cette époque très différente de ce qu'elle est aujourd'hui, c'est pour cela que le gouvernement d'alors voulut en profiter. Survint alors le Cabinet Silvela, et les négociations furent rompues. M. Silvela, chef du ministère qui remplaça M. Sagasta, a jugé nécessaire de s'expliquer au sujet du reproche que lui avaient adressé les anciens ministres libéraux d'avoir interrompu les négociations avec la France.

Il l'a fait dans une lettre au duc d'Almodovar, qui a été publiée dans l'*Imparcial* du 11 juin, sur la question du Maroc, où il indiquait que le *statu quo* était impossible et où devant les éventualités de l'avenir, il conseillait l'union avec la France. Beaucoup d'Espagnols étaient de cette opinion et faisaient médiocre accueil à l'article de M. Silvela, qui préconisait une entente avec la France dans la question du Maroc.

M. Roméo Robledo a déclaré, par exemple, à un représentant du *Heraldo*, qu'il était hostile à une entente avec la France, et ce par crainte de l'Angleterre.

M. Silvela objectait que l'Angleterre n'avait pas pris connaissance de l'arrangement : « L'appui de la France, voilà ce que j'ai jugé insuffisant dans ces circonstances. » M. Silvela avait refusé de signer un accord qu'il avait appuyé trois mois auparavant, parce que la France avait refusé son appui diplomatique.

L'Angleterre ne pouvait encore supporter l'établissement d'une puissance européenne sur la côte d'Afrique en face de Gibraltar. Quel serait alors le sort de notre pays, alors engagé dans une guerre avec la France alliée de l'Espagne, désireuse de conquérir le rocher. Gibraltar isolée du Maroc et de l'Espagne, d'où elle reçoit depuis des siècles des approvisionnements, serait obligée de se rendre.

Les bords du détroit seraient tous deux hostiles, l'un au pouvoir de la France, l'autre entre les mains de l'Espagne, avec 60.000.000 d'ennemis au nord et 30.000.000 au sud depuis Tunis jusqu'à la Sénégambie.

Sur tous ces territoires flotteraient le drapeau tricolore et le drapeau rouge et jaune. On comprend pourquoi l'accord franco-espagnol était impossible avant l'entente franco-anglaise.

L'Angleterre n'avait jamais toléré un accord fait en dehors d'elle. Il lui fallait être assurée que l'Espagne l'aiderait à faire respecter la neutralité du détroit ; à ce prix, elle pourrait non seulement permettre l'accord, mais encore s'imposer à la France en traitant avec elle l'obligation de traiter ensuite avec l'Espagne à des conditions plus particulièrement favorables que celles qui auraient été faites si elles avaient été seules. Il semble que la France eût pu prévoir cette situation.

M. Delcassé, c'est du moins la thèse espagnole, aurait d'abord cherché à s'entendre avec l'Angleterre, avant de négocier avec l'Espagne. Mais ensuite, craignant des concessions trop généreuses de la part de l'Angleterre à l'Espagne, il préféra, paraît-il, s'entendre avec celle-ci tout d'abord.

Français et Espagnols avaient commis la même erreur : négliger l'Angleterre ; tout échoua. Autant l'Espagne et l'Angleterre sont des alliées naturelles lorsqu'il s'agit de politique générale du monde, autant elles sont et doivent être ennemies irréconciliables toutes les fois qu'il s'agit du détroit tant que l'Angleterre sera maîtresse de Gibraltar.

Cette situation ne finira qu'avec l'accord franco-anglais de 1904.

M. Ribot s'était élevé au Parlement contre toute convention en général qui aurait pour but un partage du Maroc, contre celle en particulier qui tendait à laisser tomber en d'autres mains que les nôtres la capitale de la Chaioua dans un pays où tout dépend de la religion. Il insistait en outre sur la situation stratégique de Fez qui est à mi-chemin entre la mer et l'Algérie et commande la route de Tlemcen.

CHAPITRE XXI

Le Traité de 1904.

Cette fois, la France et l'Espagne peuvent s'entendre au Maroc. L'obstacle principal à un accord vient de disparaître.

L'Angleterre, dans l'accord de 1904, a abandonné le Maroc à la France et dans ce même accord a expressément reconnu les droits de l'Espagne. La France peut faire des concessions à l'Espagne et traiter avec elle à condition de veiller au maintien de la neutralité du détroit de Gibraltar dont elle est garante. L'Angleterre la subroge à la garde du détroit.

Dans ces dernières années, le centre de la politique européenne s'est déplacé, l'Angleterre elle-même a abandonné la Méditerranée, laissant à la France le soin d'assurer la sécurité de cette mer latine.

La France a traité avec l'Angleterre. Reste l'Espagne; c'est une puissance dont nous devons tenir le plus grand compte. Elle a des droits et des traditions absolument respectable· et qui le sont plus encore, en raison de leurs relations entre les deux pays. Nous allons donc nous efforcer d'arriver à un accord avec elle.

Du côté de l'Espagne, il n'y a rien de nouveau à signaler, mais les fluctuations de l'opinion font croire à la possibilité d'un accord. Un accord précis s'annonce. Nos amis d'outremonts n'ont à avoir aucune inquiétude; leurs prétentions légitimes à prendre part au Maroc seront satisfaites, qu'un traité intervienne immédiatement ou que des négociations amicales engagées entre Paris et Madrid aboutissent un peu plus tard.

A propos du voyage du roi d'Espagne à Paris, toute la presse suivait avec un vif intérêt ce qu'on disait des négociations engagées entre les gouvernements français et espa-

(Rouard de Card, Vaux, Bulletin du Comité de l'Afrique française).

gnol pour délimiter et définir leur situation et leur mode respectif dans la question du Maroc.

En dehors du monde politique et de la presse, la majorité des Espagnols paraît indifférente et ne montre aucune animosité contre l'extension de l'influence française au Maroc, vu que ni les ressources ni les finances en Espagne ne lui permettent de songer à autre chose qu'à conserver la position acquise et à défendre ses intérêts commerciaux au Maroc. L'Espagne continue à s'occuper du Maroc d'une manière qui ne mérite pas de passer inaperçue.

L'Espagne se défend de se mêler à aucun conflit européen, mais elle ne peut se désintéresser de la portion africaine dans laquelle elle a un intérêt bien défini.

Mais qui pourrait nier que les liens qui nous unissent à notre voisine, la République française, ainsi que la communauté de nos intérêts et de nos aspirations à maintenir le *statu quo* au Maroc autant que cela sera possible, nous recommandent d'entretenir une amitié cordiale et de réaliser l'harmonie de vues avec une nation sœur par la race?

L'accord de 1904 reste longtemps assez mystérieux.

La Época déclare que l'Espagne, en signant le récent accord, a voulu affirmer une fois de plus la volonté de maintenir le *statu quo* territorial et dynastique au Maroc et s'engage à ne pas entraver l'action de la France s'exerçant dans les limites prévues par l'accord franco-anglais.

L'Imparcial ajoute : « L'Espagne n'a nullement l'intention de se lancer dans les aventures, mais elle saurait ce qu'elle aurait à faire dans le cas où la situation du Maroc exigerait d'autres solutions. »

Du côté français, on en est aux conjectures imprécises. M. Étienne écrivait : « Quels droits nouveaux évidemment avons-nous reconnus à l'Espagne? Comment et dans quelle mesure l'étendue de ces droits a-t-elle été déterminée? La prééminence politique de la France au Maroc était reconnue par l'Espagne du fait de son adhésion au traité franco-anglais, et dans les termes mêmes de ce traité, l'intégrité politique du Maroc était d'autre part proclamée avec une insistance particulière; je suppose que les droits et les intérêts de l'Espagne sont d'ordre exclusivement économique. En d'autres termes, je pense que l'Espagne sera associée à la partie économique de notre pénétration pacifique. Il y aura des ports à creuser, des ponts à édifier, des chemins de fer à construire. Il est naturel que dans les Conseils d'administration qui seront créés l'Espagne soit représentée. »

M. Maurice Ordinaire disait : « Nous croyons que l'Espagne au bout d'une période de temps assez longue pourra demander, si elle le juge à propos, à être associée à l'œuvre de réorganisation française et de revirement de l'Empire marocain dans les limites d'une certaine région. »

On remarquera qu'il ne s'agit ni bien entendu d'un partage du Maroc, qui serait absolument contraire à la déclaration publique, ni même de la constitution d'une zone d'influence à proprement parler; il n'est question que d'une collaboration qui se traduit par la participation des capitaux à l'œuvre commencée au Maroc.

On envisageait une collaboration imprécise, où l'on entrevoyait à peine la constitution d'une zone d'influence. L'Espagne avait obtenu beaucoup plus à propos de l'accord signé entre M. Delcassé et M. Léon Castillo del Muni. *Le Figaro* disait : « Il s'agissait, tout en ménageant les intérêts de l'Espagne et ses aspirations légitimes, de permettre à la France de veiller seule à l'exclusion de toute autre puissance à la tranquillité du Maroc et de lui prêter son assistance suivant les termes mêmes de la déclaration du 8 avril.

« L'Espagne avait demandé et obtenu beaucoup plus.

« C'était un véritable traité de partage en vertu d'une action essentielle. L'Espagne, dans n'importe quel règne d'histoire, veut affirmer sa personnalité au Maroc; mais dans la pratique de la vie, et au point de vue de la politique internationale, nous ne pensons pas et nous ne disons pas comme vous que l'Espagne soit seule à avoir une personnalité au Maroc. »

C'était la fin de la politique de l'héritage lointain réservé à l'Espagne. Bien plus qu'un partage, c'était une collaboration étroite qui était envisagée.

M. Silvela disait : Mes compatriotes se sont figuré à tort

qu'on avait l'intention de leur enlever Ceuta et Melilla. Il est de l'intérêt des deux nations latines de pénétrer ensemble en s'entr'aidant dans ce pays exceptionnellement riche.

« La France veut l'amitié sincère de l'Espagne. Rien ne serait plus naturel que cette action commune.

« La solution de la question marocaine n'est pas encore mûre, mais elle ne tardera pas à l'être. A ce moment, nous aurons besoin de vous et, de votre côté, vous serez certainement heureux d'être secondés par des soldats espagnols qui ont l'habitude de ces climats chauds et qui vous ont rendu de grands services au Maroc.

« L'Espagne veut tout le Maroc septentrional délimité au sud par la ligne Rabat, Fez, Ouljda, dont l'Espagne, pour, suivant le but héroïque de ses aïeux, veut pousser la reconquista jusqu'au cœur de l'Islam et clore la dernière croisade contre les Maures en plaçant sur les minarets l'étendard de Sa Majesté Catholique. »

M. Romanonès disait : « Nous désirons pour l'Espagne que, dans cette négociation qui a lieu à présent, on obtienne la même chose que ce que le gouvernement libéral de M. le duc d'Almodovar avait obtenu en 1902. »

Un fait certain, c'est que la zone d'influence espagnole comprend toute cette partie de la côte marocaine qui, au point de vue stratégique, s'impose à la sécurité de notre péninsule. L'Espagne obtenait de plus une zone d'influence dans la région du Sous.

Un autre fait certain, c'est que l'Espagne ne serait pas contrainte à une intervention collective. Le général Azcaraga a déclaré que la conduite de l'Espagne sera conforme aux dispositions de l'accord franco-anglais, lequel n'impose à l'Espagne aucune obligation militaire.

Le marquis Aguilon de Campo nous dit : « Au cas où l'Espagne serait contrainte à une action militaire parallèle à celle de la France, le gouvernement espagnol agira toujours sans précipitation et sans se commettre dans une lutte avec les Berbères ou avec le gouvernement marocain. »

Les économistes disent qu'il existe dans cette déclaration un accord secret pouvant obliger l'Espagne à intervenir militairement. L'action espagnole reste toutefois subordonnée à l'action française. L'Espagne obtient une zone d'influence, mais elle n'y a pas les mains absolument libres.

Dans cette partie même, toute action de l'Espagne pendant une durée déterminée était subordonnée à un accord préalable avec la France, tandis que sur son terrain propre la France n'était astreinte qu'à notifier à l'Espagne ses initiatives. L'accord avait des adversaires en Espagne : Maura avait été opposé à l'action africaine. Même si l'Europe donnait à l'Espagne mission d'intervenir, elle ne devrait pas accepter, sa tâche étant trop lourde et périlleuse; elle doit se borner à développer son commerce et à organiser ses présidios, favoriser l'émigration espagnole au Maroc et encourager l'étude scientifique de ce pays. Nos intérêts au Maroc se résument aujourd'hui en ces mots : espérer et travailler. Espérer le résultat de l'action de la France.

En France même, l'accord était attaqué. On s'opposait beaucoup à une collaboration franco-espagnole. Si l'Espagne veut en sortir comme elle ne peut compter nous chasser de l'Algérie, il y aura juxtaposition des deux dominations française et espagnole dans l'Afrique du Nord; ce sera l'origine des conflits que nous voulons éviter.

M. Étienne disait que si l'Europe laissait seule à la France le soin de laisser régner l'ordre dans le Maroc, elle verrait s'ouvrir pour ses nationaux un champ d'activité autrement important que celui de la France à Oran. On craignait, d'autre part, que cette politique d'accord nous conduise à une intervention.

L'intégrité du Maroc, disait M. S. Germain, qui doit être garantie par les puissances intéressées, doit être défendue et protégée par nous seuls. Une politique d'entente, surtout avec l'Espagne, est évidemment nécessaire, mais toute politique d'entente qui conduirait, soit à des conventions pouvant nous lier les mains, soit à une intervention collective vis-à-vis du sultan, ou de l'agitateur, doit être écartée. L'accord lui-même donnait lieu à de nombreuses attaques.

M. René Millet disait : « Une déclaration plaçant dans la

zone d'influence de l'Espagne tout le littoral nord de l'empire depuis Melilla jusqu'à l'embouchure du Sebou. »

Eh ! me dira-t-on, que nous importe le Sebou? La rive droite du Sebou à l'Espagne, c'est Tanger, c'est-à-dire la troisième capitale du Maroc ; soustraite à notre influence, c'est le pays du sultan, le Blad-el-Maghzen, comme on dit là-bas, partagé entre deux puissances européennes, car, moralement parlant, le souverain lui-même, écartelé, tiré à quatre chevaux, c'est, par suite, tout essai d'action réduit à l'échec, tout protectorat impossible. En tous cas, c'était un renouveau de politique coloniale pour l'Espagne.

M. Maura écrivait : « Ce sont bien des réalités que le testament d'Isabelle la Catholique, la fermeté et les exploits de don Juan d'Autriche, de Charles V et de Philippe II. Tout cela est vrai, mais on était alors dans ce temps où devant la vigueur espagnole s'ouvraient trois sentiers : celui que Colomb avait tracé sur la mer, vers le continent américain, le chemin offert à l'expansion de la force morale de ce pays par les disputes que la Réforme avait fait naître en Europe et qui l'avait jetée dans des luttes sanglantes; enfin le chemin de l'Afrique, qui était la continuation de Grenade.

« Mais nous n'avions ni une vitalité, ni des forces suffisantes pour mener de front tant de choses. On aurait réduit nos prétentions, bien que notre décadence n'eût pas encore commencé, et nous ne pouvions déployer toute notre énergie à la fois en Amérique, en Flandre, en Italie ainsi qu'au Maroc.

« Et maintenant que par la destinée des peuples nous ont été arrachés les derniers restes de notre souveraineté en Amérique, bien que nous n'ayons pas perdu les qualités sociales d'une grande métropole créatrice, maintenant que l'Espagne voit renaître le problème africain, qui alors nous avait fait entrevoir un nouveau destin et qui eût pu fixer tout autrement le sort de cette continuation, de cette péninsule qui va jusqu'à l'Atlas. »

CHAPITRE XXII

L'Allemagne au Maroc et la Conférence d'Algésiras.

Depuis 1870, la puissance de production de l'Allemagne a presque doublé.

L'exportation a augmenté de près de 60 %, elle dépasse aujourd'hui 4 milliards et demi; chaque jour le commerce fait de nouveaux progrès et les Allemands ne comptent plus les victoires pacifiques qui leur ont permis de créer des débouchés nouveaux. La richesse s'est accrue dans des proportions énormes, et les capitaux affluant toujours, doivent aujourd'hui émigrer pour trouver leur emploi.

Partout se sont créées des entreprises allemandes, lignes de navigation, chemins de fer, mines, plantations; il n'y a pas une contrée ou l'Allemand n'ait pris pied.

Les peuples de marchands sont toujours devenus, par la force même des choses, des peuples de colons. « Notre politique coloniale, disent les Allemands, n'est l'œuvre de personne, elle s'est produite d'elle-même. »

Une entrave à l'expansion coloniale allemande fut que celle-ci, maîtresse de l'Alsace, son aînée, voulait garder sa suprématie en Europe. M. de Bismarck disait : « Je ne suis pas un homme colonial. »

« La colonisation, disait Bismarck, nous devons la chercher du côté de l'ouest, il y voyait pour nous une diversion salutaire et pour lui, un moyen de vivre en paix.

Bismarck disait : « Nulle colonie ne vaut les os d'un grenadier poméranien. Il est bon que le coq gaulois gratte les sables du désert africain. » M. de Bismarck disait : « Je ne suis pas un homme colonial »; pendant plusieurs années, il ne vit dans les ambitions coloniales qu'un moyen habile de détourner de l'échiquier européen les regards de ses rivaux. Aussi

(*Tardieu, Noël, Baurassin, Bulletin du Comité de l'Afrique française*).

encourageait-il volontiers les Français, Anglais, Russes à courir au loin les aventures, mais pour lui-même, il ne recherchait
d'autre gloire que de rester l'arbitre de l'Europe.

Le duc de Broglie le faisait remarquer dans un de ses
discours au Sénat : « L'Allemagne était heureuse de voir la
France s'engager dans les aventures coloniales. »

« Rassurez-vous, disait notre ambassadeur à Berlin, M. de
Bismarck approuve et favorise vos tendances colonisatrices,
il y voit la preuve que l'imagination de la France se délie
de toute pensée de revanche, c'est l'Allemagne qui a poussé
la France sur le chemin de l'expansion coloniale, cette politique ne tend rien moins qu'à abaisser l'influence continentale de la France. »

L'Allemagne entre tard dans le chemin de la politique
coloniale.

En 1882, se fonde la grande société coloniale allemande
qui compte aujourd'hui plus de trente mille membres, et
dont l'influence s'est faite à maintes reprises sentir sur la
politique commerciale maritime et coloniale de l'Empire.

Les plus grands personnages de l'Allemagne y sont repré-
sentés. Son but était de créer un mouvement en faveur de
la colonisation, et d'obtenir par une agitation incessante,
la participation du gouvernement à l'œuvre entreprise.

Par la composition de son bureau que préside le prince
Jean Albert de Mecklembourg, par ses manifestations tan-
gibles, par le nombre de ses membres, cette société a pris
en Allemagne une place prépondérante. Son influence est
entretenue par les communiqués que chaque jour elle envoie
aux grands journaux, et par sa gazette quotidienne la *Deutsche
Kolonial Zeitung*. Elle organise des conférences dans toutes
les villes d'Allemagne, publie des brochures, des plaquettes,
des gravures, sillonne le monde de cartes postales illustrées.

Écarté à la fois de la Méditerranée et de l'Océan, l'empire
germanique apparaît comme un véritable intrus dans la question marocaine, mais comme un intrus dangereux.

Venue tard au Maroc, c'est cependant l'Allemagne qui
met le plus d'ardeur à s'y implanter. Elle veut à tout prix
devenir grande puissance maritime et coloniale, parce que

grande puissance industrielle. De tous côtés son activité se manifeste, son action se fait sentir.

Lors de la fondation de l'Empire allemand en 1871, de nombreux territoires mondiaux se trouvent déjà occupés par les Européens, ceux qui restaient encore à l'état de sea millions continuaient à se raréfier. C'est donc avec un bel acharnement que l'Allemagne, arrivant à la curée, se mit à la conquête de pays neufs et de débouchés, et au bout de trente années d'efforts, elle parvint à constituer un empire colonial qui est loin d'être négligeable, et au cours de ce *drang nach Osten*, comme disent les Allemands, leurs hommes politiques découvrent le Maroc. Ce pays d'une fertilité moyenne, bien situé et d'une grande faiblesse politique, leur paraît une proie particulièrement tentante. Mais ils n'eurent cesse de chercher moyen d'y trouver des influences.

L'Allemagne se rua donc vers l'Afrique, mais, dernière venue, elle n'y trouva que des terres moins bien situées, mais richement dotées, moins peuplées que celles occupées par la France, l'Angleterre, le Portugal et la Belgique. Elle se mit pourtant à l'œuvre avec la ténacité qui la caractérise et, en quelques années, elle constitua un vaste domaine qu'elle se mit à coloniser et à domestiquer selon les méthodes germaniques.

L'Allemagne, extérieurement, se défend de vouloir prendre pied au Maroc, et à première vue, elle paraît sincère, car elle ne vise pour le moment que l'exploitation économique du pays. Mais à notre époque, commerce et politique sont intimement liés et il ne faut pas se dissimuler que le Maroc, en subissant les conditions commerciales que la diplomatie allemande cherche à lui imposer, prépare sa succession politique puisqu'il ne sera plus maître des richesses de son sol.

L'Allemagne voyait cependant dans le Maroc une terre magnifique de colonisation.

« Nulle part mieux qu'au Maroc, ajoutait le Comte Pfeil, il n'a paru aussi clair et manifeste, qu'en somme le monde ne peut appartenir en toute justice, qu'aux peuples qui savent et qui peuvent exploiter la terre. »

Les entreprises territoriales de l'Allemagne au Maroc ont été nombreuses et infructueuses.

En 1878, deux navires de guerre, le *Nautilus* et l'*Atlantus* étaient envoyés au Maroc et croisaient sur la côte de l'Atlantique, pour en examiner toutes les rades et criques.

Le lieutenant-colonel Von Conring partait en mission à la cour du shérif.

L'Espagne et l'Angleterre se trouvaient unies contre les entreprises germaniques. L'Allemagne négocia avec l'Espagne, en 1880, la cession du port de Santa-Cruz de Maz-Pequena.

L'explorateur Von Conning préconisait une entente entre l'Espagne et l'Allemagne contre la France et l'Angleterre. Cette fois, ce fut l'Espagne qui fit tout échouer, les aspirations allemandes portaient ombrage à sa politique traditionnelle, à ses rêves endormis et sans lendemain.

Bismarck voulut créer une station navale aux Zaffarines, pour s'établir aux portes de l'Algérie et se ménager par la même occasion une voie de pénétration sur le continent marocain par la vallée de Moulouya, c'est le plan qu'un Espagnol fixé à Oran, a exposé dans le *Deutsche Kolonial Zeitung*. Il préconisait une entente durable entre l'Allemagne et l'Espagne.

L'Allemagne tentera, en 1888, de se faire céder la baie d'Andjouvent, en 1891 le territoire de Keb-dona. En 1895, après l'assassinat d'un sujet allemand M. Neumann, M. de Tattenbach fut envoyé en mission. On dit alors qu'il demanda la concession d'un dépôt de charbon à l'embouchure de la Moulouya; il obtint en tous cas la construction, par un ingénieur allemand, d'un fort à Rabat. On a parlé à ce moment de mainmise germanique sur ce port qui commande la route de Fez à Marrakech.

En 1895, M. de Tattenbach voulut lui-même, avec l'appui d'un navire de guerre, faire justice des assassins de M. Rokotroh.

Quelques mois plus tard, à propos de l'attaque par les Riffains de la banque hollandaise Anna, l'Allemagne fit une démonstration navale avec la Hollande pour obtenir une indemnité du sultan. La presse allemande demanda même l'occupation d'un port comme gage. Certains journaux déclarent en 1898, que le baron Scherk de Schumbourg avait demandé la cession à bail à l'Allemagne de la vallée de la Moulouya.

Il ne semble pas que les journaux allemands aient jamais insisté beaucoup jusqu'ici, pour obtenir des concessions territoriales, particulièrement en ce qui concerne la Moulouya.

Il ne paraît pas soucieux de se créer de nouveaux sujets de conflit avec la France surtout en allant s'établir à la frontière algérienne.

En 1901, la *Deutsche Kolonial Zeitschrift* disait : « L'Allemagne voudra en tous cas s'assurer un port sur la côte atlantique au Maroc et la France ne pourra pas bien sûr et ne voudra pas lui interdire. »

En 1903, l'Allemagne craint déjà l'occupation du Maroc par la France.

« Aussitôt que la France tentera de réaliser ses espérances, il serait temps pour nous d'agir. Nous devons être résolus à occuper les ports de Saffi, Mogador et Agadir, et à proclamer sphère d'influence allemande la région qui les entoure au cas d'une expédition française ou de l'établissement du protectorat français au Maroc. »

M. Théobald Fisher nous affirmait que l'Allemagne se désintéresse absolument en faveur de la France de toute la région de la Moulouya et de celle de l'Atlas voisine de l'Algérie, il nous a déclaré que les revendications allemandes porteraient sur toute la partie du Maroc située entre l'Atlas et l'Atlantique, au sud de Rabat y compris le Sous, restait à la France tout le reste du pays y compris le Riff, car M. Fisher, d'accord avec d'autres personnalités coloniales allemandes, nie à l'Espagne tout pouvoir et toute capacité de colonisation.

Sans aller jusqu'à d'aussi âpres convoitises territoriales, l'Allemagne a toujours convoité un port ou un dépôt de charbon sur la côte marocaine. Tous ces projets n'ont guère eu de suite; le plus grand danger qui en résulterait serait la création d'une station de charbon sur la côte marocaine dont la diplomatie a déjà sollicité en 1889 la concession.

Si l'Allemagne possédait une station navale en terre marocaine, l'équilibre de la Méditerranée, serait compromis à notre détriment.

C'est d'ailleurs une tendance générale de l'Allemagne de s'immiscer dans les questions où elle n'a que faire tant en Europe qu'en Afrique, en vertu de la maxime *quia nominor leo*.

L'Allemagne ne donna pas de suite immédiate à ses visées territoriales sur le Maroc, mais elle y travailla économiquement et politiquement, si l'on peut séparer, lorsqu'il s'agit de l'Allemagne, l'action économique de l'action politique.

Deux des premiers explorateurs du Maroc étaient allemands : Lenz et Rholfs, et, en 1866-1870, leurs récits attirent l'attention de l'Allemagne sur le Maroc surtout au point de vue du développement commercial.

Jusqu'en 1870, le Maroc était à peu près inconnu de l'Allemagne. La légation impériale de Tanger datait de 1873 et vivait particulièrement effacée.

En 1880, le prince de Bismarck sollicite d'envoyer un représentant à la conférence de Madrid où se traitait les affaires du Maroc, il faisait dire à notre ambassadeur à Berlin, le comte de Vallier, par l'ambassadeur d'Allemagne à Paris, prince de Hohenlohe que l'Allemagne n'ayant point d'intérêts au Maroc, son délégué avait l'instruction de régler son attitude d'après celle de son collègue de France.

Néanmoins elle a joué un rôle actif dans la conférence internationale de Madrid de 1880.

En 1887, M. de Bismarck déclare au marquis de Benomar, ambassadeur d'Espagne à Berlin, qui le sollicite dans les affaires marocaines que l'Allemagne se désintéresse du Maroc.

Au lendemain de la guerre franco-allemande et de la proclamation de l'empire d'Allemagne, il envoya un ministre au Maroc. Avec M. Weber les débuts furent modestes et d'une modestie peut-être affectée, l'empire était totalement ignoré du grand chérif.

Son ambassade de 1880, remarquable pour ses maladresses, essaya d'éblouir le sultan d'objets de pacotille.

L'Allemagne sans succès sur le territoire diplomatique, où

elle était achetée par l'Angleterre et l'Espagne qu'elle s'était aliénées par l'affaire des Carolines, chercha à prendre sa revanche sur le terrain commercial.

Pour arriver à ses fins, elle essaya alors de se créer au Maroc un réseau solide d'intérêts allemands.

En subissant les conditions commerciales visées par la diplomatie allemande, le Maroc devait préparer sa soumission politique puisqu'il n'aurait plus été maître des richesses de son sol, c'est-à-dire des moyens de se défendre.

En 1886 le steamer *Gullorp* arrive à Tanger avec une exposition de produits allemands. La maison Krupp livre en 1888 plusieurs pièces d'artillerie.

En 1889, comme le déclarait M. Testd, l'Allemagne poursuivait la conclusion d'un traité de commerce.

Elle ne désirait d'ailleurs ni agrandissements ni conquêtes, ce fut l'œuvre de M. de Tattenbach qui, accompagné d'une suite brillante d'officiers, vint discuter et faire signer au sultan le traité de commerce élaboré depuis plusieurs années. L'Allemagne avait proposé au sultan de débarrasser le commerce d'exportation des entraves qui le gênaient.

L'Allemagne obtenait la libre exportation de certaines céréales.

De plus, l'article 4 du traité reconnaissait aux sujets allemands la liberté d'acheter eux-mêmes ou par intermédiaires sur tous les marchés, les articles inscrits au tableau, sans qu'il fût permis de leur créer des embarras, ou de chercher à leur nuire, clause reproduite dans le traité anglo-marocain de 1791.

La France profite de cette convention, en vertu de la clause de la nation la plus favorisée, en obtenant une diminution de droit de douane de 10 % *ad valorem*.

De plus, clause particulièrement intéressante, le traité ne pouvait être devancé que d'un commun accord, et jusqu'au jour de la conclusion d'un nouveau traité. Le traité est valable pour 5 ans.

L'accroissement de l'influence allemande était aussi rapide que méthodique. En 1898, ce fut la brillante ambassade du baron de Schœnberg.

L'Allemagne créa les lignes de navigation Voeremann et Oldenburg. C'est en 1890 qu'elle créa une ligne de navigation subventionnée par l'État, Voeremann, reliant ses ports avec ceux du Maroc. En 1895, la ligne Oldenburg Paliguische.

L'Allemagne va-t-elle tourner ses efforts du côté du Maroc? L'Allemagne officielle de 1891 n'est pas de cet avis. Le chancelier, Von Bulow, déclare que l'Allemagne ne se lancera pas dans cette aventure sans gloire, ni profit; il a contre lui l'empereur Guillaume II qui dans cette dernière période de son règne est pacifiste, tout à la constante illusion qu'il pourra marier l'initiative allemande à l'épargne française. C'est le parti pangermaniste qui pousse la France aux aventures marocaines. Son chef le comte Reventlow déclare que le Maroc est la dernière occasion offerte à l'expansion allemande.

Le 16 avril 1902, le premier consul d'Allemagne arrive à Fez. Un peu plus tard une compagnie marocaine était fondée à Berlin, sous les auspices du Congrès colonial et sous la présidence de l'explorateur Fischer, pour développer les relations entre les deux pays et organiser des missions scientifiques; avant de craindre la France au Maroc, l'Allemagne se méfiait de l'Angleterre, qui avait acheté l'Espagne.

Les nouvelles de Hambourg disaient : « Si notre gouvernement avait la moindre velléité de tirer les marrons du feu pour le compte de l'Angleterre, cette attitude soulèverait dans notre pays l'indignation. »

Le *Post* ajoutait : « Ce n'est pas avec de belles phrases que l'Angleterre nous donnera satisfaction. »

Néanmoins, l'Angleterre et l'Allemagne finirent par s'entendre; l'action des agents anglais est dirigée contre la France non contre l'Allemagne au Maroc, comme partout en Afrique, Anglais et Allemands se prêtent appui matériel.

Le géographe allemand Théobald Fischer, explora, avec l'aide d'agents anglais, toute la région de Mogador.

Peu de temps après la chute de Bismarck, un traité règle la plupart des questions de voisinage entre l'Angleterre et l'Allemagne en Afrique.

En 1895, on va même jusqu'à négocier avec l'Allemagne

l'établissement d'un protectorat italien au Maroc; à l'égard de la France, l'attitude de l'Allemagne avait toujours été conciliante.

Le *Hamburge Nachriten* disait : « L'Allemagne n'a aucune raison de susciter des difficultés à la France au Maroc. »

La *Deutsche Kolonial Zeischreibt* disait : « En ce qui concerne la question marocaine, l'Allemagne n'entravera pas non plus la marche de la France, si celle-ci se décide à trancher la question. »

Il paraît même que M. de Bulow, avait remis au marquis de Noailles, ambassadeur de France à Berlin, une note demandant le règlement de :

1° La situation des intérêts allemands au Maroc.

2° L'entrave qu'une occupation de la côte atlantique par une seule puissance pourrait apporter en temps de guerre aux communications de l'Allemagne avec ses colonies africaines de Togo et de l'Afrique du Sud.

3° La nécessité pour le commerce germanique de disposer d'une station de charbon.

En 1903, les Allemands demandent déjà la politique de la porte ouverte et surtout amener, par une entente internationale s'il le faut, les Marocains à importer les produits d'alimentation.

Il eut été aussi prudent qu'habile d'accepter les mains qu'on nous tendait et en échange de quelques satisfactions de s'assurer le concours de l'Allemagne.

Pourquoi, s'écriait le *Post*, l'Allemagne ne s'associerait-elle pas à l'œuvre qui doit amener le Maroc à l'exploitation économique. Ce pays mérite au plus haut degré à être mieux connu de l'Allemagne.

En 1901, le prince Radolin, fit savoir à M. Delcassé qu'il désire un Maroc indépendant et la complète liberté commerciale, et quand la face des évènements eut imposé une modification aux principes de ces desiderata, l'Allemagne fit savoir dorénavant qu'elle ne pouvait supporter une modification sans être consultée et sans y mettre le prix.

Il n'y avait aucune raison que nous ne causions pas avec

l'Allemagne comme nous avions l'intention de le faire avec l'Angleteire.

L'amour-propre allemand fut donc doublement froissé quand au lieu de l'accord qu'on espérait, ce fut un arrangement franco-anglais que l'on eut à enregistrer à Berlin.

L'Allemagne ne dissimula pas sa mauvaise humeur. Néanmoins l'Allemagne s'en tient aux garanties et au respect de son commerce.

La *Gazette de l'Allemagne du Nord dit* : « Il y a lieu de croire que les intérêts commerciaux de l'Allemagne n'ont rien à redouter. »

« Ce qui nous intéresse en première ligne dit la *Gazette de l'Allemagne du Nord,* c'est la liberté de commerce qui doit être ressentie sans froisser aucun état particulier.

« Si cette liberté est garantie, nos commerçants trouveront leur compte dans un pays pacifié par l'influence européenne. »

Néanmoins, beaucoup d'Allemands s'inquiètent de voir la France s'implanter au Maroc.

Les dernières nouvelles de Berlin se plaignaient que l'Almagne ne recueillât rien, et qu'elle ne fît pas entendre la plus légère protestation contre le partage des rives méditerranéennes entre l'Angleterre, la France, et l'Italie.

« En récompense de sa neutralité, dit cet organe, l'Allemagne est toujours accusée de complot et d'intrigue »

Le Comité de la Société marocaine de Berlin disait : « Il n'est pas difficile de s'apercevoir qu'en établissant son protectorat sur le Maroc, la France recevra un fort agrandissement économique, mais il faut aussi reconnaître que grâce à la domination de ce sultanat, elle gagnerait aussi un agrandissement de force qu'il est difficile d'estimer, et des ports nombreux et forts sur l'Océan Atlantique, grâce auxquels elle pourrait menacer sérieusement nos intérêts maritimes et commerciaux. »

Ce n'est pas vers la Méditerrannée, mais bien vers l'Océan Atlantique que le Maroc présente ses points d'accès.

En possession d'une puissance européenne, les ports marocains présenteront un nouveau danger pour nos relations commerciales.

Néanmoins, l'opinion allemande n'était pas hostile dans son ensemble.

Qu'a l'Allemagne à nous reprocher au Maroc? Absolument rien.

« Nous n'avons aucun motif, disait M. Bulow, d'admettre que cette nation soit dirigée contre une puissance quelconque. »

Au point de vue des intérêts allemands, nous n'avons rien à objecter, nos intérêts au Maroc sont d'ordre principalement économiques. Nous avons aussi grand intérêt à ce que l'ordre et la paix règnent dans ce pays. M. de Bulow avait dit au Reichstag : « Nos intérêts au Maroc sont d'ordre purement économiques. » L'Officieuse *Gazette de l'Allemagne du Nord* disait : « Il y a lieu de croire que les intérêts commerciaux de l'Allemagne n'ont aucun péril à redouter. A propos de ce problème, il n'y a donc pas lieu, au point de vue allemand, d'envisager avec des yeux exhorbitants l'entente franco-anglaise actuellement en œuvre. »

Seul Guillaume II semble prévoir de sérieuses difficultés diplomatiques et même un conflit européen.

« Les événements actuels nous invitent à oublier nos discordes intérieures, soyons unis pour le cas où la politique du monde nous contraindrait d'intervenir. »

Quelle était l'opinion allemande en face du développement de l'action française au Maroc; certains coloniaux allemands se montrent conciliants ou même très favorables; beaucoup n'y voient qu'une affaire franco-allemande et une importante garantie d'une importante participation de l'Allemagne au règlement de la question.

L'Allemagne veut qu'il ne soit pas porté entrave aux intérêts de ses nationaux, qui doivent être traités sur un pied d'égalité avec les sujets des autres nations.

Le baron de Richtofen, président de la Société de Géographie, reconnaît que la question a beaucoup plus d'intérêt pour la France que pour l'Allemagne. M. Georges Kollen reconnaît la situation spéciale de la France et l'intérêt qu'elle a à faire régner l'ordre dans ce pays.

Le consul général Ernest Vassel admet que la France puisse se charger des réformes. « En supposant que la France veuille s'en charger, on ne voit pas pourquoi l'Allemagne s'y opposerait, pourvu que ses intérêts soient suffisamment garantis. »

Au contraire, beaucoup d'Allemands sont opposés à l'action française au Maroc. C'est l'opinion du docteur Mohr directeur de la *Deutsche mittel Gesellschaft.*

Il ne veut pas que la France se charge des réformes parce qu'il est à craindre que la France n'acquière au Maroc, par l'exercice d'un mandat international, une influence tout à fait dominante, jouissant déjà d'une situation privilégiée au point de vue commercial.

M. Fischer ne veut pas non plus donner mandat à la France pour les réformes.

« L'Allemagne, dit-il, est opposée à ce que la France, dans le but de faire régner l'ordre, s'impose des sacrifices, ce qui tout naturellement lui donne le droit d'exiger des compensations. »

Le docteur Ludwig Predinchsen, secrétaire général de la Géographie Gesellschaft exprime sa conviction que l'Allemagne pourrait bien plus facilement rétablir l'ordre au Maroc avec ses troupes européennes, que la France avec ses troupes musulmanes algériennes, car il est à craindre que ces dernières ne fassent cause commune avec les Marocains contre la France.

L'Allemagne n'avait rien à nous reprocher au Maroc; elle revendiquait en termes hautains l'intégrité territoriale du Maroc, l'indépendance du sultan et la liberté de commerce pour tout le monde. Or, ces trois points étaient expressément affirmés par l'accord franco-anglais. La France, l'Angleterre, et l'Espagne font percevoir au Maroc des intérêts locaux, spéciaux, arrêtés et nettement définis. Elles n'avaient négocié qu'entre elles et pour elles, elles avaient également négligé de vouloir rien notifier à ces tiers parce qu'ils ne lésaient leurs intérêts d'aucune sorte. Et voici que, tout à coup, bouleversant de fond en comble la politique traditionnelle de l'Allemagne au regard des entreprises coloniales de la France et tout spécialement de son action au Maroc, l'empereur allemand vient se jeter en personne entre la France et le Maroc, et couvrir le sultan de son propre corps. Le 31 mars 1905, par une mer houleuse, le yacht impérial *Hohenzollern* mouillait sur la rade de Tanger.

« C'est au sultan, en sa qualité de souverain indépendant, que je fais aujourd'hui ma visite.

« J'espère que, sous la souveraineté du sultan, un Maroc libre restera ouvert à la concurrence pacifique de toutes les nations, sans monopole, et sans entraves, sur le pied d'égalité absolue. Ma visite à Tanger a pour but de faire savoir que je suis décidé à faire tout ce qui est en mon pouvoir pour sauvegarder efficacement les intérêts de l'Allemagne au Maroc. Puisque je considère le sultan comme souverain absolument libre, c'est avec lui que je veux m'entendre sur les moyens propres à sauvegarder ces intérêts.

« Quant aux réformes que le sultan a l'intention de faire, il me semble qu'il faut procéder avec beaucoup de précautions, en tenant compte des sentiments religieux de la population pour que l'ordre public ne soit pas troublé. »

Contrairement à sa politique traditionnelle, l'Allemagne intervenait contre la France, dans un coup de théâtre, dans les affaires marocaines.

Pourquoi ce brusque revirement dans son attitude? On n'avait pas négocié avec l'Allemagne.

L'Allemagne n'avait pas fait mauvais accueil à l'accord franco-anglais de 1902, mais elle avait eu vent d'un véritable traité de partage en 1904.

La France avait accentué sa mainmise en envoyant sa mission militaire. Elle devait réussir, croyaient les Allemands.

Le lieutenant-colonel Hubner croit à la grande influence que va prendre la mission militaire française parce qu'un grand nombre de ses membres parlent la langue du pays et parce qu'ils sont musulmans. En France la lumière commence à se faire jour sur les mystérieux accords avec l'Espagne.

M. Ribot avait déclaré : « On a signé en 1904, un traité dont on vient seulement d'apprendre les clauses, c'était un traité de partage qui a créé des difficultés qui ne sont pas même élaborées. » L'Espagne dut considérer et considéra que c'était un partage de souveraineté entre la France et l'Espagne, au moment même où un acte public déclarait que les deux partis étaient publiquement attachés à l'indépendance et l'intégrité du Maroc.

M. Destournelles de Constant attaquait les accords franco-espagnols.

Le traité de 1904 reconnaissait la liberté de notre action politique au Maroc en promettant de respecter l'intégrité du pays.

Mais le public ne savait pas si, en même temps, par d'autres traités et par d'autres clauses, contradictoires et cachées, le partage du Maroc était décidé entre la France et l'Espagne, de ce Maroc dont nous avons garanti l'intégrité.

L'accord franco-anglais faisait acte du *statu quo* marocain; l'Allemagne disait que l'on devait faire appel à toutes les puissances signataires de la conférence de 1880, pour modifier le *statu quo* marocain.

Le prince de Bulow disait qu'il était bon de songer à la protection des intérêts allemands.

Guillaume II avait dit dans son discours d'introduction du Reichstag.

« Les difficultés qui se sont élevées entre nous et la France au Maroc n'ont pas d'autre origine qu'une destination à établir, sous votre coopération, sa mainmise sur le Maroc. »

M. de Bulow disait : « Je vous ai dit l'origine de notre différend, le juste mécontentement de l'Allemagne de se voir systématiquement laissée de côté, l'impossibilité où nous étions où tout autre eût été à notre place, de consentir qu'on consacrât notre isolement et notre déchéance matérielle et morale.

Déjà à propos de l'accord de 1904, M. de Pressensé disait : « J'en avais conclu que l'idée mère de l'accord conclu le 8 avril avec l'Angleterre sur ce point ne pourrait trouver sa réalisation qu'autant qu'on le garantît, qu'on le généralisât; l'opinion se meurt de faire disparaître tous les sujets de malentendus, tous les sujets de divergence de vues et surtout les sujets et les prétextes de querelle d'allemands. »

M. Jaurès disait : « Puisque vous prenez au Maroc l'initiative d'une politique nouvelle, vous devez prendre l'initiative des explications et des négociations. »

M. Harris disait : « Si l'Allemagne avait été mise au courant plus tôt que la France, il n'y a pas de doute qu'on aurait pu obtenir d'elle des avantages semblables à ceux que l'Angleterre et l'Espagne ont obtenus.

Ne rétractant pas l'affaire avec l'Allemagne, pensait-on au Comité de l'Afrique française, on commettait une faute d'autant moins nécessaire, que jamais l'empire allemand ne nous avait fait opposition dans nos affaires coloniales.

Un autre grief de l'Allemagne est que les accords franco-espagnols ne lui avaient pas été notifiés, *officiellement du moins*. Le 6 octobre 1904, le Gouvernement espagnol adhère à l'accord franco-anglais, cette adhésion est portée à la connaissance du Gouvernement allemand le 14 octobre, par M. Bihourd, ambassadeur à Berlin. Le baron de Richtohen, qui reçoit cette communication, ne présente aucune objection, il prend même soin de répéter à cette occasion que l'intérêt porté par l'Allemagne aux affaires marocaines est d'ordre exclusivement économique, c'était un grief de forme.

L'Allemagne avait lié partie avec le Maroc. En 1889, le Maghzen avait déjà l'idée de s'appuyer sur l'Allemagne pour résister au Gouvernement français, surtout à l'avènement de Guillaume II, pour envoyer une mission à Berlin en 1901, sans avoir aucun prétexte à invoquer.

Le sultant délègue à Berlin son ambassadeur extraordinaire, son ministre de la Guerre.

Bulow avait dit : « Nous sommes intéressés à ce pays et, par dessus tout, au reste de la Méditerranée, surtout au point de vue économique. Nos intérêts sont, avant tout, d'ordre commercial, nous avons intérêt à ce que le calme et l'ordre prévaillent dans ce pays. Nous devons protéger nos intérêts économiques au Maroc et nous les protégerons. »

Soutenu par l'Allemagne après l'arrivée de M. Tattenbach à Fez, le sultan annonce son intention de soumettre la question des réformes à une conférence internationàle. Le Maroc avait réuni la mission militaire française.

Jusqu'ici, rien ne permet de croire que l'Allemagne se soit

départie de cette attitude de silence et de calme et de pure réserve, qu'elle n'a cessé de garder.

Les invites du Gouvernement de l'empire d'entrer en conversation, étaient sans réponse, et notre ambassadeur signalait le danger de ce silence; il fallait à tout prix négocier, sans quoi c'était l'inconnu.

La bataille de Moukden avait bouleversé l'équilibre européen, l'alliance russe tapageuse et populacière, n'était plus qu'une façade et ne répondait plus à son véritable but : la protection de notre frontière orientale.

Le piteux état de la Russie faisait la force de l'Allemagne, car, radicalement privée de l'allié traditionnel, la France était à la merci de l'Allemagne, et on voulait lui faire comprendre même que sa sécurité dépendait d'une rupture avec la Grande-Bretagne.

Pendant longtemps, on n'avait pas cru à la possibilité d'une conférence internationale; l'idée d'une conférence ne peut avoir été envisagée sérieusement même à Berlin; si l'Allemagne veut éviter un autre échec, elle n'a qu'à la proposer ou la faire proposer.

« On peut écrire avec confiance, disent les Anglais, que la proposition marocaine pour une conférence européenne, sera soutenue seulement par une des grandes puissances, principalement l'Allemagne. »

M. Delcassé était opposé à l'idée d'une conférence. Ce serait une humiliation et une expropriation.

Néanmoins, il fallut céder.

Si l'Allemagne voulait se mettre en travers de notre chemin et nous barrer la route, en établissant au Maroc un contrôle international, surtout sur la police et l'armée marocaine.

Si tel était l'objet qu'elle voulait donner à la conférence, nous sommes sûrs de répondre par un *non possumus*.

Il fallut céder.

On se décida par finir là où on aurait dû commencer, et négocier avec l'Allemagne.

« Il fallait, disait-elle, soumettre la question marocaine à toutes les puissances signataires de la conférence de 1880. »

L'Allemagne a d'abord cherché une satisfaction d'amour-propre. L'affaire du Maroc n'était qu'une épisode de la lutte pour la plus grande Allemagne. L'Allemagne va obtenir un grand succès diplomatique en nous obligeant à causer avec elle : « Il fallait, disait-elle, soumettre la question marocaine à toutes les puissances signataires de la conférence de Berlin. Il falliat accepter la conférence, c'était l'avis de M. Bihourd, plutôt que de prolonger un tête-à-tête silencieux. La France avait refusé d'accepter la conférence avant de s'être entendue avec sa rivale, sur les questions qui s'y trouvent traitées, et l'Allemagne exigeait notre adhésion préalable. Le 8 juillet, l'accord finit par s'établir. L'Allemagne avait fait preuve de raideur et de mauvaise volonté; les deux gouvernants déclaraient qu'ils étaient d'accord pour proposer :

1° L'organisation de la police hors de la région frontière;

2° La surveillance et la répression de la contrebande des armes, sauf de la région frontière où elle est réglée, entre la France et le Maroc;

3° La création d'une banque d'État;

4° L'étude d'un meilleur rendement des impôts, et la création de nouveaux revenus.

5° L'engagement, par le Maghzen, de n'aliéner aucun des services publics ou privés, au profit d'intérêt particulier. Le principe de l'adjudication, sans égard de nationalité, pour les travaux publics.

Avant d'aller à la conférence, la France s'était entendue avec l'Espagne. La conférence internationale qui se réunit à Algésiras, dura près de trois mois. L'Espagne nous était favorable, Alphonse XIII, de Moret, président du Conseil, le duc d'Almodovar, secrétaire d'État, et M. de Léon y Castillo, ambassadeur à Paris, nous étaient acquis. A leur avis, l'Espagne, tant pour faire honneur à sa signature, que pour sauvegarder sa situation, soit en Europe, soit en Afrique, devait rester unie à la France et à l'Angleterre.

Sans elle, partager l'animosité d'un ennemi acharné de la France, M. Villanneva, ancien ministre de la Marine, beaucoup d'Espagnols d'un esprit plus ambitieux que positif, nous gardaient rancune d'avoir posé cette question du Maroc, qui leur apparaissait, tant qu'elle demeurait à l'état de nébuleuse, avec l'occasion possible pour leur pays, de richesses et de succès, dont l'ampleur n'est égalée que par l'imprécision. On maintint le recouvrement de l'impôt par les consuls.

Quant à la banque d'État, l'Allemagne cherche à briser l'entente franco-espagnole, et propose de constituer le capital de la banque en pesetas. C'était une proposition du comte de Tattenbach.

Ce n'était pas une banque que l'Allemagne désirait, mais un gouvernement, et un gouvernement tourné tout entier contre la France. La délégation avait sans doute espéré qu'en proposant que le capital fut composé en pesetas, on détacherait de nous la délégation espagnole.

Il nous paraissait au contraire que, dans une banque dont le capital serait fourni par treize puissances différentes, la monnaie d'or, monnaie internationale par excellence, était toute indiquée. La banque de Tattenbach, créée pour cinquante ans, doit être l'agent financier du Gouvernement marocain.

Le capital constitué en pesetas serait fourni à raison d'une part chacune par les puissances siégeant à Algésiras.

Le Gouvernement marocain serrerait dans ces caisses toutes les recettes de l'empire.

Elle serait chargée du service de la dette publique.

Les vingt-six membres du conseil d'administration, choisis par les treize puissances, seront soumis à la surveillance d'un directoire, au terme du projet de M. Regnault, la banque devait être un instrument de crédit, non de politique.

La banque d'État marocaine constituée au capital initial de 15.000.000 de francs, divisée en quatorze parts, dont douze sont prises par les puissances signataires, et deux par le consortium des banques qui ont signé l'emprunt de 1904.

Elle est chargée d'encaisser les revenus et de payer les dépenses pour son compte.

Elle doit faire des avances au Gouvernement marocain, dont 10 % sont destinés à l'entretien des ports et de la police.

Elle jouit d'un privilège d'émission et de préférence en matière d'impôts publics.

Pour présider et veiller à l'organisation de cette troupe, la France dispose, comme l'Espagne, d'un excellent instrument : au moyen de cadis et de sous-officiers algériens ou ruffains.

« Si j'ai bien compris le point de vue de la délégation allemande, disait M. Caballero, il consisterait à soutenir que, si un concours étranger est nécessaire pour la réorganisation de la police du Maroc, ce concours doit être international.

La France et l'Espagne semblent vouloir revendiquer, pour elles seules, la réorganisation de la police.

M. Perez Caballero justifiait de ce droit par l'inefficacité de la solution internationale qui, disait-il, n'assurerait à la police, ni la cohésion ni l'unité de direction nécessaire.

L'Allemagne aurait tout d'abord cherché à soulever l'Espagne, en lui donnant la police des ports, mais cette suggestion n'ayant pas été écoutée, elle s'en est tenue à l'organisation internationale.

Il faillit réussir la seconde fois avec l'organisation internationale de la police. L'Espagne, tout en exprimant son regret de l'opposition allemande, déclarait pour sa part renoncer en raison de son devoir d'entente à la combinaison franco-espagnole.

La police serait organisée par le sultan, sous le contrôle du corps diplomatique et pour trois ans, avec des instructeurs exclusivement marocains, sauf à Tétouan et à Oudjda.

La France était conviée à la même renonciation; sa situation à Oudjda faisait équilibre à celle que l'Espagne réclamerait à Tétouan.

M. Rouvier, avant de quitter le ministère, fut remplacé par M. Léon Bourgeois. M. Jules Cambon fit comprendre à M. Moret que si l'Espagne persistait dans son attitude, ce serait la fin de la politique des accords, et qu'elle allait se trouver en face de la France et de l'Angleterre. M. Moret transmit des instructions au duc d'Almodovar, au bas desquelles il devait s'abstenir de toute initiative et de toute décision, avant de s'être préalablement entendu avec son collègue français.

Le fait d'avoir admis que l'affaire serait étudiée par l'ensemble des puissances, ne nous engageait aucunement à admettre plus tard que, si un concours étranger était à prêter au Maghzen à cet effet, ce concours devrait être collectif.

Je ne sais pas comment le concours de la France et de l'Espagne à l'organisation de la police marocaine, pouvait être un danger pour la liberté économique.

L'Allemagne tenta une troisième fois la rupture de l'entente franco-espagnole avec le projet autrichien Welsenreib, dont elle est l'initiatrice. Il était inacceptable, la répartition des ports s'y faisait de façon inacceptable. Le projet nous soustrayait Casablanca.

Les délégués espagnols pensaient que si la France possédait Rabat, Saffi, Casablanca, Ouezzan, et que si elle entrait à Tanger, la part de leur pays serait bien pauvre avec Larache et Tétouan.

L'organisation de la police à Tanger devait être confiée à des Espagnols; mais comme la France ne pouvait accepter cette solution, M. Bourgeois proposa à M. Léon Castillo, ambassadeur d'Espagne à Paris, de mettre à Casablanca une police franco-espagnole au lieu d'une police française.

M. Léon Castillo fit connaître à M. Léon Bourgeois que son gouvernement insistait pour Tanger, parce qu'il n'avait aucun intérêt à Casablanca. M. Roosevelt proposa à son tour par dépêche d'envoyer conjointement les officiers des deux pays dans l'ensemble des deux ports. On s'arrêta à la solution de M. Léon Bourgeois.

L'accord s'établit. La police serait espagnole à Larache et Tétouan, mixte à Tanger et Casablanca, française à Saffi, Mogador, Mazagan. L'entente se fit. Néanmoins, en pleine séance, sans nous prévenir de ses intentions, le duc d'Almodovar, président de la conférence, déclara que, devant l'opposition de l'Allemagne, l'Espagne renonçait au privilège d'être associée à la France dans le mandat de la police, et qu'elle se ralliait au projet présenté par le comte Tattenbach, et à Paris, M. Léon y Castillo faisait la même déclaration à M. Rouvier.

La conférence dut suspendre ses travaux; toute l'Europe en fut agitée.

Malgré une défaillance passagère, le concours de l'Espagne nous était précieux.

La police, placée sous l'autorité du sultan, est recrutée parmi les musulmans marocains, elle est créée pour une période de cinq ans; son effectif ne devra pas dépasser 2.500 hommes, ni être inférieur à 2.000; elle est répartie entre les huit ports ouverts. Des instructeurs européens ont été mis à la disposition du sultan. Ces instructeurs doivent être espagnols à Tétouan et à Larache, neutres à Tanger et à Casablanca, français à Rabat, Safi, Magagan et Mogador.

L'inspection générale est confiée à un officier de l'armée suisse.

Somme toute, l'Allemagne n'avait rien obtenu. Non seulement, elle n'avait pas le secteur qu'elle désirait en 1905, elle n'avait pas même le commandement d'un port.

CHAPITRE XXIII

L'opinion espagnole et la question du Maroc.

Elle est indifférente. Seuls s'émeuvent les milieux coloniaux devant l'action des deux rivales du Maroc : la France et l'Angleterre.

C'est l'Angleterre qui a toujours arrêté l'Espagne au Maroc. Néanmoins, la rivalité franco-espagnole commence à se manifester à mesure de la pénétration saharienne et des multiplications de point de contact avec le Maroc.

En 1884, l'Espagne craint déjà l'influence française. Il suffit que l'Angleterre tienne Gibraltar, dit-on à la Société de géographie de Madrid, nous ne pouvons consentir à ce qu'il surgisse à un moment de faiblesse une légion de Gibraltar français dans le Riff, et comme conséquence aujourd'hui ou demain un second Gibraltar anglais à Tanger.

On n'envisage pas encore la question du Maroc, on craint pour la liberté du détroit seulement.

C'est encore la seule préoccupation de l'opinion espagnole.

M. José Navarette a écrit un livre : *Les clefs du détroit* où il envisage seulement les possibilités de mettre le détroit en état de défense pour contrebalancer ou neutraliser Gibraltar.

Néanmoins les coloniaux espagnols suivent avec attention nos progrès.

Du Maroc, l'Espagne ne voit pas sans inquiétude la France offrir sa protection au chérif d'Ouezzan; à la session de la Société de géographie de Madrid, on redoute de voir les Français étendre leur frontière d'Algérie jusqu'à la Moulouya et d'occuper Figuig.

Les Français ont l'intention de s'emparer de l'Uad-Nun et du Tafilete pour envelopper de tous côtés les oasis du sultan du Maroc.

(Boher, Raynaud, Gonza o Renaras, Bulletin du Comité de l'Afrique française, Bulletin de la Société de Géographie de Madrid).

En 1891, on craint que la France ne s'étende jusqu'à la Moulouya, et l'Uad-Nun, au Maroc. On croit au projet de fer de Tombouctou; mais on est souvent occupé à cette époque par l'action anglaise en Egypte. « L'Angleterre ne doit pas être maîtresse de l'Egypte, le parti libéral et le parti conservateur du royaume ont promis l'évacuation de l'Egypte et l'accompliront. »

La question du Maroc ne se pose pas encore pour l'Espagne. En 1894, on discutait les moyens qui permettraient la réunion de Gibraltar à l'Espagne.

Nous avons vu comment la France, par ses accords de 1902 et de 1904, a fait une large part aux rêves lointains des Espagnols à la terre de Cisneros et Pedro Navarro.

Néanmoins, l'opinion coloniale espagnole, puisque l'opinion publique est indifférente, reste assez hostile à l'expansion française. La Société de géographie de Madrid déclare que si l'action de la France devient prépondérante dans l'empire chériffen, il en résulterait pour l'Espagne une situation très désavantageuse, tant au point de vue politique que commercial.

Si l'Espagne ne peut exiger la première place au Maroc elle peut prétendre coopérer avec la France sur un pied d'égalité à la mission civilisatrice à accomplir sur les territoires du sultan.

La Société de géographie de Madrid demande la cession à l'Espagne d'un port sur l'Atlantique, port qui lui avait été accordé par le traité d'Uad-Ras. Le journal espagnol examinant les statistiques du commerce extérieur, montre quelle petite place y tient l'Espagne en regard de la France et de l'Angleterre. Les Espagnols reconnaissent eux-mêmes que la prépondérance de l'Espagne au Maroc est du domaine historique.

L'Espagne ne saurait toutefois oublier ses traditions et ses devoirs; parmi ceux-ci, figure la coparticipation à l'action militaire au Maroc, si les évènements la rendent indispensable. L'Espagne ne peut, en effet, songer à la conquête du Maroc ou même y agir seule.

Il ne faut pas oublier, dit M. Ribera, que les qualités nécessaires pour s'emparer d'un pays par la force sont très distinctes de celles qu'exige l'organisation dans la paix. En supposant que nous réussissions dans les opérations militaires, nous serions finalement obligés d'avoir recours à la France.

M. Maura écrivait : « L'Espagne, appauvrie par son administration et ses gaspillages, ne peut entreprendre la conquête du Maroc; elle a liquidé, en Amérique et en Océanie, les derniers restes d'un passé plus glorieux que solide... »

La France est seule en état de réorganiser le Maroc, elle doit compter les millions à dépenser pour démusulmaniser le Maroc, les millions que coûtera l'établissement de l'autorité chérifienne sur les territoires berbères qui ne l'ont jamais reconnue.

La France consignera les sommes compensées aux travaux publics, à l'agriculture et pour clore la liste, elle calculera l'importance des sacrifices qui devront revenir aux nations qu'elle ne peut exclure.

Les accords franco-espagnols étaient un beau succès pour la diplomatie française.

L'Espagne avait incliné vers les empires de l'Europe centrale avec Alphonse XII qui épousa l'archiduchesse Marie-Christine d'Autriche. En 1883, Alphonse XII était, lui, à Paris, après sa visite à Berlin. Les mémoires du prince de Hohenlohe rappellent que l'empereur Guillaume Ier avait reçu du roi d'Espagne l'assurance qu'il marcherait avec l'Allemagne au cas où celle-ci serait en guerre contre la France.

L'affaire des Carolines et des Mariannes, ont ouvert les yeux des Espagnols.

Alphonse XIII qui avait épousé une princesse anglaise était francophile; et, si l'ardente hostilité des conservateurs pour la France s'était inclinée sur le désir du roi, nous eussions peut-être poursuivi en harmonie notre commune mission du Maroc.

Nous nous étions assuré l'adhésion de l'Espagne par des lettres échangées le 1er septembre 1905, qui précisaient la portée de nos accords et comportaient de la part du gouvernement espagnol l'engagement de marcher complètement d'accord avec la France, au cours des délibérations de la conférence projetée.

Mais Merry del Val et le docteur Rosen, nous faisaient échec. L'Espagne marqua une défaillance sur la question de la police.

Toutes les grandes étapes de notre action au Maroc retrouvent l'Espagne dans la même posture de défiance jalouse et de mauvaise humeur.

Elle se résout avec mauvaise grâce et réserves à la tâche commune.

En fait, l'hostilité de l'Espagne au Maroc ne s'est jamais ralentie.

En 1905, M. Guitery Sobral attire l'attention espagnole sur le Maroc.

« Il est temps que l'Espagne sorte de son inaction coloniale.

« Nous avons fait peu ou rien en Afrique et il est temps que l'Espagne sorte de son apathie, et regarde en face le problème du Maroc.

« On a dit souvent sans réflexion dans notre pays, que notre avenir est en Afrique. C'est là une vérité d'ordre géographique.

« Si le Maroc offre un champ d'expansion à notre race et à notre commerce, ce n'est pas parce que la reine Isabelle la Catholique nous l'a cédé gracieusement, ni parce que le Cardinal Cismeros nous a poussé à l'entreprendre. Le Maroc se prête à l'expansion de notre commerce, parce que cette expansion est impossible ou se heurte à de grosses difficultés en Amérique ou en Asie. »

Cette invasion européenne de l'Afrique met l'Espagne dans une situation critique, voire même dangereuse, car elle ne peut rester impassible devant l'activité des nations puissantes par leur industrie et par leur adresse qui pourraient la forcer malgré elle à coopérer à des entreprises où elle serait un simple instrument.

C'est la pression des autres puissances européennes qui pousse l'Espagne en Afrique.

Néanmoins, M. Guittery Sobral repousse toute idée de conquête; il estime que l'Espagne doit prendre part à la lutte pour la domination commerciale au Maroc mais en repoussant toute idée de conquête militaire, ce qui non seulement serait une entreprise bien difficile et très coûteuse, mais n'aurait aucun résultat pratique pour la nation.

Et comme moyen d'action pratique, M. Guittery Sobral propose de transformer les présides en ports de commerce, leur enlever leur caractère strictement pénal et réformer pour cela l'article 229 de l'ordonnance des douanes sur la Marine. Il propose des mesures de tolérance à l'égard des Marocains.

Il faudra développer le commerce espagnol au Maroc et pour cela créer une succursale de la Banque d'Espagne à Tanger, Ceuta et Mellila, pour empêcher les Espagnols de s'adresser à la Banque plus ou moins juive de France.

M. Guittery Sobral redoute l'expulsion du Maroc, grâce aux efforts d'autres nations, de la monnaie espagnole qui sert d'instrument d'échange dans ce pays conformément aux conditions et traités. C'est pour parer à ce danger qu'il faudra la création de Succursale de Banque d'Espagne.

L'Espagne coloniale et francophobe liait partie avec l'Allemagne, c'est elle qui leur divulguait nos plans. Elle se liait de plus en plus à l'Allemagne pour ses plans d'action au Maroc.

En 1907, M. Caballero de Prega disait : « Si le Maroc doit perdre son indépendance, la partie nord du Maroc doit au moins tomber entre nos mains. L'Espagne doit devenir influente au Maroc parce qu'on n'a aucune prévention ou méfiance, contre elle. Les Marocains parlent son idiome. L'Espagne doit mettre la main sur le détroit dont elle détiendra les clefs. »

En attendant, comme régime administratif et réformes, il importe de créer à Mellila un régime civil et administratif qui ouvre de nouveaux horizons à son avenir, solliciter du sultan la cession du cap des Trois-Fourches et y installer un phare, convertir Ceuta en une place de premier ordre, et y installer une douane, sur une route entre Ceuta, Tétouan et Tanger, relier Mellila, Fez, Rabat, par un chemin de fer, prendre possession immédiate de Santa-Cruz.

L'Espagne se préparait à agir au Maroc. Le 8 janvier 1907 a été ouvert à Madrid la session du premier congrès africaniste.

M. Edourdo Savaedra a rappelé les souvenirs glorieux de l'histoire espagnole : « L'Espagne aujourd'hui plus forte doit tendre une main amie à cette race africaine pour la tirer de l'état de barbarie où elle vit et faire tous les sacrifices possibles pour qu'elle jouisse bientôt des bienfaits de la paix et du progrès. »

M. Rodriguez Y Bigalda, a prononcé un discours dans lequel il a encouragé les Espagnols à poursuivre avec confiance leur œuvre de pénétration pacifique au Maroc.

S'efforcer de développer le commerce espagnol, à maintenir l'influence que l'Espagne est appelée à exercer toujours au Maroc, titre plus sérieux que toute autre puissance.

En 1909, la France et l'Allemagne traitent au Maroc sans l'assentiment de l'Espagne, et sans la consulter.

M. Villanueva blâme le gouvernement d'avoir suivi au Maroc la France dont il critique la politique, il craint que l'accord franco-allemand ne se soit fait aux dépens de l'Espagne et il conclut que l'influence de celle-ci au Maroc a pris fin.

M. Villanueva déclare que l'Espagne ne peut d'aucune manière accepter une position de dupe et sa situation serait telle si l'Espagne n'entrait pas activement dans la solution des négociations.

Il est impossible de traiter l'affaire marocaine d'une manière définitive et sans l'intervention de l'Espagne avec la garantie de l'Europe.

Le ministre d'État déclare que l'Espagne a été informée des négociations franco-allemandes avant la signature de l'accord.

Il déclare que les efforts de M. Villanueva et des autres ministres espagnols ne peuvent pas concilier l'entente de l'Espagne et de la France.

M. Allendo Salazar déclara que les intérêts espagnols n'en pourraient pas être affectés, et comme on n'avait pas consulté l'Espagne pour cet accord, que : « Si le gouvernement royal croyait opportun de traiter avec l'Allemagne, la porte était toujours ouverte pour négocier avec un gouvernement ami. »

M. Labra ne veut pas du *statu quo*, mais un *statu quo* moins fixe, respectant aussi tout entière l'intégrité du Maroc mais modifiant dans leur fondement ses conditions politiques, ses conditions morales et ses conditions économiques, par la protection ou l'intervention particulière ou par l'intervention collective européenne sous la forme spéciale d'un grand concert international. Cela n'est pas un *statu quo*, c'est la réforme permanente du Maroc sur la base de l'intégrité nouvelle de cet empire.

L'Espagne attribua à des agents français l'échec de sa désastreuse expédition du Riff. Et, sur notre projet d'un budget militaire pour l'armée chérifienne, elle proposa l'envoi au Maroc d'une mission militaire espagnole.

M. Pichon objecta que notre mission jouissait au Maroc depuis trente-quatre ans du privilège d'instruire les troupes chérifiennes, et, pour rassurer l'Espagne, il consentit à exclure de sa zône d'action la sphère d'influence espagnole.

Notre marche sur Fez précipita les événements et donna à l'Espagne l'occasion d'intervenir.

L'Ambassadeur d'Espagne déclara que si les troupes françaises atteignaient Fez, l'Espagne se trouverait libre d'exercer son action dans sa zône, sans que la France ait encore le droit de s'y immiscer politiquement ou militairement, ni de soutenir d'obstacles à ses décisions. L'Espagne se réservait le droit d'intervenir volontairement sur tous les points de sa zône ou les circonstances l'exigeraient.

M. Cruppi offrait à l'Espagne une large liberté d'action dans sa zône, à Andsheran, Larach eet Tétouan. Elle pourrait y créer des Habous. Ces concessions parurent insuffisantes à M. Garcia Prieto.

M. Garcia Prieto lui avait répondu que l'envoi de navires à Larrache était simplement destiné à rassurer la population.

L'Espagne violait le traité de 1904, les décisions du gouvernement royal n'avaient fait l'objet d'aucun accord préalable, elles avaient été portées à notre connaissance à l'heure même où elles étaient réalisées.

L'Espagne avait montré à l'Allemagne le chemin d'Agadir, où le *Panther* apparaissait le 1er juillet.

L'Espagne se lançait à la conquête du Maroc. En 1910, le Dr Escuder a dénoncé la politique envahissante de la France, qui, selon lui, avec moins de titres que l'Espagne, porte atteinte à l'intégrité du territoire marocain.

L'explorateur Bonelli à exprimé ses regrets qu'il n'y ait pas en Espagne comme en France un groupe colonial en état de défendre les intérêts politiques et économiques de l'Espagne au Maroc.

M. Ciges Aparicio déplorait la désuétude de l'influence espagnole au Maroc.

Visiblement, notre influence au Maroc décroît; à Tanger, elle ne peut résister à la concurrence étrangère, à Tétouan, elle agonise et meurt, si elle n'est pas morte comme beaucoup le prétendent.

Le Riff servirait de débouché au travail et à l'émigration espagnole, M. Maistre dit : « Travailleurs, n'émigrons plus au Brésil et en Argentine, c'est en Afrique qu'est notre avenir et la paix de nos fils. »

L'Espagne craint surtout l'influence française, elle s'émeut de la création d'une base stratégique à la porte de Mellila.

« Ils sont plus habiles que nous, ils ont un plan fixe et bien médité sur le Maroc et pour le réaliser, ils savent par où commencer et quand et par où ils peuvent terminer.

« La campagne du Riff avait beaucoup d'adversaires. On craignait toujours l'intervention française.

« Que la France le conquière ou non, le Riff sera pour la France avec tout le Maroc. Elle doit créer son empire de la Méditerranée, réaliser le vaste songe de Delcassé, et ce n'est pas nous qui l'en empêcherons.

« Il suffit d'avoir une carte du nord du Maroc pour voir où s'étale ça zône d'influence, pour comprendre ce que l'avenir nous réserve et dans quel abîme nous nous jetons. » Ces craintes étaient peu fondées.

Par une sorte de folie méridionale, les Espagnols attribuaient à la France tous les mécomptes qu'ils éprouvaient dans le Riff.

L'Angleterre profita devant l'action espagnole. « La politique espagnole, dit le *Times*, s'efforce de fermer le Maroc aux Européens contrairement aux traités et sans même l'excuser de profits personnels... L'Espagne appelle sans cesse à son aide l'acte d'Algésiras mais c'est pour lui imputer tout ce qu'il acheva, ou pour arrêter toute initiative, tout progrès. »

L'Espagne refusa à M. Geoffroy la reconnaissance de l'accord passé avec l'Allemagne. Elle nous refusait compensation aux 300.000 kilomètres payés au Congo pour notre part marocaine.

L'Espagne n'avait pas à se préoccuper d'une affaire qu'elle ignorait, elle désirait s'en tenir à l'accord de 1904.

L'Espagne refusait au sultan le droit d'édicter des lois pour le Maroc tout entier, afin d'harmoniser dans le Maroc une même législation étendue aux deux zônes. L'Espagne réclamait le droit d'exiger son protectorat intégral en face du nôtre.

L'Espagne refusait dans l'ensemble toute concession territoriale.

Nous répondions en abandonnant nos revendications au cap de l'Eau, nous réduisions les parties territoriales dont nous aurions réclamé la cession sur la rive gauche du Zoukkos. Nous ne demandions que l'occupation de la vallée de l'Ouergha qui nous était indispensable pour couvrir et défendre Fez. L'Espagne obtenait satisfaction pour la banque d'état, le régime financier, la répartition des revenus douaniers entre les deux zônes; les négociations échouèrent. On les transporta à Londres, où M. de Bunsen présenta un projet transactionnel.

Celui-ci donnait à la France le bassin inférieur de l'Oudjda et conservait à la France le bassin supérieur. Mais M. Prieto s'opposait à la division des tribus de l'Oudja.

L'Espagne réclamait un agrandissement de sa zône méridionale.

Elle exigeait la communication entre El-Ksar et Alhucemas, l'évacuation des postes créés par la France sur la rive gauche de Saukkos, le maintien dans tout le Maroc du privilège religieux des franciscaines espagnoles. La retenue à son profit des droits de douane payés sur toutes les marchandises traversant la zône espagnole à destination de notre protectorat, la possession de Taza rattaché à sa zône.

« L'opinion, disait la Manana, doit considérer les intérêts de la France et de l'Espagne au Maroc non pas comme conciliables mais comme incompatibles en dépit de la correction des relations diplomatiques. »

On traita le 27 novembre 1912. Nous obtenions sur quatre points Moulouya, Ouergha, Zoukkos et le Maroc méridional. L'Espagne avait gain de cause pour toutes les autres questions.

La France reconnaissait officiellement le protectorat de l'Espagne dans sa zône qui demeurait sous l'autorité morale et religieuse du sultan représenté par un khalifat.

Pendant les négociations, la chambre de commerce de Madrid avait fait connaître les vœux des coloniaux espagnols.

1º Il faut que la ville de Tanger reste désormais dans la zône d'influence espagnole.

2º Si Tanger ne reste pas dans la zône espagnole il doit être entièrement neutralisé.

3º L'Espagne ne doit pas évacuer Larache et Alcazarquivir.

4º Tout en respectant le principe de la porte ouverte et de l'égalité économique, il faut que la ligne Tanger-Alcazar soit construite en majeure partie avec des capitaux espagnols et des agences espagnoles.

Sauf M. Ojeda, qui croyait que l'Espagne eût du rester dans l'expectative, les tribuns espagnols avaient approuvé l'action espagnole à Larrache et El-Ksar.

M. Garcia Prieto déclarait qu'il avait fallu à l'origine de la politique espagnole adhérer à l'acte de 1904 sous peine d'être expulsé du Maroc.

Le khalifa avait des adversaires dans M. Maura, des partisans dans M. Garcia Prieto : il sauvegardait l'égalité des droits de l'Espagne et de la France, c'est le parti libéral qui attaqua résolument le traité franco-espagnol. Ce furent surtout les républicains avec M. Pablo Sylesias, Lenoux, Azcarate.

L'Espagne gaspillait ses ressources déjà bien faibles dans des expéditions lointaines.

M. Paris, sénateur libéral, prétendit à son tour que l'Espagne ne pourrait jamais coloniser sa zône d'influence. M. Labra persista à vouloir diriger vers l'Amérique du Sud une émigration que certains trouvaient funeste pour la péninsule.

M. Garcia Prieto prit l'engagement personnel de ne pas négliger le développement économique de son pays pour faire face aux obligations coloniales nouvelles.

L'opinion espagnole était très divisée quant à ses relations extérieures. La France a ses partisans avec Maura, l'Angleterre avec Sanchez de Toca, l'Allemagne avec Vasquez de Mella.

L'opinion coloniale espagnole restait germanophile.

La rivalité franco-espagnole persiste, et plus tard, tout un parti cherchera à profiter de la guerre européenne pour installer l'Allemagne au Maroc, l'Allemagne généreuse qui promettait de nous chasser et de faire à l'Espagne africaine la part géographique que l'Espagne en 1904 lui avait ravie.

CHAPITRE XXIV

Coopération franco-espagnole et partage du Maroc.

L'acte d'Algésiras n'était pas une solution de la question du Maroc, c'était l'ajournement de la solution. « Ce n'est pas la paix, écrivait au lendemain de la conférence, un publiciste russe, c'est un armistice de cinq ans. » Les incidents se multipliaient dans la région de Tanger. Le 27 mai 1906, un français, M. Charbonnier, était assassiné sur la plage de Tanger. Le 16 août 1906, combat dans les rues de la même ville entre les gens de Raisouli et ceux d'une tribu rivale; le 7 septembre, 1906, la ville de Mogador était occupée par le caïd Anflous; le 27 septembre 1906, un français, M. Lassalas, était blessé; enfin, le 22 octobre 1906, la ville d'Arzila était prise. Il fallait aviser. Sir Edward Grey envisageait une action franco-espagnole. « Je sais, disait-il, que la France et l'Espagne se préparent en cas d'urgence à prendre toutes les mesures provisoires qui pourraient être acquises pour la protection des étrangers. »

Il n'envisageait pas l'opportunité d'une action anglaise.

M. Pichon envisageait, lui, l'éventualité d'un débarquement d'une petite expédition militaire.

On envoyait, le 30 novembre 1906, les cuirassés français *Suffren* et *Saint-Louis*. Si la situation empirait, on devait hâter l'organisation de la police prévue par l'acte d'Algésiras.

On préparait un débarquement franco-espagnol.

On proposerait immédiatement au Maghzen de créer, à l'abri de cette protection inacceptable, mais purement provisoire, les corps de police.

Cette proposition de M. Pichon ne souleva aucune objection.

Le Gouvernement espagnol envoya une escadre de son

(*Questions diplomatiques et coloniales, Revue politique et parlementaire, Tardieu, Albin, Maurice, Boher, Raynaud, Bulletin du Comité de l'Afrique française, Bulletin du Comité de la Société de Géographie de Madrid*).

côté, mais l'opinion espagnole était défavorable à l'expédition; ils voulaient aller seuls à Tanger ou avec toutes les puissances. D'ailleurs, le corps diplomatique ne permit pas à l'amiral Touchard de débarquer.

Ayant obtenu satisfaction, les Gouvernements franco-espagnol se préoccupèrent de l'organisation de la police et, le 23 février 1907, ils signaient un arrangement relatif aux instructeurs français et espagnols de la police marocaine à Tanger et à Casablanca. Le 16 mai 1907, les deux Gouvernements français et espagnol échangeaient une déclaration destinée à raffermir une entente qui commençait à se désagréger.

« La politique générale du Gouvernement de la République française dans ces régions sus-indiquées, a pour objet le maintien du *statu quo* territorial.

« Au cas où il serait nécessaire de modifier le *statu quo*, le Gouvernement entrerait en communication avec le Gouvernement de Sa Majesté Catholique, afin de mettre les deux Gouvernements en état de se concerter. »

Dans les premiers jours de juin 1907, le contrat d'engagement des officiers français et espagnols avec le Maghzen était signé, lorsque le 31 juillet 1907, neuf européens, dont trois français, furent tués à Casablanca. Casablanca, attaquée et pillée par les tribus du voisinage, n'était dégagée que le 7 août par le corps de débarquement du général Drude. Les opérations auraient dû être accompagnées d'une organisation immédiate d'une police de la ville et de la banlieue.

L'Espagne envoya une poignée d'hommes sous les ordres du commandant Santa Ollala, elle fut chargée de la police extra urbaine.

Elle reçut la soumission des tribus; la mission franco-espagnole parut terminée.

Le *Liberal* se montre opposé à l'intervention et à l'occupation mixte. Il croit à un guêpier.

On ne sait pas si la France et l'Espagne se sont engagées par une série d'accords dont le dernier est tenu secret.

La *Época* croit que l'Espagne doit s'en tenir strictement à l'accomplissement de son devoir, mais ne pas faire un pas sur le chemin des amertumes. M. Maura dit : « Nous marchons d'accord avec la France, nos relations avec elle sont excellentes et nous n'avons pas plus qu'elle dans la question marocaine aucune pensée de conquête. »

Il parle du maintien de l'autorité chérifienne pour la conservation de l'ordre et de la paix.

M. Reparaz nous dit : « le Maroc est trop considérable pour nos forces. » Il n'est pas de ceux de l'avis qui couvent le projet de réduire l'infidèle marocain. L'Espagne ne doit faire ni plus, ni moins que ce à quoi elle s'est engagée à Algésiras ou dans les traités antérieurs : maintenir l'ordre au nom du sultan sans attenter à l'intégrité de ses domaines. Le 29 août, à l'occasion de l'envoi de quelques renforts à Casablanca, assurance est donnée que le programme de notre intervention demeure sans changement, dispersion des rassemblements autour de Casablanca, aucune expédition à l'intérieur, puis exercer une pression sévère contre les tribus coupables, sans se laisser entraîner au-delà de leur campement habituel, ne pas s'éloigner de Casablanca autant que possible au-delà d'un jour ou deux de marche, ne laisser aucun poste en dehors du voisinage immédiat de la ville.

Le général Drude avait laissé une garnison à Kasba Mediana, à dix-huit kilomètres de Casablanca. Le général d'Amade lui succédait, le corps expéditionnaire était porté jusqu'à 14.000 hommes et, après avoir occupé Bou-Rechid, on marchait sur Settat.

Nous avions donné des instructions au général d'Amade. Nous entendions maintenir à notre occupation son caractère purement provisoire en la limitant aux arrangements strictement indispensables.

Cette occupation cessera dès que nous pourrons nous retirer sans que la sécurité générale soit compromise. Nous n'avancions que prudemment. Le général Picquart avait télégraphié au général Drude : « Vous exercerez pression contre les tribus coupables sans vous laisser entraîner. »

Le général Drude obtint néanmoins l'autorisation d'occuper Settat et de s'y maintenir.

L'Allemagne restait sourdement hostile à l'occupation

française de la Chaïoua, la France agissait avec modération. M. Hennessy, rédacteur en chef du journal de la légation d'Allemagne disait : «S'il y avait la guerre, il faudrait qu'il fût fait en sorte que pas un français ne sortît vivant de la Chaïoua. »

Toute une série de vexations et de mauvais procédés de la part des autorités chériffennes, aussi bien dans l'ouest que dans l'est rendirent nécessaire l'occupation d'Oudjda en mars 1907.

Cette occupation ne donna que des résultats médiocres en raison des restrictions qu'on crut devoir y apporter; la colonne expéditionnaire ayant reçu l'ordre de ne pas dépasser un rayon de dix kilomètres autour de la ville. Le *Liberal* disait : « l'Europe voit avec une parfaite égalité l'occupation d'Oudjda. L'Allemagne diplomatique reconnaît que la France a eu le droit de saisir ce gage en attendant une réparation complète et exemplaire. »

Beaucoup de journaux la voyaient d'un mauvais œil, tel l'*Ejercito espanol*. Oudjda était cependant bien éloigné de Mellila et de la zone d'influence espagnole.

M. Perez Caballero nous était favorable : « J'applaudis sans réserve la résolution de la France d'occuper temporairement ou par voie de représaille, la ville d'Oudjda. »

A la suite de l'occupation d'Oudjda, le général Lyautey avait obtenu la soumission des Beni-Snassen.

Dans le Sud-Oranais, au Tafilalet, nous résistions à l'assaut furieux des Maures, à l'assaut de 20.000 marocains à Bou-Denib.

Quelques jours après, la colonne Alix met la harka en pleine déroute à Djarf.

En 1908, le général Lyautey adresse au Président du Conseil un remarquable rapport qui présente un programme complet d'organisation basée sur les années de 1901 et 1902.

Le 25 juin 1907, le livre jaune publie les accords franco-espagnols. La nouvelle entente n'est ni une alliance ni un traité de garantie, ni un compliment à nos arrangements ayant trait au Maroc. Il s'agit simplement d'un simple échange de notes et d'explications.

Les deux États ont de nombreux intérêts communs qui résultent de l'enchaînement de leur territoire et de leurs possessions.

L'Espagne et la France d'une part, l'Angleterre et l'Espagne de l'autre, se sont mis d'accord pour se concerter, s'il est désirable, sur les mesures à prendre en cas où se produiraient des circonstances qui seraient de nature à modifier ou à contribuer à modifier le *statu quo* territorial actuel.

L'Espagne avait résolu :

1° D'exécuter absolument l'acte d'Algésiras, de maintenir au Maroc la souveraineté d'Abdul-Aziz, de s'abstenir de provocation, d'y punir tout crime contre la vie ou les biens des Européens, de tenir des forces militaires ou navales prêtes à toute éventualité, de s'abstenir de nouvel envoi de forces à Casablanca, à moins qu'un fait nouveau se produise, prêter aide à Abdul-Aziz et ne pas engager de négociations avec Muley-Hafid, que si cela devient indispensable.

L'Espagne respectera les accords franco-espagnols. Les deux puissances ont un intérêt commun au maintien de leur *statu quo* territorial dans la Méditerranée et dans la partie de l'Atlantique où elles doivent assurer la liberté de leurs communications respectives. Elles déclarent en conséquence qu'elles entendent dans leurs accords maintenir le *statu quo* territorial.

L'Allemagne restait hostile à l'occupation française de la Chaïoua.

Elle appuyait les agissements de Karl Ficke, considérait les protégés agricoles comme des protégés politiques, et, lorsque le général ordonnait quelques sanctions, comme la destruction des maisons desquelles on avait tiré sur les troupes, c'étaient de furieuses protestations.

Le Gouvernement impérial jugeait difficile dans ces conditions de s'en tenir à la politique conciliante qu'il avait suivi jusqu'à présent vis-à-vis de l'action française au Maroc. La France devait agir avec modération; elle désirait éviter tout conflit et un nouveau Tanger.

L'Allemagne agissait toujours au Maroc, elle réussit à faire passer un sultan qui devait être sa créature et sa doublure.

Dès 1907, il était devenu évident que Muley-Hafid ne tarderait pas à lever l'étendard de la révolte.

Muley-Hafid se fit proclamer sultan dès les premiers jours du mois d'août. Abdul-Aziz avait cherché, mais trop tard, à se dégager des intrigues germaniques. Toute la presse germanique, sur un mot d'ordre de la chancellerie, abandonna Abdul-Aziz qui, hier encore, était son favori, et se déclara en faveur de Muley-Hafid. La guerre sainte faisait déjà partie de l'arsenal militaire de l'Allemagne.

L'attitude de la France fut bien plus réservée. Le Gouvernement français devait rester en dehors et au-dessus des questions dynastiques entre les membres de la famille chérifienne ; son seul souci était de sauvegarder l'œuvre réformatrice de la conférence d'Algésiras, à laquelle il s'était attaché.

Muley-Hafid protestait contre le bombardement de Casablanca..., néanmoins, le 15 janvier 1908, le Gouvernement français proclamait sa neutralité entre les convoitises au trône marocain, puis, devant l'attitude de l'Allemagne, les Gouvernements français et espagnol se concertèrent pour la reconnaissance de Muley-Hafid.

Muley-Hafid fut reconnu le 5 janvier 1909. Néanmoins, bien qu'allié de l'Allemagne, il sut ne pas devenir à son tour un jouet entre les mains de la diplomatie allemande, et il s'attacha à la politique de bascule qu'il se flattait de toujours suivre avec succès.

Le consul Vassel avait dit : « Nous avons soutenu Muley-Hafid sans le connaître, parce qu'il combattait Abdul-Aziz, et qu'il se trouvait du côté français. » Somme toute, les espoirs de l'Allemagne étaient déçus.

L'Allemagne et la France restaient en présence, les incidents franco-allemands se multipliaient. L'agitateur Karl Ficke, sous les ordres du consul Sieners, avait fondé une agence de désertion à Casablanca.

On arrêta les déserteurs, non sans mise de fait, le 25 septembre, veille de l'embarquement.

Le baron de Lanken, alors chargé d'affaire d'Allemagne à Paris, le présente au quai d'Orsay le 28 septembre, le prend de haut, et demande au Gouvernement satisfaction complète et prompte.

Le Gouvernement français répond, de son côté, en demandant que le consul Luderotz soit destitué pour prix de l'assistance qu'il porte à la désertion des légionnaires.

M. de Schoen propose à M. Jules Cambon de remettre l'affaire à des arbitres, M. Pichon accepta l'arbitrage.

Le Gouvernement allemand demanda :

1° La mise en liberté sans retard des trois sujets allemands arrêtés par les autorités françaises;

2° Une réparation équitable pour les violences et voies de faits subies par leurs autorités consulaires.

L'Allemagne, après l'acceptation de l'arbitrage par le Gouvernement français, revint sur sa décision primitive, exigea des excuses préalables, quitte à laisser seulement à l'arbitrage le montant des réparations. C'était inacceptable. La France était mise en demeure de plaider coupable; on s'en tint à l'arbitrage pur et simple qui devait porter sur des questions de fait et de droit.

La sentence arbitrale fut rendue le 22 mai 1909. Elle donne raison aux prétentions allemandes reprochant seulement aux autorités françaises de n'avoir pas, dans l'exercice de leurs droits, respecté dans la mesure du possible, la protection de fait indûment accordée aux légionnaires allemands par le consulat d'Allemagne; elle n'implique qu'un tort très léger aux autorités françaises, celui de mise de fait à l'égard des autorités consulaires allemandes. Face à face au Maroc, la France et l'Allemagne devaient s'entendre et arriver à un compromis. Peu à peu, l'Allemagne y reconnaissait notre situation de fait et arrivait peu à peu à composition.

Par l'accord signé le 9 février 1909, le Gouvernement français se proclame une fois de plus attaché au maintien de l'intégrité de l'empire chérifien, tandis que le Gouvernement allemand déclare qu'il ne poursuit uniquement que des intérêts économiques au Maroc.

Le Gouvernement français s'engage donc à ne pas entraver les intérêts économiques et matériels allemands, et le Gouvernement allemand se dit décidé à ne pas entraver les intérêts politiques particuliers de la France qui sont étroitement liés à la consolidation de l'ordre et de la paix intérieure; en suite de quoi les deux Gouvernements déclarent ensemble qu'ils désirent associer leurs nationaux dans les affaires marocaines. M. Jules Cambon réussit à faire admettre que dans les associations ainsi prévues, il serait tenu compte dans la mesure du possible du fait que les intérêts français au Maroc sont supérieurs aux intérêts allemands.

Les effets de l'accord franco-allemand se firent rapidement sentir.

L'Union des Mines accepta de négocier avec les Mannesmann. M. de Mannesmann parvint à obtenir l'exploitation totale des mines du Rif. Le contrat d'association, signé le 15 février 1910, compléta l'accord de 1909. La Société marocaine de travaux publics qui venait d'être si laborieusement créée, était constituée au capital de 20.000.000 de francs, répartis de la façon suivante : 50 % à la France, 30 % à l'Allemagne et 71 % à l'Espagne. Le conseil d'administration comprenait six membres français, quatre membres allemands, un anglais et un espagnol. Le président, français, avait voix prépondérante.

Elle avait pour but, la recherche, l'obtention et l'exploitation de concession de mines. Cette association donna de piètres résultats.

La France proposait la construction de chemins de fer : la ligne Casablanca-Settat à construire par le génie militaire, la ligne Oudjda-Moulouya. Aucune société allemande ne devait faire concurrence à la Société marocaine de travaux publics. L'Allemagne demandait des privilèges pour son industrie; nous allions jusqu'à garantir une part de 25 % à l'Allemagne; l'Allemagne allait jusqu'à exiger que le personnel allemand soit proportionnellement égal au capital allemand.

La France agissait au Maroc, il y eut un accord conclu le 4 mars 1910, entre M. Pichon et Muley-Hafid. Il avait trait à l'évacuation de la Chaouïa et de Casablanca, aussitôt que le Maghzen serait en état d'y rétablir l'ordre.

Le Gouvernement marocain signait un accord destiné à

payer ses dettes. Le gage comprenait la solde disponible des douanes et de l'impôt.

Le Maroc concluait un emprunt en 1911.

Avec 4 ou 5.000.000, le sultan peut entretenir une armée d'environ 4.000 hommes. Le commandant Mangin réorganise entièrement l'armée marocaine ; il en forme une armée sévèrement disciplinée et payée à date fixe.

Somme toute, on négociait sans résultat; la collaboration franco-allemande avait échoué ; la collaboration franco-marocaine, celle-ci, d'ordre politique, n'eut pas fortune meilleure.

Campagne du Riff.

L'Espagne agit au Maroc; elle va, pour la première fois, sortir de ses présides. On les a trop longtemps considérés comme sans valeur. La ville de Mellila a pris un développement très remarquable. A côté de l'ancien préside, isolé sur son rocher, une ville considérable s'étend désormais dans la plaine; tous les abords sont garnis de camps militaires et protégés par des forts. Mellila, la garnison non comprise bien entendu, comptait 16.000 habitants avant la guerre, elle en a maintenant environ 25.000; 2.500 juifs marocains mis à part, tout le reste est espagnol. Il y a des mines dans le Rif et deux compagnies minières importantes. La question des mines de Beni-brou-Ibroun date de 1907. Deux compagnies avaient obtenu du Roghi l'autorisation d'exploiter les mines de cette région.

L'une, la première en date, est la société franco-espagnole constituée à Madrid avec des capitaux français, La Compania del Norte Africano, dont fait partie M. de Beaufort.

L'autre société, la Compania espanola de Minas del Rif, dont fait partie le comte de Romanones, est purement espagnole. La C. N. A. et la C. M. R. ont construit des chemins de fer parallèles de Mellila aux mines.

Vers 1908, les Espagnols occupèrent le Cap de l'Eau et la Mac Chica et, sur le refus d'évacuer, de Merry del Val envoyé à Fez pour régler les questions de frontière, les Maures envoyèrent une ambassade à Madrid.

L'Espagne prenait des mesures militaires et votait des crédits.

Le 9 juillet, les gens du Rif attaquèrent les ouvriers des mines, des rixes se produisirent, au cours desquelles plusieurs combattants furent tués.

Le Gouvernement espagnol voulait agir avec l'assentiment des autres puissances et aussi des chefs de la minorité; il lui était d'autant plus indispensable d'obtenir ce double consentement, qu'il avait peu de scrupules à se maintenir strictement dans les limites de l'acte d'Algésiras. Le général Marina s'empara d'abord de l'Atalayoun; les 18, 20, 23 juillet, eurent lieu de sanglants combats dans le massif du Goucougou, où les Espagnols et les Marocains emplirent de leurs cadavres la fameuse garde du Soun, le baracco de Lobos.

Aucun moyen d'action ne fut refusé au général Marina, l'effectif fut porté de 5.000 à 8.000, puis à 12.000, enfin à 15.000 hommes. A la mi-septembre, toutes les troupes jugées nécessaires à l'exécution des opérations, se trouvèrent rassemblées autour de Mellila, et les Espagnols reprirent l'offensive. Les opérations des 24, 25, 27 et 29 septembre firent tomber aux mains du corps expéditionnaire, presque sans effusion de sang, Nador, Setouan et la crête orientale du Goucougou.

Un demi échec, le 30 septembre, sembla décourager le commandement.

Néanmoins, le 26 novembre, les Espagnols s'avancèrent par la vallée du Rio-Cavallo, qui est la véritable route de pénétration dans le massif central des Guelaya; ils s'emparèrent ainsi sans lutte du nœud de communication d'Atlatar, dans la dépression qui sépare le massif du Youbbsen des hauteurs du Gourougou.

On avait constaté à l'égard des Espagnols des erreurs de tactique et des défauts d'organisation, les services d'exploration avaient été seulement très défectueux.

M. Pichon tenait à ménager l'Espagne. L'Espagne a été acculée à intervenir à Mellila par une série de faits successifs qu'elle a porté à notre connaissance, à mesure qu'ils se produisaient et déterminaient son action.

Elle n'a pas agi sans avoir prévenu l'Europe et sans avoir circonscrit dans des limites formelles, le plan de son intervention.

C'est ainsi qu'elle nous a fait savoir qu'elle n'entendait nullement étendre son occupation actuelle.

En aucun cas, elle ne se dirigerait sur Taza. C'est donc à tort que le général d'Amade a cru devoir intervenir pour défendre des intérêts dont il n'avait pas la garde et qui n'ont pas été menacés.

Les interventions de l'Espagne dans le Rif ne sont pas un fait nouveau; elles se sont produites à mainte reprise depuis quelque cent ans, et pour qui se rappelle l'histoire, elles n'ont pas été très différentes de ce qu'elles sont aujourd'hui.

L'action espagnole a des adversaires. Au parlement espagnol, M. Lalra déclare que l'action espagnole au Maroc doit être collective, ce qui est conforme à l'acte d'Algésiras et aux dispositions de la convention de Madrid.

Mais, en raison des difficultés que l'Espagne rencontre au Maroc pour l'exécution de ses traités, elle ne peut renoncer de ce fait à Mac-Chica et au cap de l'Eau.

Elle agit, non en vertu des stipulations de l'acte d'Algésiras, mais des principes généraux du droit international. L'Espagne a rassuré les puissances en intervenant.

M. Allende Salazar nous dit : « Des imaginations mal informées affirment que nous finirons par marcher sur Taza. » Un autre jour se fait sur ce fait que l'Espagne est nantie, à Tétouan et à Larrache, d'un mandat confié par l'Europe, mandat analogue à celui que la France possède pour Mazagan, Saffi, Rabat, Mogador, à celui que ces deux puissances ont reçu pour Tanger et Casablanca.

Au Parlement espagnol, M. Allende Salazar déclare que l'Espagne a agi au Maroc avec une entière indépendance, sans se livrer à aucune ingérence dans les limites qui lui ont été assignées conformément au traité franco-anglais et à la déclaration franco-espagnole.

« Pourquoi, a demandé M. Moret, le Gouvernement est-il allé à Mellila ? »

L'obligation incombait au sultan du Maroc, en vertu de ses traités avec l'Espagne, de faire la police, mais ces obligations n'ont jamais été accomplies, malgré les réclamations incessantes du Gouvernement espagnol.

Pour M. Maura, l'Espagne a à défendre des droits et des intérêts légitimes, et, vu l'état actuel d'absence d'autorité du sultan dans ces régions, le Gouvernement a dû faire face à ses desseins les plus élémentaires.

Pour le ministre des Affaires étrangères, l'Espagne a intenté une action diplomatique au Maroc parallèlement à celle de la France, les choses suivent leur cours et le résultat sera sans doute pacifique. Le 17 novembre 1910, un traité hispano-marocain était signé entre Manuel Garcia Prieto et el Mokri.

Il comporte la nomination d'autorités indigènes locales, après entente préalable entre les deux hauts commissaires espagnols et marocains, l'organisation d'une police marocaine instruite par des officiers espagnols, enfin l'évacuation des territoires occupés par les troupes espagnoles, le jour où le corps de police sera jugé capable d'assurer la tranquillité, la liberté des transactions et la perception des impôts.

Le parallélisme avec les arrangements franco-marocains est complet et a été poursuivi jusque dans le détail.

« La dignité de l'Espagne, disait M. Canalejas, nous obligeait à ne pas accepter des conditions inférieures à celles que la France avait obtenues. »

Le nouveau traité rend à l'Espagne sa part légitime dans le concert européen. L'Espagne n'était pas intervenue dans la Chaouïa, parce qu'elle se réservait d'intervenir dans sa zone propre du Nord.

Le général d'Amade avait pacifié la Chaouïa. Nous avions aussi organisé et pacifié deux provinces marocaines, la région des confins qui s'étend entre l'Algérie la Moulouya et la province des Chaouïa.

C'était là deux terrains d'association avec le Maghzen.

A cette époque, la situation intérieure du Maroc se compliquait. Muley-Hafid, proclamé vainqueur à Menakech, puis à Fez, avait remplacé Abd-el-Aziz.

Agadir et le partage du Maroc.

Les révoltes et les prétendants se succèdent au Maroc.

En 1909, Muley-el-Kebir, frère de Muley-Hafid, veut s'emparer du pouvoir.

En 1911, c'est l'insurrection d'El-Hiba, ouvertement organisée et soutenue par Mannesmann. En 1911, c'est l'insurrection des Cheraïda. Muley-Hafid, c'était sa dernière ressource, fait appel à notre assistance le 27 avril 1911.

L'accord de 1909 qui reconnaissait explicitement l'intérêt spécial de la France au maintien de l'ordre public dans l'empire chérifien, lui reconnaissait, du même coup, implicitement, le droit d'y pourvoir et lui en faisait même une obligation, puisqu'il lui en imposait la responsabilité à l'égard des têtes.

Toutefois, le Gouvernement français prit soin d'entretenir le gouvernement espagnol de ses préoccupations et de ses projets.

Il le fit avec un grand luxe de détail. M. Cruppi donne des ordres et le général Moinier marche sur Fez. L'Espagne précipite son action au Maroc dès qu'elle nous voit marcher sur Fez. Une occupation, même temporaire de Taza ou de Fez par les forces françaises dénoterait un grand changement dans l'équilibre des influences au Maroc, l'Espagne ne pouvait s'abstenir de procéder immédiatement à une autre occupation dans sa sphère d'influence septentrionale.

Le 28 avril, l'ambassadeur d'Espagne, M. Perez Caballero, remettait à M. Cruppi une note qui précisait les revendications de son pays avec une grande netteté.

Pour faire face à des mouvements aussi sérieux, le Gouvernement de Sa Majesté ne voit que les moyens suivants :

1° Déclarer que la deuxième des éventualités prévues dans l'article 3 de l'accord de 1904 est arrivée (impuissance persistante pour affirmer la sécurité et l'ordre), et dont la preuve la plus éloquente se trouve dans la situation traversée par Sa Majesté chérifienne.

L'Espagne se trouve donc libre d'exercer son action dans sa zone, sans que la France ait encore le droit de s'y immiscer pacifiquement ni militairement, ni d'utiliser ses ressources pour des opérations financières, ni de soulever des obstacles à nos décisions en utilisant l'organisation administrative du Maghzen.

Il va sans dire que cette action sera toujours exercée au profit du sultan et de l'intégrité de l'empire.

2º Intervention militaire espagnole sur les points où les circonstances l'exigeront, sans qu'il soit dans nos intentions de provoquer des incidents ni de précipiter des évènements.

M. Cruppi refusait et l'Espagne paraissait s'incliner.

« En dehors des tentatives de la police mixte de Ceuta, aucune action militaire espagnole ne pouvait obtenir notre assentiment. »

Rien ne pouvait faire prévoir l'action espagnole.

Elle intervint brusquement.

Néanmoins, Le *Cataluna* et l'*Amiral Lobo* débarquèrent des troupes à El-Ksar. On avait prétexté de l'assassinat d'un protégé espagnol, Bou-Malek. Ils débarquèrent le 9 juin. Le 9 au matin, 100 hommes du *Nalevi* et 350 soldats espagnols partirent pour Larache.

Les Espagnols occupèrent le détroit du Cap Negro.

Guebbas protesta auprès du marquis de Villasinda et, une fois, le 11 juin, auprès du doyen du corps diplomatique. L'occupation portait atteinte profonde à l'intégrité du Maroc, elle était un grand danger pour la paix générale. Pendant l'occupation, le Maghzen ne devait prendre aucune responsabilité, ni aucun engagement financier.

L'armée espagnole, sous peine d'être réduite à l'état de simple police, ne pouvait donc trouver sa justification que dans une action largement étendue au Maroc, où la solde, les pensions supérieures, les annuités doublées et des profits naturels et moraux attiraient un corps d'officiers, dont la majorité, sans fortune, trouvait une relative aisance en faisant campagne.

Le clergé espagnol, rêvant de cathédrales à édifier à Fez, et l'armée, encourageaient la campagne pacifique que présentait la conquête du Maroc, comme une aspiration nationale.

Le peuple, qui ne devait, hélas ! connaître du Maroc que les expéditions guerrières où mouraient ses enfants et que des charges financières écrasantes, devait marquer bientôt une véritable répugnance pour cette entreprise.

Le parti ouvrier espagnol restait hostile à la guerre que dirigeait l'insouciant Sancho Panza, le capitaliste espagnol. M. Canalejas objectait qu'il ne s'agissait que d'une politique de précautions contre les excès des tribus belliqueuses, et qu'il entendait respecter l'acte d'Algésiras.

Décidé à l'action, il avait prévenu le roi contre les réticences de la junte, mais il ne devait agir qu'avec l'assentiment du Parlement.

La France, pas plus que l'Espagne, n'avait respecté l'esprit de l'acte d'Algésiras. L'Espagne avait, en tout cas, rompu avec sa politique traditionnelle d'entente avec la France.

En 1911, M. Cruppi disait encore : « En ce qui concerne l'Espagne, Messieurs, que le succès d'une arme entreprise en commun exige de notre part une coopération tout à fait suivie avec l'Espagne, non seulement, nous devons nous conformer de la manière la plus exacte et la plus scrupuleuse, aux accords passés avec elle, mais nous devons toujours agir à son égard, de la façon la plus amicale dans une étroite collaboration.

« Le caractère essentiellement amical de notre politique à l'égard de l'Espagne nous commande les plus grands égards pour les intérêts de la puissance qui possède les présides et dont les côtes sont en vue de Tanger. L'Espagne avait rompu avec le passé. »

L'action espagnole s'était produite contre le gré du sultan et, en provoquant ses protestations, pouvait permettre d'accrocher un nouveau procès et de poser à nouveau la question du Maroc.

Guebbas avait dit : « Vous prierez les puissances signataires de l'acte d'Algésiras d'obliger l'Espagne à retirer ses troupes des points occupés. »

L'occupation espagnole devait provoquer, en grande partie, l'envoi d'un navire allemand à Agadir. L'Espagne avait négocié l'occupation de la base d'Ifni entre el Mokri et Garcia

Prieto, pour le 10 mai 1911. Le Gouvernement chérifien avait nommé un délégué.

A la nouvelle du débarquement allemand à Agadir, l'Espagne avait rappelé au sultan ses engagements pour le 3 septembre 1911.

A sa visite à Mellila au début de 1911, le roi d'Espagne avait dit : « Espagnols aussi bien que Français, nous avons le devoir d'établir sur tous les points ou paraît notre drapeau, un régime de paix et d'ordre public. L'Espagne s'était établie au Maroc.

« Nous n'avions pas cessé de négocier avec l'Allemagne au Maroc. La collaboration économique franco-allemande prévue par l'accord de 1909, mines, chemins de fer, travaux publics, avait échoué dans l'ensemble; l'échec avait été complet.

« Le Gouvernement français avait pris l'initiative de négociations avec l'Allemagne. »

Des ouvertures à fin d'entente furent donc faites par M. Jules Cambon au chancelier le 11 juin 1911, et renouvelées par lui à Kunsingen les 20 et 21, au secrétaire d'État pour les Affaires étrangères.

Il était impossible de contester l'acte d'Algésiras. M. Jules Cambon, à Kinsingen n'a pas offert de compensation à l'Allemagne ni au Congo ni ailleurs. Il a voulu conjurer le risque que l'Allemagne ne s'implantât au Maroc. Il a cherché inutilement des négociations économiques, et cherché à pénétrer les intentions de l'Allemagne. « Somme toute, écrivait-il, mon impression n'a pas été mauvaise. » C'était là son rapport du 24. Le 28, le cabinet Caillaux était constitué, et trois jours plus tard, le 1er juillet, à midi, l'ambassadeur d'Allemagne fait annoncer à M. de Selves l'envoi déjà accompli du *Panther* à Agadir.

Il fallait, paraît-il protéger les établissements des frères Mannesmann. Le 1er juillet, l'ambassadeur d'Allemagne à Paris annonçait au ministre des Affaires étrangères que son gouvernement avait résolu d'envoyer un navire de guerre à Agadir, la région avoisinante étant troublée et les intérêts allemands menacés.

L'acte d'Algésiras avait perdu toute efficacité, et pour la même raison, un retour au *statu quo* était impossible.

L'Allemagne avait le désir d'éliminer la question marocaine du domaine international. Alors commença entre M. Cambon et Kinderlen une négociation ardue qui se prolongea plus de quatre mois.

L'Allemagne finit par reconnaître le protectorat français au Maroc. « Si la France veut une paix réelle, elle doit se dire qu'une explication franche est le meilleur procédé. Il est indigne de deux grands pays de s'efforcer de ne pas dire le premier mot, afin de faire un petit gain. » (*Berliner Tageblatt.*)

Beaucoup d'allemands voulaient s'établir au Maroc. C'était le vœu des pangermanistes wurtembergeois. Le Gouvernement impérial doit faire le nécessaire au cas où le *statu quo* ne pourrait être maintenu au Maroc, pour s'établir dans la région ouest de ce pays..., et pour que naturellement, Oualidia et Agadir soient occupés comme précédemment Tsing-Tsou en Chine, afin de démontrer et d'affirmer nettement la sphère d'intérêts allemands dans ce pays. C'était le vœu de la Société coloniale allemande réunie à Stettin le 27 mai suivant.

C'était le vœu de l'Union pangermaniste de Lubeck, le 3 juin 1904, réclamant l'acquisition de la côte Atlantique du Maroc. M. Théobald Fischer écrivait : « Le minimum des revendications allemandes doit porter sur la partie du Maroc située entre l'Atlas et l'Atlantique, au sud de Rabat, y compris le Souss. »

Les frères Mannessmann accentuaient leurs visées sur le Souss.

Les pangermanistes, dans une brochure intitulée : l'*Ouest du Maroc à l'Allemagne*, réclamaient tout le pays entre le Cap Juby et l'Oued Sebau.

Les négociateurs furent plus sages. On avait mis en avant, toutefois, l'idée d'une compensation territoriale et d'un partage à trois du Maroc. L'Allemagne a commencé modestement par demander un port de la côte marocaine; Mogador a été le premier visé; on y établirait une station de charbon. On a fini ensuite par jeter les yeux sur Agadir.

On a songé à une compensation économique, l'Allemagne et la France avaient des intérêts communs au Maroc, elles étaient unies dans plusieurs grandes entreprises :

1° L'Union des mines marocaines;

2° La Société marocaine de travaux publics;

3° La Société de chemins de fer marocains.

On s'en tint à une compensation territoriale, une cession de territoire au Congo français; à une compensation économique : la liberté d'adjudication des travaux publics au Maroc.

« L'Allemagne, avait dit M. de Schœn, n'a pas au Maroc de prétentions territoriales, et c'est au Congo qu'elle aperçoit un terrain possible de négociations. » Le but donc de M. Caillaux, c'est l'Angleterre d'ailleurs qui s'opposa formellement à l'établissement territorial de l'Allemagne au Maroc.

Les négociations faillirent échouer. M. de Selves, fort justement, remarquait, le 9 août, que nos cessions au Congo n'auraient de raison d'être que si nous avions un Maroc complet. Il voulait d'abord régler la question marocaine avant la question congolaise.

M. Jules Cambon devait faire reconnaître par l'Allemagne l'action directrice de la France au Maroc, son droit d'occuper le territoire marocain, de représenter le Maroc dans ses relations intérieures, d'assister le sultan dans toutes ses réformes nécessaires, par suite, d'abolir, avec le consentement des puissances, les capitulations et le régime des protections, d'exercer un contrôle d'ensemble sur les administrations chérifiennes, de concéder librement et d'exploiter les grands services publics.

L'égalité commerciale et douanière serait assurée sans aucune distinction de nationalité. L'obligation de collaborer économiquement avec l'Allemagne, inscrite dans l'accord de 1909, devait être supprimée, comme aussi toutes conventions au nouveau traité. L'Allemagne s'engageait à faciliter l'adhésion des puissances au nouveau traité.

Il restait de l'acte d'Algésiras quelques servitudes économiques. La plus importante était celle de la porte ouverte. Le Gouvernement marocain prenait l'engagement de ne pas

instituer à l'importation de tarif protecteur, clause très attaquée par M. Méline. Le régime douanier à une colonie ne représente pas seulement la protection accordée à nos industriels,
il en est la clef de revente des budgets coloniaux. M. Deschanel répliquait : « Ce régime, nous pouvons le respecter pour
notre commerce et pour notre industrie; mais il n'a rien de
nouveau, puisqu'il est la continuation d'un état de chose
ancien. »

L'Angleterre est d'ailleurs dans la même situation en
Égypte. La porte ouverte existe au Congo français, à la Côte-
d'Ivoire et au Dahomey.

Ce principe de la porte ouverte est nettement expliqué par
le traité. Il y a d'abord la clause relative aux adjudications
dont l'obligation est maintenue pour tous les marchés de
travaux et fournitures de l'État marocain. Ce régime implique
des délais formidables et refuse à notre industrie de légitimes
bénéfices.

L'égalité économique a une troisième conséquence, l'égalité
devant l'impôt. Toutes les autres servitudes ont disparu.
Une fois le traité franco-allemand conclu, restaient deux
antagonistes au Maroc, la France et l'Espagne. L'Allemagne
n'a traité qu'avec la France; seules, face à face la France et
l'Espagne doivent s'entendre pour un partage du Maroc.

Les relations franco-espagnoles s'étaient refroidies le jour
où l'Espagne refusa de participer à l'action dans la Maioua.
Elle boudait, comme le faisait remarquer M. Jaurès.

Elle avait proposé, en 1911, la révision des traités franco-
espagnols; elle se heurta à un refus de M. Pichon.

L'arrangement franco-marocain de février 1911 avait
éveillé les susceptibilités espagnoles; l'Espagne insista pour la
création d'une mission militaire espagnole à Fez. On finit
par signer en 1911 un *modus vivendi*, aux termes duquel les
Européens pouvaient librement circuler dans les deux zones
et les mehallas françaises franchir le Soukkos, mais avec
l'autorisation du gouverneur d'El-Ksar.

On a prétendu que l'Espagne voulut signer une convention subordonnée au résultat des négociations entre M. Cambon et Kinderlen-Wachter, mais M. Cambon s'y refusa avant

la solution du conflit d'Agadir. Les négociations furent interrompues. La presse espagnole se montrait haineuse et agressive, persuadé qu'était le peuple espagnol, comme le dit M. Jaurès, que la France n'avait pas tenu compte des susceptibilités et des droits de l'Espagne.

La conversation commença au mois de novembre 1911, dans une atmosphère de méfiance et d'hostilité. La France demandait des compensations légitimes; les négociations traînaient en longueur. Il fallait examiner, et c'était le point le plus délicat, « l'organisation politique de la zone espagnole »; les compensations territoriales au nord, vallée du Loukkos et de l'Ourgha et au sud, l'enclave d'Ifni : le chemin de fer Tanger-Fez, le transit des marchandises de la zone espagnole vers la zone française, le contrôle financier.

Les négociations étaient épineuses, elles l'avaient déjà été devant le coup d'Agadir.

M. Perez Caballero avait proposé à M. Cruppi tout un plan de coopération franco-espagnole destiné à garantir à l'Espagne la maîtrise de sa zone, et consistant à diriger sur Fez, outre les colonnes Moinier et Toutée, un autre contingent mixte de troupes espagnoles et françaises par la voie Tanger-El-Ksar; les premières devaient occuper les principaux points du trajet suivi de leur sphère, en outre El-Ksar et Larache, et laisser ensuite les secondes poursuivre leur marche avec un petit détachement espagnol destiné à faire simple acte de présence à Fez pour attester la solidarité des deux puissances, comme dans le précédent de Casablanca. Devant le refus de notre Gouvernement et de son intervention exclusive à Fez, l'Espagne argua de ce qu'elle qualifiait de mainmise sur l'empire chérifien pour juger réalisée, *ipso facto*, l'hypothèse prévue par l'article 3 de l'accord de 1904, à savoir : la rupture du *statu quo* par la déchéance ou l'impuissance persistante du sultan.

Auquel cas, elle devait être immédiatement investie dans sa zone des facultés dont le libre exercice ne lui était normalement reconnu que dans un délai de quinze ans. Nous objections que la révision du traité de 1904 risquerait de provoquer une introduction des tiers nuisibles aux intérêts des deux pays. L'Allemagne croyait écartée, pour la solution du problème marocain, l'hypothèse d'une conférence internationale et, craignant que la France et l'Allemagne ne s'entendissent sur son dos, l'Espagne s'était efforcée d'être admise en tiers à leur conversation. Elle offrit une négociation parallèle et conditionnelle à la France. Cette fois, la situation n'en était que plus compliquée et plus tendue. Nous avions purgé à nos seuls frais l'hypothèque allemande, il était tout naturel de demander des compensation à l'Espagne, la situation n'étant plus la même qu'en 1904.

M. Canalejas avait objecté que personne n'avait chargé l'Espagne de négocier en son nom, ce à quoi le *Temps* objectait que si l'on revenait à une intervention stricte de l'acte d'Algésiras, l'Espagne serait forcée d'évacuer Larache et El-Ksar.

Nous allions de plus, demander des compensations à titre de représaille, de la violation des traités.

La France, ayant renoncé à demander Larache et El-Ksar, reconnaît à l'Espagne sa zone septentrionale, sauf une légère modification de limite à partir d'El-Ksar, qui suivrait désormais le cours du Soukkas vers son embouchure jusqu'à une dizaine de kilomètres au-dessous de Larache, d'où elle rejoindrait l'Océan.

La France demande une rectification de frontière du côté d'Ifni. Elle est très combattue par l'ancien ambassadeur Leon y Castillo. L'Espagne allègue de ses droits historiques. Le capitaine Isquierdo Velez, explorateur de cette zone méridionale, fait une conférence à l'Athénée de Madrid pour en combattre la cession.

La solution la meilleure sans doute eut été la séparation et l'indépendance l'une vis-à-vis de l'autre, de la part respective de la France et de l'Espagne au Maroc, permettant à chacune d'y agir comme chez elle.

Mais cette solution est rendue responsable par la teneur même de l'accord franco-allemand qui, en nous confiant le protectorat intégral du Maroc, nous oblige à en assurer la responsabilité pour la zone espagnole elle-même et par conséquent à concerter avec l'Espagne un *modus vivendi* y garantissant l'exécution de ces clauses. C'est M. Charles Benoist à la Chambre qui tourne en ridicule les prétentions espagnoles en Afrique. « L'Espagne ne peut guère invoquer que des raisons sentimentales, quant à Santa-Cruz, il est difficile d'en découvrir la place, la science allemande elle-même, dont les Espagnols sont imbus, ne la place pas à Ifni. »

Les négociations traînèrent en longueur et n'aboutirent pas. L'on voulait limiter notre action sur le Maghzen et lui laisser le choix des fonctionnaires indigènes, d'autres voulaient réduire ses moyens militaires et ne lui accorder qu'une garde personnelle sous le contrôle d'un officier français.

M. Geoffroy a exposé à M. Garcia Priceto nos revendications.

1º Cession de la sphère méridionale, sauf l'enclave d'Ifni et du territoire adjacent, d'une dizaine de kilomètres, comprise entre le 26º et le 27º de latitude.

2º La rive gauche du Loukkos, jusqu'à 10 kilomètres de Larache;

3º Cession du Cap de l'Eau à l'embouchure de la Moulouya;

4º Rectification de frontière dans la région d'Ouezzan, la ligne de partage des eaux paraît plus au nord qu'elle n'est indiquée dans les cartes de 1904. Nous nous soumettions à l'intransigeance du parti militaire.

Il y a en Espagne un parti militaire formé par de nombreux généraux et officiers en excédent. Il exerce une influence réelle sur la politique espagnole, il a certainement l'oreille de la Cour. On comprend ses besoins et ses aspirations, et ses regrets que le Maroc lui échappe. Il défend âprement le peu qui lui reste et qui convient encore à son ardeur et à ses qualités. Officiers et soldats rivalisent autour de Mellila.

On finit par s'entendre sur le fond; l'antagonisme fondamental, nous explique M. Garcia Priceto vient de ce que l'Espagne veut s'en tenir au traité de 1904, la France estimant au contraire qu'elle a le droit, étant donné de nouvelles circonstances, de demander modification de ce traité. Il y eut en outre les erreurs et les absurdités des clauses antérieures.

En 1912, le comte Romanonès déclarait à un rédacteur

du *Temps* : tout le monde est convaincu que l'accord avec la France peut être désormais considéré comme un fait accompli.

1º Nous abandonnons notre demande du Cap de l'Eau et de la Moulouya, la limite passera entre El-Kila jusqu'à Tarifissa.

Dans la région de l'Ouergha, la ligne de démarcation, en quittant Tarfissa, rejoint Djema-Oufa et Tafraouit. C'est une bande de 80 kilomètres de longueur sur dix de largeur, que nous regagnons sur l'accord de 1904.

Ce n'est pas une frontière naturelle, la seule limite réelle était la crête riffaine, couverte de neige pendant l'hiver.

Dans la région de Loukkas, la limite adoptée est celle du parallèle 35º, laissant dans la zone espagnole le mont Ghani.

En somme, le traité a eu pour but d'assurer l'autonomie des deux zones françaises et espagnoles. Chacun chez soi, paraît avoir été l'excellente formule qui a présidé aux négociations.

www.ingramcontent.com/pod-product-compliance
Ingram Content Group UK Ltd.
Pitfield, Milton Keynes, MK11 3LW, UK
UKHW021921070726
13614UKWH00001B/164